Die digitale Transformation der deutschen Steuerverwaltung

Eine Analyse der bisherigen Fortschritte, Reformbedürfnisse und -ansätze

von

Daniel Simon Schaebs
Diplom - Finanzwirt (FH), B.A., MSc

Deutschsprachige Version der Dissertationsschrift
mit Publikationserlaubnis der Pegaso International
zur Erlangung des akademischen Grades

Doctor of Philosophy (Ph.D.)

in Law, Education and Development

ii

ISBN Hardcover: 978-3-347-68553-6
ISBN E-Book: 978-3-347-68554-3

Druck und Distribution im Auftrag des Autors:
tredition GmbH, Halenreie 40-44, 22359 Hamburg, Germany

Vorwort und Danksagung

Die Idee zur Erstellung dieser Arbeit entstand während meiner Tätigkeit als wissenschaftlicher Mitarbeiter im Bundestagsbüro von Katja Hessel MdB, Parlamentarische Staatssekretärin beim Bundesminister der Finanzen. Ihr gilt mein besonderer Dank für das große Interesse an der Fortentwicklung der Steuerverwaltung und die Möglichkeit, dass ich sie bei der parlamentarischen Arbeit unterstützen durfte. An dieser Stelle möchte ich auch den Mitarbeitern und Finanzpolitikern in den Landtagen danken, die gemeinsam die gleichartige Befragung zur digitalen Transformation der deutschen Steuerverwaltung über das Fragerecht der Abgeordneten auf Landesebene umgesetzt haben.

Ich bedanke mich an erster Stelle auch bei meinem Doktorvater und Supervisor der Pegaso International Malta, Herrn Prof. Dr. Dino André Schubert, der mein Forschungsvorhaben von Beginn an begleitet und die Erstellung dieser Arbeit bis zum Ende wissenschaftlich betreut hat.

Herrn Dr. Benjamin Peuthert und Herrn Prof. Dr. Rodney Leitner gilt mein ganz persönlicher Dank für die zahlreichen fachlichen und methodischen Ratschläge und Diskussionen, aus denen verschiedene Publikationen hervorgingen und die Umsetzung von Ideen erst gelingen konnte. Herzlichen Dank dafür!

Bei Familie und Freunden, vor allem aber bei meinem Ehemann, bedanke ich mich für die unermüdliche Geduld und moralische Unterstützung, die motivierenden Momente, aber auch für kritische Nachfragen und viele hilfreiche Tipps.

Teile dieser Dissertationsschrift wurden bereits gleichlautend, ähnlich oder in englischer Sprache als Einzelbeiträge veröffentlicht und werden nunmehr kumulativ zusammengefasst. Auf die Übernahme wird zu Beginn der jeweiligen Kapitel hingewiesen. Eine Gesamtliste der Publikationen einschließlich des Publikationsanteils befindet sich am Ende dieser Arbeit (Anhang D).

Berlin, im Juni 2022   Daniel Simon Schaebs

Inhaltsverzeichnis

Abbildungsverzeichnis

Tabellenverzeichnis

Abkürzungsverzeichnis

Abkürzung	Bedeutung
a.a.O.	an anderem Ort
a-DESI	angepasster Digital European Society Index
AO	Abgabenordnung
BA	Bundesagentur für Arbeit
BB	Brandenburg
BDSG	Bundesdatenschutzgesetz
BE	Berlin
BFA	Bundesfinanzakademie
BfF	Bundesamt für Finanzen
BGBl.	Bundesgesetzblatt
BHO	Bundeshaushaltsordnung
BIENE	Bundeseinheitliche integrierte evolutionäre Neuentwicklung der Erhebung
BIP	Bruttoinlandsprodukt
BITV	Barrierefreie-Informationstechnik-Verordnung
BMBF	Bundesministerium für Bildung und Forschung
BMF	Bundesministerium der Finanzen

Abkürzung	Bedeutung
BMfF	Bundesministerium für Finanzen (Republik Österreich)
BMJV	Bundesministerium für Justiz und Verbraucherschutz
BMWi	Bundesministerium für Wirtschaft und Energie
BRH	Bundesrechnungshof
BSI	Bundesamt für Sicherheit in der Informationstechnik
BuStra	Bußgeld, Strafsachen, Steuerfahndung
BT	Bundestag
BVerfGE	Entscheidungen des Bundesverfassungsgerichts
BW	Baden-Württemberg
BY	Bayern
BZSt	Bundeszentralamt für Steuern
bzw.	beziehungsweise
DAME	Data Warehouse, Auswertungen und Business-Intelligence-Methoden
DESI	Digital European Society Index / Index für die digitale Wirtschaft und Gesellschaft
DIVA	Digitaler Verwaltungsakt
DLS	Digitale Lohnschnittstelle
Drs.	Drucksache
DSFinV-K	Digitale Schnittstelle der Finanzverwaltung für Kassensysteme
DSGVO	Datenschutzgrundverordnung (Verordnung (EU) 2016/679 vom 27.04.2016)
ELFE	Einheitliche länderübergreifende Festsetzung
ELIAS	Elektronischer Informationsassistent
ELSTER	Elektronische Steuererklärung

Abkürzung	Bedeutung
EOSS	Evolutionär orientierte Steuersoftware
EQR	Europäischer Qualifikationsrahmen
EU	Europäische Union
FA	Finanzamt
FAGO	Geschäftsordnung der Finanzämter
FDP	Freie Demokratische Partei
FHF	Fachhochschule für Finanzen
FISCUS	Föderales Integriertes Standardisiertes Computer-Unterstütztes Steuersystem
FITKO	Föderale IT-Kooperation
FiZ	Finanzamt der Zukunft
FMK	Finanzministerkonferenz
Fn.	Fußnote
FVG	Gesetz über die Finanzverwaltung
GDA	Gesamtdokumentenarchivierung
GeCo	Gesamtfalladministration / VGP-Controller
gem.	gemäß
GG	Grundgesetz
ggü.	gegenüber
GINSTER	Grundinformationsdienst Steuer
HB	Bremen
HE	Hessen
HH	Hamburg
HRK	Hochschulrektorenkonferenz
IABV	Integriertes automatisiertes Besteuerungsverfahren

Abkürzung	Bedeutung
ID	Identifikationsnummer
IDSt	Institut für Digitalisierung im Steuerrecht
IfeSt	Institut für empirische Steuerforschung
IFG	Informationsfreiheitsgesetz
InKA	Informations- und Kommunikationsaustausch mit dem Ausland
i.S.d.	im Sinne der/im Sinne des
IT	Informationstechnologie
i.V.m.	in Verbindung mit
KapESt	Kapitalertragsteuer
KDialog	KONSENS-Dialog
KI	Künstliche Intelligenz
KMK	Kultusministerkonferenz
KONSENS	Koordinierte neue Softwareentwicklung für die Steuerverwaltung
KONSENS-G	Gesetz über die Koordinierung der Entwicklung und des Einsatzes neuer Software der Steuerverwaltung
KOSIT	Koordinierungsstelle für IT-Standards
LAVENDEL	Lohnsteuerabzugsverfahren der Länder
LT	Landtag
MdB	Mitglied des Bundestages
ML	Machine Learning
MUS	Monetary Unit Sampling
MüSt	Maschinelle Überwachung der Steuerfälle
MV	Mecklenburg-Vorpommern
NESSI	Nachweisplattform ELSTER Self-Souvereign Identities

Abkürzung	Bedeutung
NI	Niedersachsen
NKR	Nationaler Normenkontrollrat
NLP	Natural Language Processing
NW	Nordrhein-Westfalen
OECD	Organization for Economic Cooperation and Development / Organisation für wirtschaftliche Zusammenarbeit und Entwicklung
OFD	Oberfinanzdirektion
o.J.	ohne Jahr
OZG	Onlinezugangsgesetz
PPP	Public Private Partnership
RDE	Relative Digitalisierungs-Effizienz
RMS	Risikomanagementsystem
Rn.	Randnummer
RP	Rheinland-Pfalz
RPA	Robotic Process Automation
Rz.	Randziffer
SA	Sachsen-Anhalt
SAF-T	Standard Audit File - Tax
SESAM	Steuererklärungen scannen, archivieren und maschinell bearbeiten
SH	Schleswig-Holstein
SL	Saarland
SN	Sachsen
SPD	Sozialdemokratische Partei Deutschlands
StBAG	Steuerbeamtenausbildungsgesetz

Abkürzung	Bedeutung
StBAPO	Ausbildungs- und Prüfungsordnung für die Steuerbeamtinnen und Steuerbeamten
StStatG	Gesetz über Steuerstatistiken
StundE	Stundung und Erlass
TADAT	Tax Administration Diagnostic Assessment Tool
TH	Thüringen
TüV	Technischer Überwachungsverein
Tz.	Textziffer
u.a.	unter anderem
UN	United Nations / Vereinte Nationen
vgl.	vergleiche
VO	Vollstreckungssystem
VwVfG	Verwaltungsverfahrensgesetz
W.B. BMF	Wissenschaftlicher Beirat beim Bundesministerium der Finanzen
WD	Wissenschaftliche Dienste des Deutschen Bundestages
ZANS	Arbeitnehmer-Sparzulage und Wohnungsbauprämie
z.B.	zum Beispiel
ZendiB	Zentraler digitaler Bürgerservice in Finanzämtern

Kapitel 1

Einleitung

Die Steuerverwaltung[1] in Deutschland nimmt in Europa eine untersuchungswerte Sonderrolle ein. Die Vorgaben im Grundgesetz (GG) bedingen 16 Landesfinanzverwaltungen und eine weitere auf Bundesebene. Sämtliche Beschlüsse und Vorgehensweisen müssen nicht nur als Reaktion auf nationale oder globale steuerliche Herausforderungen im Sinne eines kooperativen Föderalismus unter den Entscheidungsträgern[2] aufwendig abgestimmt werden. Die Einführung der elektronischen Steuererklärung ließ den Fiskus einst zum Vorreiter unter den Verwaltungen werden. Unlängst beeinflusst die Digitalisierung jedoch sämtliche Prozesse unserer gesamten Arbeits- und Lebenswelt. Dies verändert auch das Verhältnis zwischen Staat und Bürgern sowie Unternehmen - mithin die Art und Weise, wie die Steuerverwaltung mit den Steuerpflichtigen in Zukunft interagieren wird.

---

[1]Im Rahmen dieser Arbeit wird die Steuerverwaltung als Gesamtheit aus 16 Landessteuerverwaltungen und der Bundessteuerverwaltung verstanden. Die Begriffe Steuerverwaltung und Finanzverwaltung werden synonym gebraucht. Andere Bereiche der Finanzverwaltung, z.B. die Zollverwaltung als Teil der Bundesfinanzverwaltung, sind nicht Gegenstand der vorliegenden Arbeit.

[2]Aufgrund der besseren Lesbarkeit wird in dieser Arbeit auf eine geschlechtsneutrale Differenzierung verzichtet. Die Verwendung des generischen Maskulinums als neutrale grammatikalische Ausdrucksweise beinhaltet keine Wertung und umfasst im Sinne der Gleichbehandlung grundsätzlich alle Geschlechter.

Als eine der größten Volkswirtschaften der Welt scheidet Deutschland bei der Digitalisierung von Verwaltungsleistungen in regelmäßigen Erhebungen vergleichsweise schlecht ab, so zum Beispiel beim Digital European Society Index (DESI) 2020 oder dem UN E-Government Survey (EGDI) 2020. Was Deutschland jetzt dringend braucht, ist ein digitaler Aufbruch, der weit über die bloße Umsetzung der Maßnahmen nach dem Onlinezugangsgesetz (OZG) bis zum Ende des Jahres 2022 und die IT-Kooperation der Länder im Vorhaben „Koordinierte Neue Software-Entwicklung der Steuerverwaltung (KONSENS)" hinausgeht. Letzteres steht für die Zusammenarbeit ab dem Jahr 2004 im Bereich der IT-Prozesse unter den Ländern und geht auf das KONSENS-Gesetz vom 14.08.2017 zurück. Hierdurch werden die einheitliche Entwicklung und der Einsatz der Software bzw. IT-Verfahren im Bereich der Steuerverwaltung geregelt. Denn die Umstellung von analogen Strukturen auf digitale Kanäle allein führt nicht zur Lösung von allen Problemen. Vielmehr bedarf es eines echten digitalen Wandels in der gesamten Steuerverwaltung in Deutschland. Diese digitale Transformation betrifft nämlich nicht nur Veränderungsprozesse in Unternehmen der Privatwirtschaft. Digitale Technologien verändern auch staatliche und behördliche Prozesse grundlegend. Dies umfasst die organisatorische, prozessuale und technologische Veränderung der Verwaltung aufgrund der fortschreitenden Digitalisierung. Damit einhergehend müssen alle Bereiche auf den Prüfstand gestellt werden; angefangen bei der Ausbildung und Qualifizierung bzw. der Strukturorganisation der Verwaltung bis hin zum täglichen Verwaltungshandeln mit seinen vielen Fachverfahren und dem Selbstverständnis der Steuerverwaltung im Verhältnis zu den Steuerbürgern und Unternehmen.

Nach Ansicht der OECD stehen die Steuerverwaltungen vor der Herausforderung, mit zunehmend reduzierten Budgets zurechtkommen und gleichzeitig den technologischen Wandel erfolgreich bewältigen zu müssen [OECD, 2019, S. 121]. Zudem wird der digitale Wandel als eine der größten Herausforderungen für die Regierungen nach der COVID-Pandemie angesehen [OECD, 2020b, S. 5]. In den vergangenen Legislaturperioden des Deutschen Bundestages und denen von verschiedenen Landtagen haben bereits zahlreiche Abgeordnete Anfragen mit digitalen Schwerpunkten zur Steuerverwaltung an die Bundes- bzw. Landesregierung gerichtet.[3] Die gesamte Digitalisierungsthematik und der hierzu bestehende Anpassungsdruck wurden sichtbarer denn je.

Am 25.03.2021 nahm das Institut für Digitalisierung im Steuerrecht (IDSt) seine Arbeit auf und fokussiert seither „die steuerwissenschaftliche Fachdiskussion, insbesondere zwischen politischen Funktionsträgern, Steuerjuristen, Angehörigen der steuerberatenden Berufe, Richterschaft, Verwaltung, [und den] in Forschung und Lehre tätigen Personen [...]" [IDSt, o.J.]. Die dort eingerichteten Fachausschüsse bestätigen die Breite der Handlungsfelder und Ansatzpunkte für die digitale Transformation. Ein eigener Fachausschuss, der die sehr speziellen Bedürfnisse und Herausforderungen der Steuerverwaltung aufgreift, fehlt allerdings und so warten Wissenschafts- und Forschungsinitiativen wohl auf die verwaltungsinternen Akteure. Gleichwohl fordert die CDU/CSU-Fraktion im neugewählten Deutschen Bundestag bereits die Einbindung des IDSt bei allen gesetzlichen Digitalisierungsinitiativen [Deutscher Bundestag, 2022, S. 2].

Noch deutlicher zeigt der aktuelle Koalitionsvertrag zwischen SPD, Bündnis 90 / Die Grünen und der FDP, welche dringenden Weichenstellungen aus politischer Sicht nötig erscheinen. Zunächst gesteht sich die Regierung dabei ein, dass „Deutschland nur auf der Höhe der Zeit agieren könne[]", sofern der „Staat selbst modernisier[t]" [SPD, 2021, S. 4] werde. Dabei sind die „umfassende Digitalisierung der Verwaltung" und die bessere Nutzung ihrer Potenziale bereits in der Präambel verankert. Es bedürfe einer „agilere[n] und digitalere[n] Verwaltung", die „unkompliziert[]",

---

[3]So z.B. zum Sachstand der Digitalisierung der Steuerverwaltung BT-Drs. 19/19733, zur Einführung von einheitlichen Schnittstellen BT-Drs. 19/21296, zur Reform der Ausbildung der Steuerbeamten BT-Drs. 19/23217, zu Digitalen Finanzämtern BT-Drs. 19/21383, zu automationsfreundlichen und digitaltauglichen Steuergesetzen BT-Drs. 19/28391, zur Künstlichen Intelligenz in der Finanzverwaltung BT-Drs. 19/29429 oder auf Landesebene z.B. Große Anfrage zur Lage und Entwicklung der schleswigholsteinischen Steuerverwaltung - LT SH Drs. 16/824, Große Anfrage zur Situation der Steuerverwaltung in Baden-Württemberg - LT BW Drs. 16/5889, Kleine Anfrage zu flexiblen und digitalen Arbeitsformen in der Steuerverwaltung - LT Hessen Drs. 20/5307.

„schnell[]", „proaktiv", „antragslos" und „automatisiert" handelt, und deren Führungskräfte eine „moderne Führungs- und Verwaltungskultur" leben und „für digitale Lösungen sorgen". Der Staat müsse bei „digitalen Arbeitsbedingungen Vorbild sein" und die „Digitalisierung [solle] zu einem allgemeinen und behördenübergreifenden Kernbestandteil der Ausbildung" werden. Gesetze müssten einem „Digitalcheck" [ebd., S. 8 f.] unterzogen und „Digitalisierungshemmnisse" über Generalklauseln und Vereinheitlichungen abgebaut werden [ebd., S. 13]. Hinsichtlich des Föderalismus wolle man in einen Dialog „zur transparenteren und effizienteren Verteilung der Aufgaben [...] zur Nutzung der Möglichkeiten der Digitalisierung" [ebd., S. 9] eintreten.

Bezogen auf die Steuerverwaltung will die neue Bundesregierung die „Digitalisierung und Entbürokratisierung" beschleunigen [SPD, 2021, S. 130]. Dazu enthält der Unterabschnitt „Vollzug, Vereinfachung und Digitalisierung" die konkreten Schritte. Mit der „Digitalisierung des Besteuerungsverfahrens", „volldigitalisierte[n] Verfahren" und der „vorausgefüllte[n] Steuererklärung" könnte die „gesamte Interaktion zwischen Steuerpflichtigen und Finanzverwaltung digital möglich" werden. „Verbesserte Schnittstellen", eine „Standardisierung und der [...] Einsatz neuer Technologien" sollen helfen, „die Anschlussfähigkeit der Steuerverwaltung an den digitalen Wandel" herzustellen. Einem zu gründenden Institut für Steuerforschung wird ein besonderer Stellenwert beigemessen, um so mit einer „aktuelle[n] und bessere[n] Datenlage" eine „Evaluierung" erhalten und „evidenzbasierte[re] Gesetzgebung" vornehmen zu können [ebd., S. 132].

Insgesamt zieht sich das Digitalisierungsverlangen wie ein roter Faden durch die Kapitel des Koalitionsvertrages und beweist damit, welche Brisanz der digitalen Transformation in allen Bereichen zukommt. Diese Arbeit setzt hier an, indem sie die für die deutsche Steuerverwaltung bestehenden Determinanten umfassend beleuchtet.

1.1 Problemstellung und Zielsetzung

Die Finanzverwaltung unterhält keine eigenen Universitäten mit entsprechenden Professuren, die kontinuierlich an der Fortentwicklung bzw. Verbesserung ihrer Prozesse und Strukturen arbeiten könnten. Elf Fachhochschulen für Finanzen in Trägerschaft eines oder mehrerer Länder sind überwiegend als nicht rechtsfähige Einrichtungen in den Geschäftsbereich des jeweiligen Finanzministeriums eingliedert und übernehmen vorrangig die Ausbildung von Bediensteten in der Steuerverwaltung. Oftmals werden Auswirkungen auf die Steuerverwaltung nur im Kontext von externen Wissenschaftsansätzen tangiert und so allenfalls mituntersucht. Es mangelt an einer zielgerichteten und vor allem kontinuierlichen Forschung für die Steuerverwaltung, mithin einer ausgeprägten Steuerverwaltungswissenschaft (siehe hierzu Kapitel 6.3, S. 186). Gleichzeitig fehlt es in internationalen Vergleichen an konkreten Daten zum Sachstand der Digitalisierung der deutschen Steuerverwaltung, z.B. innerhalb der Inventory of Tax Technology Initiatives [OECD, 2022] oder der Performance Assessment Reports [TADAT, o.J.].

Senger stellte bereits im Jahr 2009 fest, dass die deutsche Steuerverwaltung international „zu den teuersten" gehöre und „zudem als langsam" empfunden werde. Zugleich verschärfen seiner Meinung nach die „föderalen Unterschiede z.B. bei Personal und Ausstattung [...] diese Problematik" und eine „Reform der deutschen Finanzverwaltung [gelte] nach herrschender Meinung als notwendig [...]" [Senger, 2009, S. 23]. Im Mittelpunkt seiner damaligen Betrachtungen standen die „Effektivität, Effizienz und Akzeptanz der Steuerverwaltung". Dies sind Maßstäbe, die auch in der digitalisierten Welt uneingeschränkte Gültigkeit behalten müssen.

Nach mehr als einem Jahrzehnt knüpft diese Arbeit an die von *Senger* skizzierten Herausforderungen an und analysiert den Ist-Zustand in den Landesfinanzverwaltungen in Bezug auf bisherige Digitalisierungsbemühungen. Zugleich sollen die Reformbedürfnisse eruiert, mit den Zielen des Koalitionsvertrages und der Haltung der Regierungen in Verbindung gebracht und konkrete Optimierungsansätze aufgezeigt werden. In diesem Rahmen werden insbesondere die Fähigkeit der deutschen Steuerverwaltung, sich für den digitalen Wandel zu transformieren, und die diesbezüglichen Fortschritte bewertet.

Im Vordergrund stehen dabei folgende Forschungsfragen:

1. Welche geschichtlichen und rechtlichen Besonderheiten ergeben sich für die deutsche Steuerverwaltung und wie steht Deutschland im europäischen Kontext da? (Kapitel 2, ab S. 11)

2. Welche Fortschritte bei der digitalen Transformation sind in den Ländern zu verzeichnen? (Kapitel 3, ab S. 49)

3. Welche Reformbedürfnisse bestehen und welche weiteren Ansätze würden die digitale Transformation der deutschen Steuerverwaltung begünstigen? (Kapitel 4-6, ab S. 85)

1.2 Aufbau der Arbeit

Die vorliegende Arbeit gliedert sich in sieben Kapitel. Im Einleitungsteil werden zunächst die Herausforderungen und die Problemstellung aufgezeigt, um anhand der Forschungsfragen die Zielsetzung zu verdeutlichen. Hier werden zudem der Aufbau und die verwendete Methodik beschrieben.

Das zweite Kapitel widmet sich einer Zustandsbeschreibung und der Beantwortung der ersten Forschungsfrage. So wird die Struktur der Steuerverwaltung anhand ihrer geschichtlichen Entwicklung und der rechtlichen Vorgaben betrachtet. Im Weiteren wird ausführlich auf die Zusammenarbeit der Länder im Bereich der Informationstechnik eingegangen. Anschließend wird der Versuch unternommen, die deutsche Steuerverwaltung - wegen der steuerrechtlichen und föderalen Besonderheiten lediglich in groben Zügen - in einen europäischen Kontext einzuordnen.

Im Rahmen dieser Arbeit werden in Kapitel 3 (S. 49) die Ergebnisse einer gleichartigen Befragung von Landesfinanzministerien im Zusammenhang mit der digitalen Transformation präsentiert. Diese Erhebung befasste sich unter anderem mit der Bewertung des föderalen Aufbaus, mit digitalen Kompetenzzentren und der strategischen Implementierung der digitalen Transformation, mit den Leistungen der Steuerverwaltung nach dem OZG sowie dem Anpassungsbedarf im Steuerrecht bzw. bei IT- und Arbeitsprozessen. Zugleich sollen hier die Haltung der Länder zu ihren Beiträgen im KONSENS-Verbund, die Fortschritte bei digitalen Steuererklärungen und -bescheiden bzw. die Förderung deren Inanspruchnahme, mobile Arbeitsmethoden, die Neueinstellung von IT-Kräften, der Aus- und Fortbildungsbedarf sowie der Einsatz moderner IT-Verfahren verglichen werden. Die Ergebnisse werden in fünf unterschiedlichen Kategorien ausführlich dargestellt.

Innerhalb der Kapitel 4 bis 6 (ab S. 85) sollen unter Berücksichtigung der Ergebnisse aus den Kapiteln 2 und 3 (ab S. 11) Reformbedürfnisse aufgezeigt und mit weiteren möglichen Optimierungsansätzen in Verbindung gebracht werden. Im Sinne einer vollumfänglichen Transformation werden in Kapitel 4 (S. 85) Maßnahmen für Änderungen der äußeren Organisationsstruktur wie die Neuorganisation der Finanzämter und Anpassungen bei den elektronischen Verwaltungsleistungen (e-Government-Services) sowie für Änderungen der inneren Organisationsstruktur wie die Einrichtung von „Digitalen Finanzämtern" mit digitalen Besteuerungsverfahren und einer weitgehenden Automatisierung dargestellt. Ebenso wird auf digitale Verwaltungsabläufe, Risikomanagementsysteme (RMS) und Einsatzmöglichkeiten für Blockchain und Künstliche Intelligenz (KI) Bezug genommen. Unter anderem werden für den Gesetzgeber normative und für die Verwaltung praktische Handlungsempfehlungen gegeben.

In Kapitel 5 (S. 139) werden die Rahmenbedingungen und Vorteile einer kompetenzorientierten, konsekutiven und modularen Personalqualifizierung aufgezeigt, bei der die Vermittlung von Digital- und Zukunftskompetenzen neben der Wissenschaftlichkeit der Aus- und Fortbildung in

den Mittelpunkt gestellt wird. Ausgehend von der traditionellen Steuerbeamtenausbildung wird ein Aus- und Fortbildungsmodell detailliert beschrieben, welches mithilfe einer gestreckten persönlichen Lernkurve sowie
Transfermöglichkeiten zwischen Staat und Privatwirtschaft die Strukturen
insgesamt zukunftsfähiger und marktorientierter werden lässt.

Kapitel 6 (S. 167) befasst sich mit den Notwendigkeiten und rechtlichen Voraussetzungen einer Forschung an Steuerdaten und analysiert
verschiedene Möglichkeiten hierzu. Des Weiteren wird die Etablierung einer Steuerverwaltungswissenschaft beleuchtet, die in Abgrenzung zu den
Steuerrechts- und Steuerwirtschaftswissenschaften die besonderen Belange der Steuerverwaltung fokussieren soll. Dahingehend werden auch For-
schungsansätze vorgestellt.

Das Kapitel 7 (S. 193) schließt mit einer Schlussbetrachtung ab,
welche eine Zusammenfassung der Ergebnisse dieser Arbeit, eine kritische
Reflektion und einen Ausblick auf weitere, zukünftige Forschungsvorhaben
und Anknüpfungspunkte enthält.

1.3 Methodik

Die zuvor beschriebenen Aufgabenstellungen und Zielsetzungen bedürfen einer Kombination verschiedener wissenschaftlicher Methoden. Für
die deskriptive Darstellung der Struktur der Steuerverwaltung und Kooperationen der Länder bei der Entwicklung von IT-Lösungen konnte auf
vorhandene Primär- und Sekundärliteratur zurückgegriffen werden. Zur
Einordnung in einen europäischen Kontext wurde eine statistische Model-
lierung des DESI vorgenommen. Für die beabsichtigte Analyse des Di-
gitalisierungsstands in verschiedenen Landessteuerverwaltungen mussten
die notwendigen Daten erst empirisch erhoben werden, weil entsprechende
Primärdaten nicht verfügbar waren. Das Erkenntnisziel und die Befra-
gungsergebnisse erforderten eine qualitative Auswertung.

Eine ausführliche Analyse der vorhandenen Literatur sowie die Verdichtung dieser mit dem Ziel neuer Erkenntnisgewinne waren insbesondere für den Themenkomplex zu den Reformbedürfnissen und -ansätzen (Kapitel 4 bis 6, ab S. 85) erforderlich. In Kapitel 4.1 (S. 87) wird ein Modell zur Bündelung der Digitalkompetenzen auf Bundesebene vorgestellt, bei dem abseits von KONSENS und der bisherigen Debatte zu einer Bundessteuerverwaltung, ein alternativer Weg zur Beschleunigung der Digitalisierungsvorhaben in der Steuerverwaltung aufgezeigt wird. Außerdem wird zur Optimierung der Versorgungssituation ein Berechnungsverfahren herangezogen und weiterentwickelt. Ein konsekutives, modulares Konzept zur Aus- und Fortbildung wurde für die Umstellung auf eine zukunftsfähige Personalqualifizierung in der Steuerverwaltung in Kapitel 5.3 (S. 148) erarbeitet.

Kapitel 2

Formale Zustandsbeschreibung der Steuerverwaltung[4]

2.1 Struktur der Steuerverwaltung

Die Steuerverwaltungen weltweit unterscheiden sich hinsichtlich ihrer grundsätzlichen Strukturen. Zentralisierte Varianten verfügen über eine autonome Steuerverwaltungseinheit mit eventuellen Untergliederungen; dezentralisierte über mehrere autonome Steuerverwaltungseinheiten mit möglichen Untergliederungen. Nachfolgend sollen die Auswirkungen der jeweiligen Organisationsform auf Entscheidungsfindungen im Zusammenhang mit der Digitalisierung umrissen werden, bevor auf die historischen und rechtlichen Besonderheiten der deutschen Steuerverwaltung eingegangen wird.

---

[4]Teile dieses Abschnitts wurden bereits veröffentlicht in Schaebs [2020] sowie Schaebs et al. [2021], siehe hierzu auch die Übersicht der Publikationen am Ende dieser Arbeit (Anhang D).

2.1.1 Zentralisierte und dezentralisierte Steuerverwaltungen

Martinez-Vazquez und Timofeev differenzieren noch detaillierter in Formen mit einer einzigen zentralisierten Steuerbehörde, unabhängige Steuerbehörden auf verschiedenen Regierungsebenen, gemischte Modelle der Steuerverwaltung sowie vollständig dezentralisierte Steuerbehörden [Martinez-Vazquez & Timofeev, 2005, S. 4]. Eine zentrale Steuerverwaltung bündelt die Verantwortung für die Administration und Durchsetzung aller Steuern auf staatlicher Ebene (zentralisierte Steuerverwaltung). Ämter existieren meist auf regionaler und lokaler Ebene [Vehorn & Ahmad, 1997, S. 112]. Als vorteilhaft für die digitale Transformation könnten sich folgende Attribute erweisen: die einheitliche Organisationsstruktur, eine klare Kompetenzverteilung, einheitliche Verfahren und Datenverarbeitungen sowie einheitliche Schulungen und Arbeitsabläufe [Senger, 2009, S. 102]. *Senger* geht allerdings von einer geringeren Innovationsfähigkeit zentralisierter Steuerverwaltungen aus, wobei dies angesichts der Erfolge anderer zentralisierter Behörden (u.a. Bundesagentur für Arbeit, Deutsche Rentenversicherung Bund) zu hinterfragen sein dürfte. *Martinez-Vazquez und Timofeev* sehen hier eine stärkere Spezialisierung des Personals und eine optimierte Ressourcennutzung durch Skaleneffekte, insbesondere im Hinblick auf den Einsatz von Computertechnik und IT-Experten [Martinez-Vazquez & Timofeev, 2005, S. 5 f.].

Den Formen dezentraler Steuerverwaltungen ist gemein, dass Steuern und steuerrechtliche Kompetenzen aufgeteilt sind. Grundsätzlich kann die Tatsache, dass jede staatliche Ebene Steuern erheben kann, als charakteristisches Merkmal angesehen werden. *Senger* sieht hierbei unter anderem Vorteile einer größeren Flexibilität der Verwaltung und einer größeren Freiheit, lokalen Präferenzen zu folgen. Er hebt aber auch die Nachteile hervor, die sich aus einem möglichen Verlust an Effektivität aufgrund mangelnder Zusammenarbeit zwischen den Behörden und den unterschiedlichen Verfahren, Gesetzen und Formularen für die Steuerzahler ergeben. Bezogen auf die Herausforderungen der digitalen Transformation könnte sich dieser Umstand, bei dem viele Ansprechpartner zu einem Konsens gebracht werden müssen, als nachteilig erweisen. Darüber hinaus gelten die Verwaltungskosten solch einer Steuerverwaltung insgesamt als höher [OECD, 2006, S. 107]. Überdies dürfte die Gleichmäßigkeit der Besteuerung überregional schwieriger sicherzustellen sein.

2.1.2 Historische Entwicklung der Steuerverwaltung in Deutschland

Die deutsche Steuerverwaltung wies in ihrer Geschichte verschiedene der zuvor beschriebenen Formen auf. Bis 1919, mithin vor Ende des ersten Weltkriegs, war die Verwaltung dezentral organisiert, wodurch die Erhebung und Verwaltung der Steuern weitgehend den einzelnen Ländern auf ihrem Gebiet oblagen [Langenberg, 1948, S. 13]. Ab 1919 bis zum Ende des zweiten Weltkriegs wurde die Struktur der Steuerverwaltung zentralisiert. Alle Befugnisse und Zuständigkeiten wurden von den Gliedstaaten auf die Weimarer Republik bzw. später das Deutsche Reich übertragen. Während des Nationalsozialismus kamen der Zentralverwaltung eine erhebliche Macht und weitreichende Eingriffsrechte zu, welche letztlich auch entscheidenden Anteil an der Ausplünderung und Enteignung der jüdischen Bevölkerung hatten [Friedensberger, 2002, S. 11]. Insoweit kann nachvollzogen werden, weshalb die komplexe und übermächtige Reichsfinanzverwaltung von den Alliierten grundsätzlich kritisch gesehen wurde.

Vor der Gründung der Bundesrepublik Deutschland (BRD) wurde die Reichsfinanzverwaltung zerschlagen und die Westalliierten übertrugen die ihnen vertrauten Steuerverwaltungssysteme in ihre jeweiligen Besatzungszonen. Es entstand eine Mischung aus zentralen und dezentralen Steuerverwaltungen. Die amerikanische und britische Besatzungsmacht bevorzugte jeweils die zentrale, die französische Besatzungsmacht hingegen die dezentrale Steuerverwaltung. Diese geschichtliche Entwicklung und den Aufbau der Finanzverwaltungen hat *Senger* mit Verweisen auf weiterführende Literatur beschrieben [Senger, 2009, S. 38 ff.].

Obwohl der Parlamentarische Rat im Jahr 1949 bei der Verabschie-
dung des Grundgesetzes eine zentrale Steuerverwaltung zunächst favori-
sierte, lehnten die Alliierten dies in letzter Minute ab, da die Verhand-
lungen sonst zu scheitern drohten [Senger, 2009, S. 47]. Bis heute ist die
dezentrale und gemeinsame Steuerverwaltung für die BRD in Artikel 108
GG verfassungsrechtlich festgeschrieben, wodurch für etwaige Änderungs-
und Anpassungsbestrebungen formale und hinsichtlich der Zustimmungs-
erfordernisse im Parlament höhere Grenzen bestehen. Die heutige Dezen-
tralisierung führt sowohl zu Vor- als auch zu Nachteilen. Erstere ergeben
sich beispielsweise, weil die Beschäftigten mehr Verantwortung übernehmen können, die politischen und verfassungsrechtlichen Festlegungen besser repräsentiert oder bestimmte Steuerarten (z.B. Objektsteuern) näher
an der Quelle verwaltet werden. Die Nachteile sind in einer möglichen
Doppelbesteuerung, der potenziell ungleichen Behandlung von Steuersub-
jekten und der Missbrauchsgefahr von Steuerpolitik als Standortpolitik zu
sehen [WD, 2010, S. 5]. Hinsichtlich der Planung, Steuerung und Umsetzung von Digitalisierungsvorhaben stellt sich der erhöhte Koordinations-
und Abstimmungsaufwand nachteilig dar.

2.1.3   Verfassungsrechtliche Vorgaben

Die Gesetzgebungs-, Verwaltungs- und Ertragskompetenzen sind für
Bund und Länder im Grundgesetz in Form einer Finanzverfassung (Artikel
104a bis 108 GG) geregelt. Für die Konkretisierung der Verfassungsbestim-
mungen wurde das Gesetz über die Finanzverwaltung (FVG) erlassen, in
welchem auch die Organisation bzw. Definition von Bundes- und Landesfinanzbehörden zu finden sind. Die deutsche Steuerverwaltung gliedert sich
entsprechend der Abbildung 2.1 in eine Bundessteuerverwaltung und 16
weitere Landessteuerverwaltungen.

Als Bundesoberbehörde nimmt das Bundeszentralamt für Steuern
(BZSt) mit ca. 2.400 Beschäftigten im Jahr 2021 die steuerlichen Interessen des Bundes wahr und übt mehr als 80 Aufgaben mit nationalen oder

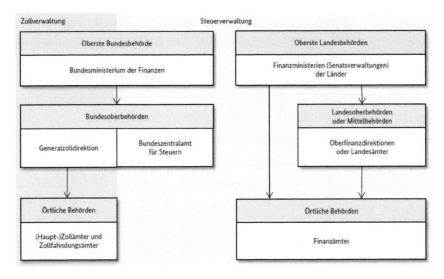

Abbildung 2.1: Aufbau der Finanzverwaltung nach dem FVG [BMF, 2018]

internationalen Bezügen aus [BZSt, 2022]. Solche Aufgaben sind u.a. in § 5 FVG festgelegt. Die Behörde ist aus der Vorgängerbehörde Bundesamt für Finanzen (BfF) im Jahr 2006 hervorgegangen und unterhält Steuerabteilungen (nationale Steuern und Umsatzsteuer), Sondereinheiten zum Kapitalmarkt und zum internationalen Informationsaustausch sowie die Bundesbetriebsprüfung.

Die Landessteuerverwaltungen nehmen ihre steuerlichen Kernaufgaben mithilfe der obersten Landesbehörden, der Finanzämter als örtliche Behörden sowie der Landesoberbehörden (auch Landesmittelbehörden) wahr. Zu letzteren zählen auch die in einigen Bundesländern noch vorhandenen Oberfinanzdirektionen (OFD). Rechenzentren der Länder bzw. Technische Finanzämter existieren als örtliche oder mittlere Landesbehörden, als Teil der Verwaltung oder wurden an Servicedienstleister ausgelagert [Heller, 2022, S. 29].

Das Grundgesetz unterscheidet gezielt die Verwaltung von Bundes- und Landessteuern. Bundessteuern sind die in Artikel 108 Absatz 1 GG der Bundesfinanzverwaltung zugewiesenen Steuern. Nach Artikel 108 Absatz

3 Satz 1 GG werden die Landesfinanzbehörden insoweit im Auftrag des Bundes tätig (Bundesauftragsverwaltung). Die Länder verwalten darüber hinaus alle „übrigen Steuern" entsprechend Artikel 83 i.V.m. 108 Absatz 2 Satz 1 GG in eigener Angelegenheit. Diese strikte Trennung schließt Mitplanungs-, Mitverwaltungs- und Mitentscheidungsbefugnisse des Bundes aus, sofern nichts anderes ausdrücklich durch Bundesgesetz mit Zustimmung des Bundesrats (Artikel 108 Absatz 2 Satz 2 GG) geregelt ist [WD, 2020b, S. 5]. Der Steuervollzug obliegt damit den Ländern. Eine Mischverwaltung ist nur in den vom Grundgesetz ausdrücklich und präzise beschriebenen Fallgestaltungen zulässig (etwa Artikel 108 Absatz 4 und 4a GG). Eine Kooperation der verschiedenen Gebietskörperschaften ist also stets daraufhin zu überprüfen, ob diese einer unzulässigen Mischverwaltung gleichkommt. Allerdings bedeutet das nicht, dass Kompetenzverschiebungen mithilfe von Grundgesetz-Änderungen unmöglich und durch die „Ewigkeitsgarantie" des Artikel 79 Absatz 3 GG ausgeschlossen wären [Perschau, 1998, S. 2]. Vielmehr bedarf es realistischer Kompensationen, wobei den Ländern prinzipiell die Organisationshoheit über ihre Verwaltungsbehörden und Verwaltungsbeschäftigten sowie ein Mitwirkungsrecht an der Bundesgesetzgebung verbleiben muss [Bernhardt, 2018, S. 10].

2.2 Kooperationen der Länder bei der Entwicklung von IT-Lösungen

Seit den 1960er Jahren arbeiten die Bundesländer im Bereich der Steuerverwaltung auf dem Gebiet der Informationstechnik zusammen. Viele der bisherigen Projekte kamen jedoch an ihre Grenzen. Im Folgenden sollen die frühere, besonders aber die aktuelle Kooperation der Steuerverwaltungen bei der Entwicklung von IT-Lösungen betrachtet werden.

2.2.1 Programmierverbünde IABV, FISCUS und EOSS

Beim „Integrierten Automatisierten Besteuerungs-Verfahren (IABV)" unterstützten sich die Länder im Bereich der Steuererhebung. Diese Zusammenarbeit wurde bereits als „große[r] Programmierverbund" [WD, 2020a, S. 5] bezeichnet. Die Länder Nordrhein-Westfalen, Saarland und Schleswig-Holstein waren an der Mitarbeit nicht interessiert und so kam es zu Parallellösungen [ebd., S. 5]. Abgesehen vom IABV unterhielten folgende Länder letztlich eigene Programmierverbünde für den Festsetzungsbereich: Bayern gemeinsam mit dem Saarland, Niedersachsen, Nordrhein-Westfalen, Schleswig-Holstein [Senger, 2009, S. 144].

Das „Föderale Integrierte Standardisierte computerunterstützte Steuersystem (FISCUS)" sollte ab 1991 bis zum Jahr 2006 einheitliche Systeme in allen Bundesländern zum Einsatz bringen. Die FISCUS GmbH wurde als IT-Dienstleister für die Steuerverwaltungen geschaffen. Personalprobleme, Entwicklungsrückstände, Mängel im Projektmanagement und die Verweigerung der Unterstützung durch einige Länder brachten FISCUS als Gesamtvorhaben zum Scheitern [Senger, 2009, S. 144 f.]. Die Kosten explodierten von ursprünglichen 168,7 Mio. Euro auf ca. 400 Mio. Euro [BRH, 2006, S. 148].

In Deutschland gab es zwischenzeitlich sogar sechs parallele Programmierverbünde der Steuerverwaltungen. Die ursprünglichen Planungen und die bestehenden Unterschiede hat *Senger* bis zum Jahr 2009 ausführlich untersucht [Senger, 2009, S. 147 ff.]. Bayern gemeinsam mit dem Saarland schlugen mit dem Verbund der „Evolutionär Orientierten SteuerSoftware (EOSS)" im Jahr 2002 einen alternativen Weg ein und konnten die Länder Brandenburg, Mecklenburg-Vorpommern, Sachsen, Sachsen-Anhalt und Thüringen zur Mitarbeit überzeugen. Die Bundesländer Berlin, Bremen, Hamburg und Schleswig-Holstein übernahmen die EOSS-Verfahren als „Zwischenschritt auf dem Weg zu KONSENS" [Senatsverwaltung für Finanzen, 2005, S. 24]. Weitere Bundesländer schlossen sich den EOSS-Verfahren im Laufe der Zeit an, unter anderem aber das bevölkerungsreichste Bundesland Nordrhein-Westfalen nicht.

Die Brüche innerhalb des Besteuerungsverfahrens beim Wechsel von Zuständigkeiten im Bundesgebiet, inkompatible Landesfachverfahren und Kommunikationsdefizite sowie Doppelstrukturen in der Entwicklungs- und Programmierarbeit konnten so noch immer nicht beseitigt werden. Das Ziel deutschlandweiter, einheitlicher IT-Verfahren für die Steuerverwaltungen war zu diesem Zeitpunkt noch zu stark den landesspezifischen Vorbehalten und Überlegungen ausgesetzt. Daher musste das Zusammenwirken erneut auf den Prüfstand gestellt werden.

2.2.2   Der KONSENS-Verbund

Erst im Rahmen des „Koordinierten Neuen Software-Entwicklung der Steuerverwaltung (KONSENS)" konnte die in die Kritik geratene Zusammenarbeit im Bereich der Informationstechnologie (IT) wieder-belebt werden. Nach einem Beschluss der Finanzministerkonferenz vom 09.07.2004 sollte die Entwicklung, die Beschaffung und der Einsatz der Software für das Besteuerungsverfahren gemeinsam nach einem abge-stimmten Verfahren erfolgen [Senatsverwaltung für Finanzen, 2005, S. 3]. Vereinbart wurden eine neue Organisationsstruktur und die Einrichtung von Steuerungsgremien. Die Finanzministerkonferenz beschloss daraufhin am 23.06.2005, dass sich die Länder zu ihrer Verantwortung für die Soft-wareentwicklung bekennen, das Vorhaben KONSENS einschließlich EL-STER vorantreiben und die Schaffung der organisatorischen Vorausset-zungen für den Einsatz dieser Software unterstützen werden. Die föderale Zusammenarbeit wurde somit angepasst und die bisherige Arbeit der Fis-cus GmbH obsolet. Die Finanzminister regten zugleich den Entwurf eines Verwaltungsabkommens KONSENS zum 31.03.2006 an, welches durch ei-ne fortgeschriebene Finanzplanung und einen Vorschlag für ein effektives Finanzcontrolling ergänzt wurde [ebd., 15 f.]. Das Verwaltungsabkommen trat am 01.01.2007 in Kraft und basiert auf der Grundlage von Artikel 108

Absatz 4 GG in Verbindung mit § 20 FVG. Die bisherigen Vereinbarungen des Abkommens zur Regelung der Zusammenarbeit bei der Nutzung der Informationstechnik im Besteuerungsverfahren (Projekt FISCUS) vom 03.12.2002 sowie der EOSS-Kooperationsvertrag wurden aufgelöst.

Das Gesamtvorhaben KONSENS soll der „Vereinheitlichung und Modernisierung der IT-Unterstützung in den Finanzämtern sowie der Verbesserung der Services für Bürgerinnen und Bürger, Unternehmen und Steuerberaterschaft" dienen und zugleich der „Markenname der Steuer-Software zur Realisierung digitaler Verwaltungsleistungen in der Steuerverwaltung" sein [KONSENS, 2021b, S. 3]. Die vorherige Bundesregierung sah „[d]as Vorhaben KONSENS [als] Ausfluss der föderalen Struktur in der Steuerverwaltung" mit dem Ziel, „die IT-Kooperation von Bund und Ländern zu vertiefen, die IT-Landschaft auch zukünftig zu modernisieren und für die Herausforderungen durch eine zunehmende Digitalisierung in der Steuerverwaltung weiter vorzubereiten" [Deutscher Bundestag, 2021d, S. 8].

Das Gesetz über die Koordinierung der Entwicklung und des Einsatzes neuer Software der Steuerverwaltung (KONSENS-Gesetz - KONSENS-G) vom 14.08.2017 (BGBl. I S. 3122, 3129) ergänzt seit dem 01.01.2019 das Verwaltungsabkommen und regelt die Entwicklung und den Einsatz einheitlicher Software im Bereich der Steuerverwaltung. Als Bundesgesetz kann sich das Gesetz nur auf Steuern beziehen, die die Länder im Auftrag des Bundes verwalten. Insoweit gilt für die originären Landessteuern lediglich das Verwaltungsabkommen, wobei die Regelungsinhalte des Gesetzes hier sinngemäß Anwendung finden [KONSENS, 2021b, S. 7]. Sowohl das Verwaltungsabkommen als auch das KONSENS-G gelten nicht für ausschließlich durch den Bund verwaltete Steuern [Heller, 2022, S. 78].

KONSENS fokussiert eine „Vereinheitlichung und dauerhafte Weiterentwicklung sowie Modernisierung der in den Ländern und beim Bund eingesetzten IT des Besteuerungsverfahrens" sowie „die schrittweise Ablösung der bestehenden heterogenen IT-Strukturen der Länder" [KONSENS, 2021b, S. 7]. Diesem Gesamtziel wird „aufgrund der finanzielle[n] Beteiligung des Bundes" und „[a]ngesichts der [...] zunehmenden Digitalisierung des Besteuerungsverfahrens" eine zentrale Rolle zur Gewährung der Funktionsfähigkeit der Steuerverwaltung" [Deutscher Bundestag, 2021h, S. 1] beigemessen. Mehr noch gilt KONSENS gemeinsam mit der IT der Steuerverwaltung als „Garant für die Sicherung unseres Gemeinwohls, indem Steuern termingerecht und korrekt festgesetzt und erhoben werden" [KONSENS, 2021a]. Die Bezeichnung als KONSENS-Vorhaben erscheint dabei durchaus berechtigt, weil sich die Vereinheitlichung der in den Steuerverwaltungen der Länder eingesetzten IT nicht wie ein einzelnes Projekt abschließen und damit ein Zielzustand erreichen lässt, sondern aufgrund der fortschreitenden Digitalisierung ständig fortzuentwickeln bzw. weiterzudenken ist [Deutscher Bundestag, 2021h, S. 2]. Das Vorhaben wird damit zur „Daueraufgabe" [KONSENS, 2021b, S. 8].

Nach dem KONSENS-G bestimmt sich u.a. auch die Organisation des Verbundes. Eine wichtige Unterscheidung im Rahmen dieser Arbeit ist jene in die Rolle als Auftraggeber bzw. Auftragnehmer. Die Auftraggeber sind alle Bundesländer und der Bund. Dieses Gremium befasst sich mit den Grundsätzen der Zusammenarbeit und stellt die oberste Entscheidungsebene aus Referatsleitungen Automation (Steuer) bzw. Organisation von allen Bundesländern und Vertretern des Bundes dar. Auftragnehmer sind die Länder Baden-Württemberg (BW), Bayern (BY), Hessen (HE), Niedersachen (NI), Nordrhein-Westfalen (NW) und der Bund. Gemeinsam bilden sie unter Vorsitz des Bundes die Steuerungsgruppe IT, welche als Generalauftragnehmer bezeichnet wird und für Fragen zur Strategie und Architektur zuständig ist. Ergänzend kommt eine Steuerungsgruppe Organisation für aufbau- und ablauforganisatorische Beschlüsse zusammen [KONSENS, 2021b, S. 11 f.].

Daneben bestehen weitere Einrichtungen wie die Geschäftsstelle IT beim BZSt, die Gesamtleitung, die Zentralen Organisationseinheiten sowie die KONSENS-Arbeitsgruppen. Letztere sind insoweit wichtig, weil hier zum Beispiel Fragen zum Marketing vom Verfahren ELSTER (Elektronische Steuererklärung), einer der ersten, bekanntesten und erfolgreichsten e-Government-Anwendungen Deutschlands, oder zum Finanzmanagement von KONSENS erörtert werden.

2.2.2.1 Entwicklungsfortschritte und deren Finanzierungsbedarf

Im Vergleich zu den vorhergehenden Kooperationen kann KONSENS auf viele erfolgreiche Verfahrenseinführungen [KONSENS, 2021b, S. 23 f.] und die Errungenschaften im Zusammenhang mit ELSTER verweisen [KONSENS, 2021a, S. 4 f.]. In seinem Jahresbericht verwies der Nationale Normenkontrollrat (NKR) im Jahr 2018 positiv darauf, dass die Steuerverwaltung mit Angeboten wie ELSTER oder der vorausgefüllten Steuererklärung kontinuierlich an der Digitalisierung ihrer internen Verfahren und externen Angebote arbeite [NKR, 2018, S. 36]. Insbesondere sei KONSENS ein Beispiel für eine erfolgreiche gemeinsame Bund-Länder-Zusammenarbeit bei großen IT-Projekten. Maßgeblich für den Erfolg sei, dass sich Länder und Bund in einem mehr als 10 Jahre alten Verwaltungsabkommen dazu verpflichtet hätten, sich organisatorisch aneinander anzupassen und die Programmierung fünf Ländern übertragen worden sei. Ende 2017 seien bereits 159 einheitliche Produkte in allen Ländern im Einsatz gewesen und in den Finanzämtern werde „fast jede Tätigkeit IT-unterstützt durchgeführt und über querschnittliche Verfahren verbunden". Das Ziel sei erreicht worden, in allen 16 Ländern identische, leistungsfähige Software einzusetzen, einheitliche Benutzeroberflächen zu verwenden und beim Austausch mit anderen Behörden nach dem „Once-Only-Prinzip"[5] Daten auszutauschen. Insgesamt würden dadurch Bürokratiekosten für die Finanzämter, für die Bürger und die Unternehmen reduziert.

Die vorherige Bundesregierung ging davon aus, dass sie angemessen im Vorhaben KONSENS an der Verwirklichung der weiteren Digitalisierung beteiligt gewesen sei und die Digitalisierung der steuerlich relevanten

---

[5]Nach dem Once-Only-Prinzip müssen Bürger ihre Daten möglichst nur einmal zur Verfügung stellen und können auf diverse angebundene Verwaltungsleistungen zurückgreifen. In der Regel wird dies über einen zentralen Zugang umgesetzt.

Prozesse entschlossen vorangetrieben werde [Deutscher Bundestag, 2020g, S. 2]. Insbesondere scheint die neue Gesamtleitung von KONSENS „als Ansprechpartner für die Politik" [KONSENS, 2020, S. 7] die Erwartungen zu erfüllen, weil hierüber eine Beschleunigung durch die zentrale Steuerung möglich ist. Der Stresstest in Form kurzfristiger politischer Entscheidungen und deren Umsetzung im Bereich der IT in der Steuerverwaltung wurde in der Corona-Pandemie deutlich, zum Beispiel bei den Corona-Hilfspaketen, der Senkung des Umsatzsteuersatzes, der Einführung der Grundrente oder der Erhöhung von Freibeträgen. In diesem Kontext wird davon ausgegangen, dass „die neuen Strukturen KONSENS nach außen stärken" und die Abstimmungsprozesse verschlankt werden [ebd., 7].

Die Finanzierung von KONSENS erfolgt durch Bund und Länder gemeinsam. Hierzu sind Beiträge der Länder nach dem Königsteiner Schlüssel vorgesehen. Das bedeutet, dass jedes Land an gemeinsamen Finanzierungsaufgaben nach einem bestimmten Anteil beteiligt wird. Dieser richtet sich zu zwei Dritteln nach dem Steueraufkommen und zu einem Drittel nach der Bevölkerungszahl des jeweiligen Landes. Der Bund beteiligt sich ebenfalls am Aufwand und stellt jährlich einen erfolgsabhängigen Zuschuss zur Verfügung. Die Gesamtausgaben von Bund und Ländern sind kontinuierlich gewachsen und lassen sich der Tabelle 2.1 entnehmen.

Jahr	Länder-anteil	Bundes-anteil	Gesamt-ausgaben	Änderung zum Vorjahr
2014	85.194.155 €	10.290.571 €	95.484.726 €	-
2015	89.241.465 €	10.269.920 €	99.511.385 €	4,22 %
2016	98.511.227 €	10.868.722 €	109.379.949 €	9,92 %
2017	112.232.938 €	23.179.683 €	135.412.621 €	23,80 %
2018	122.224.503 €	28.263.431 €	150.487.934 €	11,13 %
2019	131.599.830 €	29.664.342 €	161.264.172 €	7,16 %
2020	135.684.887 €	30.274.753 €	165.959.640 €	2,91 %

Tabelle 2.1: Ausgaben für KONSENS ab 2014 [Deutscher Bundestag, 2021h]

Ungefähr ein Drittel der Kosten entfällt auf die Entwicklung der Software, wobei die Softwarepflege-, Betriebs- und Verwaltungskosten den höheren Anteil bilden [Deutscher Bundestag, 2021h, S. 2 f.]. Die größten Ausgabenzuwächse entfallen auf die Jahre 2017 und 2018, also auf die Zeit unmittelbar vor Inkrafttreten des KONSENS-G, in der jedoch schon konkrete Planungen bestanden und Umsetzungsarbeiten stattfanden. Bei Angabe der Gesamtausgaben für das Jahr 2020 war allerdings das Budgetjahr noch nicht abgeschlossen [ebd., 3].

Jahr	Länder-anteil	Bundes-anteil	Gesamt-ausgaben	Änderung zum Vorjahr
2021	155.730.000 €	33.270.000 €	189.000.000 €	-
2022	163.995.000 €	34.505.000 €	198.500.000 €	4,99 %
2023	172.608.000 €	35.792.000 €	208.400.000 €	4,99 %
2024	181.656.000 €	37.144.000 €	218.800.000 €	4,99 %

Tabelle 2.2: Budget- und Finanzplanung für KONSENS bis 2024 [Deutscher Bundestag, 2021h])

Darüber hinaus besteht nach Schätzung der vorherigen Bundesregierung für KONSENS bis zum Jahr 2024 die in der Tabelle 2.2 dargestellte Budget- und Finanzplanung. Diese entspricht damit dem Beschluss der Finanzminister vom 12.11.2020, die Gesamtausgaben um jährlich 5% zu erhöhen. Inwieweit die Länder allerdings bereit wären, zur Schaffung einer echten digitalen Steuerverwaltung ihre (finanziellen) Beiträge über den Beschluss der Finanzministerkonferenz hinaus verbindlich zu erhöhen, blieb bisher fraglich. Eine Tendenz hierzu wird im Rahmen dieser Arbeit (Kapitel 3.4.1, S. 66) veranschaulicht. Gleichwohl zeigte sich die letzte Bundesregierung nicht aufgeschlossen und verwies darauf, dass sich das „Verfahren und die festgelegten Finanzierungsanteile [...] bewährt [hätten] und [...] beibehalten" werden sollten [Deutscher Bundestag, 2020g, S. 4]. Trotz der kontinuierlich gestiegenen Gesamtausgaben hat der Bund bisher Anreize zur Beschleunigung der Digitalisierung in KONSENS stets über Erhöhungen seines erfolgsabhängigen Bundeszuschusses setzen müssen. Es bleibt zu vermuten, dass dies auch in Zukunft das gängige Prozedere sein wird.

2.2.2.2   KONSENS-Verfahren und weitere Projekte

Mit KONSENS soll es gelingen, einheitliche IT-Verfahren in den Steuerverwaltungen der Länder zu schaffen und damit die verschiedenen Insellösungen aus unterschiedlichen Programmierverbünden und landesspezifischen Programmen zu beseitigen. Neben der Erstellung der Verfahren zur Automation und Modernisierung des Steuerverfahrens bringt der KONSENS-Verbund auch andere technische Innovationen hervor. Hier kann insbesondere auf den digitalen Einkommensteuerbescheid als große Errungenschaft sowie die Erfolgsgeschichte ELSTER und zuletzt die browserbasierte Lösung des ElsterOnline-Portals, aber auch auf die Authentifizierungsmöglichkeiten mit der App „ElsterSmart" oder den zunehmenden Einsatz von Chatbots mit künstlicher Intelligenz, verwiesen werden [KONSENS, 2021a, S. 7]. Mittlerweile scheinen auch Forschungsprojekte möglich zu werden, zum Beispiel „NESSI" (Nachweisplattform ELSTER Self Sovereign Identities), bei welchem der Einsatz von Vorteilen im Zusammenhang mit Blockchains innerhalb von ELSTER untersucht wird [ebd., 9]. Noch deutlicher wird dies angesichts des Auftrags der Steuerungsgruppe IT an die Gesamtleitung ab dem Jahr 2021 länderübergreifende KONSENS Innovation Labs (InnoLab) einzurichten. Diese sollen eine „stetige [...] Innovationsbereitschaft im Vorhaben KONSENS" fördern [ebd., 17].

Aktuell werden im Zusammenhang mit der Automatisierung und Modernisierung des Steuerverfahrens insgesamt 19 Fachverfahren eingesetzt, die der Tabelle 2.3 zu entnehmen sind.

Abkürzung	Verfahren	Inhalte
BIENE	Bundeseinheitliche integrierte evolutionäre Neuentwicklung der Erhebung	Erhebung von Steuern, Mahnungen, Ein- und Auszahlungen
BuStra	Bußgeld, Strafsachen, Steuerfahndung	Verwaltung und Überwachung der Fälle
DAME	Data Warehouse, Auswertungen und Business-Intelligence-Methoden	Auswertungs- und Informationssystem, Analysemethoden, Erstellung von Statistiken
ELFE	Einheitliche länderübergreifende Festsetzung	Feststellung der Besteuerungsgrundlagen und Festsetzung der Steuern
ELSTER	Elektronische Steuererklärung	E-Government-Leistungen wie u.a. elektronische Steuererklärung, Datenaustausch mit der Steuerverwaltung
GDA	Gesamtdokumentenarchivierung	Einheitliche Schnittstelle und Ablageplattform
GeCo	Gesamtfalladministration / VGP-Controller	Verfahrensübergreifende Dienste
GINSTER	Grundinformationsdienst	Stammdatenverwaltung der Steuerpflichtigen
InKA	Information und Kommunikation mit dem Ausland	Internationaler Informationsaustausch, (u.a. mit BZSt), Datenanalyse
KDialog	KONSENS-Dialog	Bearbeitungs-Oberfläche in den Finanzämtern
KapESt	Kapitalertragsteuer	Verwaltung des Kapitalertragsteueraufkommens

Abkürzung	Verfahren	Inhalte
LAVENDEL	Lohnsteuerabzugsverfahren der Länder	Verwaltung Lohnsteuerabzugsmerkmale der Steuerpflichtigen
MÜSt	Maschinelle Überwachung der Steuerfälle	Überwachung des Eingangs von Steuererklärungen und Erledigung von Veranlagungen
Prüfungsdienste		Unterstützung der Außen- und Innendienste
RMS	Risikomanagementsystem	Automatisierte Risikobewertung von Daten
SESAM	Erklärungen scannen und maschinell bearbeiten	Elektronische Aufbereitung von analogen Dokumenten
StundE	Stundung und Erlass	Verwaltung von Anträgen auf Stundung, Erlass und Aussetzung der Vollziehung
VO	Vollstreckungssystem	Ankündigungen von Vollstreckungsmaßnahmen, Pfändungen, Insolvenzverfahren, Verwaltung Steuerrückstände
ZANS	Arbeitnehmer-Sparzulage und Wohnungsbauprämie	Verarbeitung der Ansprüche und Auszahlung

Tabelle 2.3: KONSENS-Verfahren zur Automatisierung [KONSENS, 2021b]

2.2.3   Kritik an der Zusammenarbeit der Länder

Die Nachteile aus der dezentralen, föderalen Struktur der deutschen Steuerverwaltung sind für den Steuervollzug allgemein und die Gleichmäßigkeit der Besteuerung bereits auf oberster politischer Ebene erörtert worden [BMF, 2004, S. 1 f.]. Auch der Bundesrechnungshof (BRH) sprach sich für eine Zentralisierung der Steuerverwaltung aus [BRH, 2006, S. 157 ff.]. Oft werden Schwierigkeiten bei der Digitalisierung mit dem föderalen Verfassungssystem in Deutschland in Verbindung gebracht [Bernhardt, 2018, S. 1 ff.]. Das gesamtstaatliche Interesse an der digitalen Transformation im Verwaltungsbereich hat in der Vergangenheit auch schon zu mehreren Grundgesetzänderungen geführt, u.a. Artikel 91 c und 108 GG. Bund und Länder mussten sich mehrfach eingestehen, dass die föderalen Strukturen bei der Digitalisierung eine besonders starke Koordination und Kooperation notwendig machen. So wurde der IT-Planungsrat auf der Grundlage des IT-Staatsvertrags zur Ausgestaltung von Artikel 91 c GG geschaffen. Die FITKO (Föderale IT-Kooperation) als operativer Unterbau des IT-Planungsrats zur effektiveren Umsetzung der föderalen Vorhaben wie beispielsweise der Umsetzung der OZG-Vorhaben sowie die Koordinierungsstelle für IT-Standards (KoSIT) konzentrieren sich auf die Umsetzung der Aufgaben besonderer Verwaltungsbereiche. Die Fachverfahren der Steuerverwaltungen wurden zunächst eher vernachlässigt, wie sich an den bisherigen Umsetzungsergebnissen der 14 OZG-Themenfelder im Bereich Steuern & Zoll zeigt [NKR, 2020, S. 7]. Noch im Jahr 2016 stellte der Normenkontrollrat im Bereich des e-Governments fest, dass die föderale Zusammenarbeit de facto nicht existiere [Misgeld, 2019, S. 89]. Nachfolgend sollen sowohl die Probleme im Bereich der e-Government-Services, also die Angebote der Steuerverwaltung gegenüber Bürgern und Unternehmen, als auch bei den internen IT-Verfahren der Steuerverwaltung aufgezeigt werden.

2.2.3.1 E-Government-Leistungen

Die Steuerverwaltungen können sich einer Digitalisierung der Prozesse nicht entziehen. Mehr noch sieht die Organisation für wirtschaftliche Zusammenarbeit und Entwicklung (OECD) für die Verwaltung die Notwendigkeit einer digitalen Transformation, die über ein reines e-Government hinausgeht [Schünemann, 2019, S. 18]. Von der Steuerverwaltung müssen grundsätzlich auch „alle Entscheidungen und StandardFestlegungen des IT-Planungsrates" beachtet werden [Deutscher Bundestag, 2020b, S. 1]. Die Gemeinwohlverpflichtung zwingt zu einer Berücksichtigung aller Bürger-, Wirtschafts- und Verwaltungsinteressen [Windoffer, 2018, S. 364]. Viel zu lange aber wurde die Digitalisierung von der Steuerverwaltung nur als Umstellung analoger Prozesse auf ein digitales Abbild verstanden, bei dem vorwiegend die Verwaltung selbst, nicht aber der Kunde entlastet wird [Loritz, 2018, S. 141]. *Von Lucke* merkt allerdings an, dass sich „die Auslagerung von Aktivitäten auf die Steuerzahlenden bewährt" habe [Von Lucke, 2020, S. 18]. Bemerkenswert ist, dass bereits die bloße Elektronifizierung von der Steuerverwaltung als Erfolg gegenüber anderen Verwaltungen angesehen wurde.

Folgende besondere Herausforderungen beim föderalen e-Government wurden allgemein identifiziert [Misgeld, 2019, S. 94 f.]:

- die notwendige disziplinübergreifende Fachexpertise,

- die schwerfälligen und langwierigen Standardisierungsprozesse,

- die Diversität und das Unverständnis,

- die organisationsbezogenen Differenzen,

- die Vielzahl von Interessens- und Akteurkonstellationen,

- der erhöhte Kooperationsbedarf sowie

- die intraorganisationalen Defizite.

Für eine internationale und europaweite Verbesserung der Lage bei der Digitalisierung bedarf es u.a. eines klugen, stabilen architektonischen Fundaments bei der föderalen Verwaltungsdigitalisierung [NKR, 2020, S. 1]. Oft werden die im föderalen Aufbau liegenden Chancen einer größeren räumlichen Nähe der Bürger zu den Landesregierungen mit einer stärkeren Rückkoppelungsmöglichkeit an die Politik nicht genutzt.

Die in Zeiten der digitalen Transformation erforderliche enge Kooperation föderaler Entscheidungsträger funktioniert nur bedingt und führt nicht oft genug zu den erhofften Synergieeffekten und der effizienten Aufgabenerfüllung [Ziekow & Windoffer, 2008, S. 48 ff.]. Unklare Kompetenzverteilungen bei einer großen Anzahl von Entscheidungsträgern im mehrstufigen Verwaltungsaufbau EU-Bundesstaat-Länder-Kommunen diskreditieren den föderalen Verwaltungsaufbau insgesamt. Zwar berühmt sich der IT-Planungsrat besonderer Erfolge bei der Umsetzung des OZG, noch ist jedoch mehr als ungewiss, in welchem Maße die Frist zur vollständigen Digitalisierung der Verwaltungsleistungen von Bund, Ländern und Kommunen bis zum 31.12.2022 eingehalten wird. Dies bestätigt auch der kritische Bericht des Nationalen Normenkontrollrats im MonitorDigitaleVerwaltung aus September 2020 [NKR, 2020]. Die vorherige Bundesregierung bewertete die Rolle des IT-Planungsrats als Treiber für das elektronische Regieren (e-Government) in Deutschland, auch für den Bereich der Steuerverwaltung [Deutscher Bundestag, 2020b, S. 2]. Dennoch schätzte sie die Umsetzung der OZG-Leistungen kritisch ein, wenn sie mitteilte: „Es werden im Vorhaben KONSENS nach den derzeitigen Planungen voraussichtlich nicht alle Anforderungen des Onlinezugangsgesetz (OZG) bis Ende 2022 vollumfänglich erfüllt werden können" [Deutscher Bundestag, 2020g, S. 3]. Mit anderen Worten: Sie glaubte nicht mehr daran, dass die gesetzlichen Pflichten für die Digitalisierung der Steuer-Verwaltungsleistungen eingehalten werden können.

Vor allem aber die Kommunen klagen darüber, nicht ausreichend in ihren Digitalisierungsaufgaben Unterstützung zu erhalten. Auch die Erarbeitung und Umsetzung erforderlicher Rechtsänderungen für eine durchgehende Digitalisierung von Verwaltungsverfahren, in die Verwaltungsbehörden auf mehreren Verwaltungsebenen eingebunden sind, müssten deutlich beschleunigt werden. *Bernhardt* zeigt auf, dass es in diesem Zusammenhang wünschenswert wäre, die Entscheidungskompetenzen des IT-Planungsrats auszuweiten, ihn in die Erarbeitung von Rechtsreformen zur Digitalisierung einzubinden und die innere Entscheidungsstruktur des IT-Planungsrats durch eine erweiterte Möglichkeit von Mehrheitsabstimmungen mit dazu komplementär höherer Entscheidungstransparenz zu stärken [Bernhardt, 2018, S. 16].

Es kann also die Frage gestellt werden, woran es liegt, dass andere Verwaltungen zum Vorreiter digitaler Lösungen werden und die Steuerverwaltungen ihre Vorreiterstellung bei der Digitalisierung, zum Beispiel mit dem ELSTER-Portal [Niedersächsisches Finanzministerium, 2017, S. 13], nicht verteidigen können? Denkbar ist, dass es in den Steuerverwaltungen vielfach schon an Innovationslaboren fehlt, die die verschiedenen Akteure an einen Tisch holen könnten. Daneben mangelt es an der Verschlankung von Prozessen und einer Digitalisierung im Sinne einer wirklichen Staatsmodernisierung [Bernhardt, 2018, S. 1 ff.]. Dabei kommt der Vernetzung der Angebote von Bund, Ländern und Kommunen letztlich eine entscheidende Rolle für die optimale gesamtstaatliche Lösung im Bereich des e-Governments zu.

2.2.3.2 IT-Verfahren der Steuerverwaltung

Die Erfahrungen aus den FISCUS-Projekten führten zu zahlreichen Lerneffekten und organisatorischen Veränderungen [Senger, 2009, S. 152]. Dennoch zeichnen sich bis heute langwierige Entwicklungsprozesse ab, obwohl auf den Grundsatz der Einstimmigkeit bei der Entscheidungsfindung mittlerweile verzichtet wird. Zum Teil sind Aufgaben aus dem Jahr 2007 bis heute nicht umgesetzt [Deutscher Bundestag, 2020g, S. 3].

Die digitale Transformation der deutschen Steuerverwaltung stellt sich mit 17 gleichberechtigten Entscheidungsträgern im europäischen und internationalen Kontext als besonders herausfordernd dar. Dabei wird es um viel mehr als nur die Programmierung von Steuersoftware gehen. In Deutschland stechen einzelne Bundesländer zwar mit innovativen Ideen hervor. Doch wird die vom NKR kritisierte Philosophie der Länder, welche geprägt ist durch eine „heterogene und zerklüftete IT- und e-Government-Landschaft mit vielen Insellösungen und einsamen Leuchttürmen" [NKR, 2016, S. 69], wohl auch bei den Digitalprojekten beibehalten. Eine vergleichende Betrachtung der einzelnen Steuerverwaltungen hinsichtlich ihrer Digitalkonzepte könnte Gegenstand weiterer Forschung sein. Hierbei würde sich zeigen, ob das Bundesstaatsprinzip und der Föderalismus der digitalen Welt auf Dauer gerecht werden können. Zumindest aktuell hält sich noch der Trend zum trägen kooperativen Föderalismus [Peuker, 2015, S. 63], auch weil der Bund bei der organisatorischen Ausgestaltung der Digitalisierung auf die alleinige Entscheidungshoheit der Länder abstellt [Deutscher Bundestag, 2020c, S. 3].

Mit dem Gesetz zur Modernisierung der Besteuerungsgrundlagen vom 18.07.2016 wurden die rechtlichen Voraussetzungen für ein vollautomatisiertes Besteuerungsverfahren zwar geschaffen, in der Praxis offenbaren sich jedoch langwierige Umsetzungsprozesse und das Fehlen einer differenzierten strategischen Implementation für die digitale Transformation. Inwieweit die deutsche Steuerbürokratie und die Komplexität des Steuerrechts die digitale Transformation der Steuerverwaltung behindern, muss ebenfalls wissenschaftlich noch detaillierter untersucht werden. Erste Untersuchungen zeigen, dass das Gesetz die formellen Grundlagen für eine umfangreich automatisierte Steuerverwaltung geschaffen hat [Heller, 2022, S. 34 ff.; Schmidt, 2021a, S. 26]. Materiellrechtlich besteht allerdings Nachholbedarf, da viele Steuerrechtsvorschriften nicht ohne Ermessensausübung und unbestimmte Rechtsbegriffe auskommen. In diesem Zusammenhang scheinen die Anpassung der Normen im Sinne einer stärkeren Automatisierungsfähigkeit unter Verzicht auf Ermessensausübung und unbestimmter Rechtsbegriffe und die Implementierung eines Digital-TÜVs [NKR, 2020, S. 5] dringend geboten. Maschinenlesbare Steuergesetze und der Einsatz von KI zur Würdigung von Sachverhalten gelten noch als Fernziele [Deutscher Bundestag, 2020g, S. 10]. Geht man aber davon aus, dass der Rahmen für die Vollautomatisierung grundsätzlich abgesteckt ist, scheint es organisatorisch-institutionelle Probleme in der Verwaltung zu geben. Die Herausforderungen, das strukturelle Defizit abzubauen und die digitalen Lösungen in der Praxis ein- und umzusetzen [NKR, 2020, S. 1], sollten auch für die Steuerverwaltungen von besonderer Bedeutung sein.

Die Kritik an der Zusammenarbeit von Bund und Ländern im Rahmen des Vorhabens KONSENS wird insbesondere über die Berichte an den Haushaltsausschuss des Deutschen Bundestages nach § 88 Absatz 2 Bundeshaushaltsordnung (BHO) deutlich. Insoweit ist die gesetzliche Verpflichtung des Bundesministeriums der Finanzen (BMF), einen jährlichen Fortschrittsbericht zu KONSENS nach § 20 Absatz 4 FVG vorzulegen, eine geeignete Möglichkeit, die Problembereiche zu analysieren und Digitalisierungsentwicklungen zu evaluieren. Noch vor Inkrafttreten des KONSENS-G merkte der BRH im März 2018 an, dass es „[o]hne eine umfassende, alle IT-Verfahren einbeziehende Projektplanung" unklar bliebe, „in welchem Umfang das zentrale Ziel einer bundesweit einheitlichen Steuer-IT erreicht" werde. Es gäbe „wesentliche[] Dissenspunkte[] zwischen Bund und Ländern" und „[d]as BMF sollte die Risiken sowie die erforderlichen Maßnahmen zur Risikominimierung deutlicher in den Blick nehmen". Insbesondere seien „[d]ie ausgabenintensiven Maßnahmen zur Beschleunigung der Modernisierung der steuerlichen IT-Verfahren [...] fortlaufend auf ihre Wirtschaftlichkeit, Wirkung und Zielerreichung hin zu evaluieren" und „Hauptursache für die fortlaufenden zeitlichen Verzögerungen in KONSENS [sei] das Fehlen ausreichenden Personals für die Softwareentwicklung und den Betrieb". Der BRH regte zugleich einen Zwischenbericht des BMF zum „weiteren Projektfortschritt, fortbestehende[n] und neu aufgetretene[n] Risiken und eine[m] etwaigen Nachsteuerungsbedarf" an [BRH, 2018a, S. 3 ff.]. Das BMF legte den Zwischenbericht zum 01.08.2018 vor und reagierte auf die Anregungen des BRH in Bezug auf die Personalgestellung, die Risiken von Doppelstrukturen und die Evaluierung von Umsetzungsmaßnahmen zu Strukturen und Abstimmungsregeln. Die Überprüfung der Wirksamkeit sollte über „geeignete Kennzahlen" erfolgen [Deutscher Bundestag, 2021d, S. 2].

Noch im selben Jahr kam der BRH mit seinem Bericht vom 08.10.2018 zu dem Ergebnis, dass es „dem BMF [...] gelungen [sei], Doppelstrukturen zu vermeiden", wobei die Vereinbarungen mit den Ländern und die nur einstimmig möglichen Entscheidungen auf der strategischen Steuerungsebene von KONSENS „zu Lasten der Einflussmöglichkeiten des

Bundes" gingen. Trotz der Rolle des Bundes in der Gesamtleitung sah
der BRH die ausgehandelten Kompromisse zwischen Bund und Ländern
mit Skepsis und befürchtete „dass [die] seit über einem Jahrzehnt hinweg
gewachsenen Strukturen in den KONSENS-Verfahren unverändert fortge-
führt werden". Das BMF sicherte daraufhin zu, noch vor dem Inkrafttreten
des KONSENS-G „aussagekräftige Kennzahlen" zu den „Fortschritte[n] bei
der Beschleunigung von Verfahrensentwicklung und -einsatz" vorzulegen.
Anders als der BRH hielt das BMF eine Erhöhung des Budgets von KON-
SENS im Rahmen des neuen Gesetzes für nicht erforderlich, „da das Budget
in den letzten Jahren nicht ausgeschöpft" worden sei. Der BRH gab hier
zu bedenken, dass aufgrund steigender Personalkosten und Aufwendungen für Softwarepflege, die Mittel für die Kernaufgaben von KONSENS,
nämlich die Entwicklung neuer Software-Lösungen, fehlen werden. Mehr
noch, er empfahl, „das gesamte KONSENS-Vorhaben auf den Prüfstand"
zu stellen, falls „die erwarteten Beschleunigungseffekte bei Verfahrensentwicklung und -einsatz" ausblieben [BRH, 2018b, S. 3 ff.]. Als Reaktion
darauf wurden von Seiten des BMF die „Entscheidungs- und Eskalations-
regeln festgelegt", das standardisierte Projektmanagement vorangetrieben
und die Kennzahlen für die Bereiche Budget, Personal, Softwareeinsatz
und -entwicklung, elektronische Übermittlung und Festsetzung konkreti-
siert. Für die Evaluierung des KONSENS-G wurde ein Konzept erarbeitet,
dass ein „textliches ergänztes Kennzahlen-Set" enthielt. Der Evaluierungsbericht ist allerdings bis heute noch in Arbeit und auch die Umstellungsarbeiten auf eine „marktgängige serviceorientierte Architektur in Form von
Geschäftsservices" werden lediglich pilotiert [Deutscher Bundestag, 2021d,
S. 3].

Nachdem das KONSENS-G zum 01.01.2019 in Kraft getreten war,
fasste der BRH seine Bedenken zum Vorhaben mit seinem Bericht vom
22.05.2019 wie folgt zusammen: „Das Vorhaben KONSENS steht derzeit vor großen Herausforderungen. Personal ist für Pflege, Wartung
und Betrieb landeseigener Verfahren gebunden, solange diese nicht durch
KONSENS-Verfahren abgelöst sind. Gleichzeitig scheiden jedes Jahr viele IT-Fachkräfte aus dem aktiven Dienst aus. Insbesondere die Länder

müssen erhebliche Anstrengungen unternehmen, um diese Abgänge zu kompensieren". Zugleich stellt er fest, dass „[d]ie vorgesehene begleitende Evaluation [...] grundlegende Defizite" aufweist und „[d]ie zwischen dem BMF und den Ländern vereinbarten Kennzahlen zur Messung des Fortschritts des Vorhabens und zur Bewertung der Wirkung der Maßnahmen [...] wichtige Handlungsfelder in KONSENS nicht [abdecken]". Es fehle überwiegend an „spezifische[n] und für die Steuerung des Vorhabens operationalisierbare[n] (messbare[n]) Zielwerte[n]" und einer „differenzierte[n] Evaluation" [BRH, 2019, S. 3 ff.]. Von Seiten des BMF wurde eingesehen, dass „der IT-Fachkräftemangel eine der größten Herausforderungen für KONSENS darstellt", obwohl die Erarbeitung der im KONSENS-G vorgesehenen Strategie zur Deckung des Personalbedarf (Sourcingstrategie) vom Ministerium nicht erarbeitet wurde. Deshalb forderte der BRH erneut „einheitliche und verbindliche Vorgaben für die Gewinnung und die Einbindung internen und externen Personals im Vorhaben KONSENS". Er kritisierte das BMF zugleich für sein fehlendes Evaluierungskonzept mit Verweis auf die vorgesehene begleitende Evaluation [ebd., S. 4 f.]. Das BMF erachtete die geforderte Sourcingstrategie als nicht zielführend, weil der Bedarf für ein „umfassende[s] (nicht auf die bloße Personalgewinnung beschränkte[s])" Konzept bestünde, wenn „kurzfristig keine Vergrößerung der am Markt zur Verfügung stehenden Ressource IT-Personal wahrscheinlich [sei]" und „verstärkt die Fortbildung eigenen Personals zu IT-Personal angestrebt" werden müsste. Die übrigen Anregungen des BRH hinsichtlich konkreter zahlenmäßiger Zielwerte und der Wirksamkeit wies das BMF als zu verfrüht zurück [Deutscher Bundestag, 2021d, S. 5].

Im Bericht vom 03.09.2020 stellte der BRH die sich abzeichnenden stärkeren zeitlichen Verzögerungen heraus. So wurde ursprünglich geplant, die Kernverfahren ELFE, BIENE und GINSTER (siehe Kapitel 2.2.2.2, S. 24) bis zum Jahr 2024 in KONSENS so zu entwickeln, dass sie die unterschiedlichen landeseigenen Kernverfahren ablösen können. Stattdessen teilte die Gesamtleitung von KONSENS mit, dass GINSTER erst bis zum Jahr 2022, BIENE erst bis zum Jahr 2027 und ELFE erst bis 2029 abgeschlossen seien [BRH, 2020, S. 9]. Das Urteil des BRH fiel kritisch aus:

„Die erneuten Verzögerungen zeigen, dass die Planung und die operative Steuerung von KONSENS in der Vergangenheit nicht hinreichend zielgerichtet und nicht tragfähig waren". Er empfahl gegenüber dem BMF die „strategisch prioritär[e] [Ausrichtung von KONSENS] auf die Ablösung der landeseigenen Kernverfahren" und kritisierte den fehlenden Einsatz eines IT-Projektmanagements beim Verfahren ELFE [ebd., S. 4]. Nach Auffassung des BRH habe das BMF „[i]n seinem letzten Bericht [...] die mehrjährigen Verzögerungen bei den Kernverfahren" verschwiegen [ebd., S. 5]. Dem erwiderte das BMF, dass den Kernverfahren allerdings schon die „höchste Priorität beigemessen" werde und die „vorrangige Umsetzung neuer und geänderter fachlicher Anforderungen [...] wegen der begrenzten Ressourcen häufig nur zu Lasten der Arbeiten an der Ablösung der Kernverfahren gelingen" konnte [Deutscher Bundestag, 2021d, S. 3 f.]. Zugleich verwies das BMF auf die Unterschiede bei der Einführung der einzelnen Kernverfahren und bezeichnete ELFE als „besonders anfällig für Ressourcenkonflikte" [ebd., S. 4].

Noch deutlicher wurde die Kritik des BRH, indem er in seinem Bericht vom 13.04.2021 feststellte, dass KONSENS, mittlerweile aufgrund des finanziellen und personellen Volumens vom BMF als „Megaprojekt" bezeichnet, zunehmend unter Verzögerungen leide [BRH, 2021, S. 3]. Zugleich bliebe „[d]er Bericht des BMF [...] hinter den Beschlussmaßgaben des Rechnungsprüfungsausschusses zurück", der der Empfehlung des BRH zu begleitenden Erfolgskontrollen und einer stärkeren Ausrichtung der Softwareentwicklung an den Kernverfahren mit seinem Beschluss gefolgt war. Der Fortschrittsbericht des BMF erfülle „nicht die Anforderungen an eine wirksame Erfolgskontrolle" und das BMF habe „verschwiegen, dass es zu einer tragfähigen Gesamtplanung für KONSENS weiterhin nicht in der Lage" sei [ebd., S. 4]. Auf die einzelnen Kritikpunkte des BRH wollte das BMF nicht detailliert eingehen, verwies aber darauf, dass erst die „Umsetzung der strukturellen und prozessualen Veränderungen aus dem KONSENS-G" abgewartet werden müssten, man die Kritikpunkte des BRH in einem Evaluierungsbericht erneut aufgreifen und „Lösungen für die noch nicht erfüllten Anforderungen des Bundesrechnungshofs an eine begleitende Erfolgskontrolle des KONSENS-G" erarbeiten werde [Deutscher Bundestag, 2021d, S. 5].

Die Länder selbst äußern bisher nur wenig Kritik am Vorhaben KONSENS, wenn die vorherige Bundesregierung mitteilte, dass sie „keine Kenntnisse drüber [habe], dass einzelne Länder das Vorhaben KONSENS beenden möchten oder zumindest kritisch sehen" [Deutscher Bundestag, 2021d, S. 9]. Dies bestätigen im Verlauf dieser Arbeit (Kapitel 3.2.1, S. 58) auch die konkreten Antworten der Länder. Insgesamt aber konzentriert sich bis heute das KONSENS-Vorhaben noch zu einseitig auf die Entwicklung und den einheitlichen Einsatz von IT-Verfahren und Software innerhalb der Steuerverwaltung. Es gibt gemeinschaftlichen Digitallaboren und der Entwicklung von Vorzeigekonzepten bisher nur wenig Raum. Die Gründung des Innovation Labs auf Ebene des KONSENS-Verbunds im Jahr 2021 war mehr als nur angezeigt. Schließlich mussten in der Vergangenheit stets einzelne Bundesländer die Vorreiterrolle im Bereich moderner Technologien einnehmen, zum Beispiel Baden-Württemberg beim Steuerchatbot [KONSENS, 2021a, S. 17]. Ob allerdings Bundesländer angesichts der schon regelmäßig geleisteten finanziellen Beiträge zum KONSENS-Verbund noch weitere Ressourcen für solche landesspezifischen Innovationsforschungen bereitstellen, bleibt abzuwarten. Daneben bedürfte es hierfür schließlich auch ausreichender Personalressourcen auf Landesebene. Aktuell gestalten die 17 Steuerverwaltungen deshalb die Digitalisierung abseits von KONSENS organisatorisch vollkommen selbst aus, was wiederum nicht gewollte Insellösungen begünstigen könnte.

2.3 Deutschland im europäischen Kontext

Im Allgemeinen ist festzustellen, dass fast alle Länder der Europäischen Union (EU)[6] eine zentrale Steuerverwaltung haben. Die Tabelle 2.4 gibt einen Überblick über die Steuerverwaltungen in der EU und deren Organisationsform. Die vorherrschende Form der zentralen Steuerverwaltung mag in der Regel darauf zurückzuführen sein, dass die Verfassungen der jeweiligen Länder eine einheitliche Staatsstruktur vorschreiben und keine föderalistischen Aspekte aufweisen. So haben sich, unter den größten Volkswirtschaften der EU, beispielsweise das Vereinigte Königreich, Frankreich, Italien und Spanien für eine zentrale Steuerverwaltung entschieden. Deutschland nimmt mit den 16 Steuerverwaltungen der Länder und der des Bundes eine Außenseiterrolle in der EU ein. Denn auch unter den Ländern mit föderalem Staatsaufbau haben sich Länder wie Österreich und Belgien für das Modell der zentralen Steuerverwaltung entschieden. Im europäischen Kontext kommt eine ähnliche Zersplitterung der Steuerverwaltung allenfalls in der Schweiz mit ihren 26 Kantonen vor [Schaebs, 2020, S. 311]. Andere Formen dezentraler Steuerverwaltungen sind in Europa in Bosnien und Herzegowina sowie Russland zu finden. Prominente Beispiele außerhalb Europas sind die USA und Kanada.

Land	Bezeichnung	Organisations-form
Belgien (BE)	Federal Public Service (FPS) Finance	zentral
Bulgarien (BG)	National Revenue Agency of the Republic of Bulgaria	zentral
Dänemark (DK)	Skattestyrelsen (before: SKAT)	zentral
Deutschland (DE)	Finanzverwaltungen von Bund und Ländern	dezentral

---

[6]Die Angaben beziehen sich auf die bis zum Austritt des Vereinigten Königreichs per 31.01.2020 (Übergangsphase bis 31.12.2020) vorhandenen 28 Mitgliedsstaaten der Europäischen Union.

Land	Bezeichnung	Organisations-form
Estland (EE)	Maksu-ja Tolliamet (MTA)	zentral
Finnland (FI)	Vero Skatt - Tax Authority (Finland)	zentral
Frankreich (FR)	Direction Générale des Finances Publiques	zentral
Griechenland (EL)	Independent Authority for Public Revenue (IAPR) of the Hellenic Republic	zentral
Irland (IE)	Office of the Revenue Commissioners - Oifig na gCoimisinéirí Ioncaim	zentral
Italien (IT)	Agenzia delle Entrate	zentral
Kroatien (HR)	Ministarstvo financija Republike Hrvatske (MFIN)	zentral
Lettland (LV)	Valsts ieņēmumu dienests	zentral
Litauen (LT)	Valstybinė mokesčių inspekcija prie Lietuvos Respublikos finansų ministerijos	zentral
Luxemburg (LU)	Administration de l'Enregistrement, des Domaines et de la TVA	zentral
Malta (MT)	Office of the Commissioner for Revenue	zentral
Niederlande (NL)	Belastingdienst	zentral
Österreich (AT)	Bundesministerium für Finanzen	zentral
Polen (PL)	Krajowa Administracja Skarbowa (KAS)	zentral

Land	Bezeichnung	Organisations-form
Portugal (PT)	Autoridade Tributária e Adua-neira	zentral
Rumänien (RO)	Agenţia Naţională de Admini-strare Fiscală	zentral
Schweden (SE)	Skatteverket (zuvor: Skattemyn-digheten)	zentral
Slowakei (SK)	Finančná správa Slovenská repu-blika	zentral
Slowenien (SI)	Financial Administration of the Republic of Slovenia	zentral
Spanien (ES)	Agencia Estatal de Administra-ción Tributaria (AEAT)	zentral
Tschechische Repu-blik (CR)	Finanční správa České republiky	zentral
Ungarn (HU)	Nemzeti Adó és Vámhivatal	zentral
Vereinigtes König-reich (UK)	Her Majesty's Revenue & Cu-stoms	zentral
Zypern (CY)	Cyprus Tax Department	zentral

Tabelle 2.4: Steuerverwaltungen in der EU [Schaebs, 2020]

In Deutschland bestehen allerdings immer noch erhebliche Defizite beim Einsatz von digitalen Technologien im öffentlichen Sektor [Lenz et al., 2021, S. 7]. Mit dem Index für die digitale Wirtschaft und Gesellschaft bzw. Digital Economy and Society Index (DESI) erhebt die Europäische Kommission relevante Indikatoren zur digitalen Leistungsfähigkeit in Europa und kann so die Entwicklung der digitalen Wettbewerbsfähigkeit der EU-Mitgliedstaaten besser einschätzen. Daneben gibt es für internationale Zwecke auch einen International Digital Economy and Society Index

(I-DESI), der jedoch nicht jährlich aktualisiert wird und weniger detaillierte Unterkategorien bietet. Beide Index-Varianten haben themenbezogene Kapitel, zum Beispiel zu Analysen von Breitbandanschlüssen, digitalen Fähigkeiten, der Internetnutzung, Digitalisierung der Wirtschaft, digitalen öffentlichen Dienstleistungen, Zukunftstechnologien und zur Cybersicherheit. Um den Einfluss einer dezentralen Steuerverwaltung im europäischen Kontext zu analysieren, könnte der DESI für Deutschland mit dem Rest der EU verglichen werden. Das Kapitel „Digitale öffentliche Dienstleistungen" untersucht diesbezüglich die Anforderungen und Erwartungen des öffentlichen Sektors unter Berücksichtigung der Angebots- und Nachfrageseite von digitalen öffentlichen Dienstleistungen und offenen Daten. Die dort genannten Werte gelten für die öffentliche Verwaltung insgesamt. Um hier Rückschlüsse auf die Steuerverwaltung ziehen zu können, müsste der DESI angepasst werden. Daher ist ein Fokus auf die wichtigsten Leistungsindikatoren zu setzen. Diese sind der Tabelle 2.5 zu entnehmen.

Der Indikator 5a1 zeigt den Prozentsatz der Nutzer, die Formulare bei der öffentlichen Verwaltung einreichen müssen. Diese Quote muss im Zuge der Digitalisierung stetig ausgebaut werden, da sie die Grundlage für digital verfügbare Daten ist. Ebenfalls sehr wichtig für die Förderung der Digitalisierung ist der zweite Indikator 5a2. Die Verwaltungen verfügen bereits über viele Daten der Unternehmen sowie ihrer Bürger, zum Beispiel sensible Steuerdaten. Auf diese Weise ist es möglich, vorausgefüllte Erklärungen und Dokumente anzubieten, damit die Daten nicht erneut eingeben werden müssen. Die Indikatoren 5a1 und 5a2 können als Notwendigkeit für die elektronische Akte bzw. die elektronische Buchführung angesehen werden. Der Indikator 5a3 beschreibt, inwieweit die Dienstleistungen der öffentlichen Verwaltung vollständig online abschließbar sind. Es ist davon auszugehen, dass die Bereitschaft zur Nutzung digitaler Verwaltungsdienstleistungen steigt, wenn sämtliche Vorgänge online erledigt werden können. Ist dies nur teilweise möglich, besteht die Gefahr, dass die Bürger auf den analogen Weg ausweichen, wodurch digitale Daten für alle weiteren Prozesse wie Echtzeitprüfungen oder den elektronischen Zugriff auf diese Daten fehlen würden.

Für die Gründung eines Unternehmens oder die Durchführung regelmäßiger Geschäftstätigkeiten verdeutlicht der Indikator 5a4 die Verfügbarkeit von digitalen nationalen und grenzüberschreitenden Dienstleistungen. Da multinationale Steuerfragen auch bei kleineren Unternehmen zunehmen, ist dieser Aspekt wichtig für die Digitalisierung der Steuerverwaltung. Fehlt es hier an Dienstleistungen für Unternehmen, können insbesondere die Digitalisierungsschritte des elektronischen Abgleichs, der elektronischen Betriebsprüfung bzw. der automatisierten Steuerfestsetzung nicht vollzogen werden.[7] Der Indikator 5a5 „Offene Daten" zeigt an, inwieweit Daten offen zugänglich sind, einschließlich der geschätzten politischen, sozialen und wirtschaftlichen Auswirkungen offener Daten und der Merkmale Funktionalität, Datenverfügbarkeit und Nutzung im Sinne eines nationalen Datenportals.

Indikator	Bezeichnung	Aussage
5a1	e-Government-Nutzer	% der Internetnutzer, die Formulare einreichen müssen
5a2	Vorausgefüllte Formulare	Wert (0 bis 100)
5a3	Online-Abwicklung von Dienstleistungen	Wert (0 bis 100)
5a4	Digitale öffentliche Dienste für Unternehmen	Wert (0 bis 100) - inländisch und grenzüberschreitend
5a5	Verfügbare Daten	% der Höchstpunktzahl

Tabelle 2.5: Leistungsindikatoren für den DESI 2020 [Europäische Kommission, 2020]

---

[7]Siehe hierzu die Stufen 3 bis 5 des vorgestellten Modells für die Digitalisierung der Steuerverwaltungen von Ernst & Young [2017] sowie die Digitalisierungsperspektiven der Finanzverwaltung nach Doll & Walter [2020].

Der zusammengesetzte DESI in seiner Grundzusammensetzung des Sektors der digitalen öffentlichen Dienste weist Deutschland im unteren Drittel aller EU-28 Länder aus. Dabei ist zu beachten, dass diese Aussagen nicht explizit auf die Steuerverwaltung, sondern nur auf öffentliche Dienstleistungen im Allgemeinen bezogen werden können. Dennoch deckt der DESI mit den Kategorien 5a1 und 5a4 die wesentlichen Determinanten ab, die als Voraussetzung für die Digitalisierung der Steuerverwaltung angesehen werden können. Lediglich der Indikator 5a5 wird in dieser Betrachtung nicht berücksichtigt. Der Grund dafür ist, dass es sich bei den Daten der Steuerverwaltung um sensible Daten handelt, die in der Regel gesetzlich oder datenschutzrechtlich geschützt sind. Ihre Verfügbarkeit und Zugänglichkeit werden daher immer eingeschränkter sein als bei allgemeinen Daten. Um hier Verzerrungen zu vermeiden, wird die Kategorie 5a5 in der folgenden Analyse entfernt. Danach ist der Mittelwert aus den anderen Kategorien zu bilden. Im Folgenden wird daher ein angepasster DESI (a-DESI) gebraucht.

Für die Analyse anhand des a-DESI wurden die Einzelkategoriewerte des zusammengesetzten DESI 2020 für das Jahr 2019 verwendet [Europäische Kommission, 2020]. Die Angaben zum Bruttoinlandsprodukt (BIP) pro Kopf basieren auf den Daten der Weltbank für das Jahr 2019 [The World Bank, 2020]. Alle verwendeten Abkürzungen ergeben sich aus der Tabelle 2.4. Die Leistungsindikatoren der betrachteten Länder sind im Anhang B (S. 249) aufgeführt.

Zunächst führt der Vergleich des BIP pro Kopf im Jahr 2019 (konstanter US$ 2010) in den jeweiligen Ländern mit dem a-DESI-Wert zu den in Abbildung 2.2 dargestellten Ergebnissen. Das Pro-Kopf-BIP dient vor allem dazu, die wirtschaftliche Situation verschiedener Länder zu vergleichen. An dieser Stelle soll es als Indikator für den Wohlstand in dem jeweiligen Land und die Möglichkeit zu Investitionen, insbesondere in digitale Technologien, dienen. Die gestrichelte Linie zeigt den EU-Durchschnitt an. Sie ist das Verhältnis von Pro-Kopf-BIP und a-DESI. Je weiter ein Land vom EU-Durchschnitt entfernt liegt, desto besser oder schlechter ist der

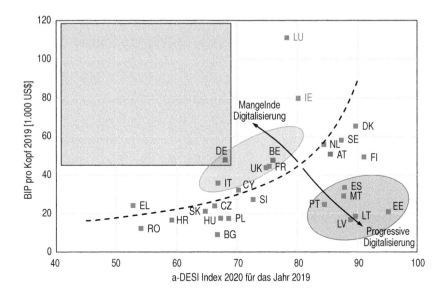

Abbildung 2.2: Einordnung der Länder der EU [Schaebs, 2020]

Grad der Digitalisierung. Irland (IE) und Luxemburg (LU) müssen bei der Betrachtung vernachlässigt werden, da in diesen Ländern mit geringer Einwohnerzahl Sondereffekte hinsichtlich des BIPs wirken. Möglicherweise hängt dies mit einer niedrigen Unternehmenssteuerpolitik, den dort ansässigen, großen multinationalen Konzernen und der kleinen Bevölkerungszahl zusammen. Es zeigt sich, dass sich die Länder der EU insgesamt in zwei Gruppen einteilen lassen. Die Länder, in denen es an Digitalisierungsfortschritten mangelt, liegen in dem rot umrandeten Bereich. Dazu gehören Deutschland, Belgien, das Vereinigte Königreich, Frankreich und Italien. Länder, die bei der Digitalisierung an der Spitze stehen, befinden sich in dem grün umrandeten Bereich. Finnland mit einem ähnlichen Pro-Kopf-BIP und z. B. Portugal, Spanien, Estland, Lettland und Litauen mit einem niedrigeren Pro-Kopf-BIP können als führende Länder bei der Digitalisierung angesehen werden. Die Länder Belgien, Deutschland und Österreich sind in der Grafik rot markiert, weil ihre Verfassungen föderalistische Elemente als Gemeinsamkeit aufweisen.

Das schwarze Quadrat zeigt, dass es in der EU kein Land gibt, das ein vergleichbar hohes Pro-Kopf-Einkommen und einen schlechteren Digitalisierungsgrad (a-DESI) aufweist. Anders ausgedrückt, gibt es kein Land in der EU mit einem vergleichbar hohen Pro-Kopf-BIP und demselben niedrigen a-DESI-Wert. Länder mit demselben Pro-Kopf-BIP haben einen viel höheren a-DESI-Wert, beispielsweise Frankreich, Belgien, Österreich oder Finnland. Außerdem haben alle Länder mit einem ähnlichen a-DESI-Index ein niedrigeres Pro-Kopf-BIP. Belgien und Österreich (ebenfalls rot hervorgehoben) haben trotz ihrer föderalen Struktur eine bessere Stellung bei einem ähnlichen Pro-Kopf-BIP. Anders als Deutschland haben sie allerdings eine zentrale Steuerverwaltung.

In der Abbildung 2.3 wird eine grafische Analyse durchgeführt. Je näher ein Land an 100 liegt, desto besser ist seine Position. Die Größe der Fläche soll hier als Indikator dienen und ist das Produkt aus dem Pro-Kopf-BIP und dem a-DESI-Wert. Je wohlhabender ein Staat ist, desto mehr Mittel stehen für die Investition in die Digitalisierung zur Verfügung. Der gestrichelte EU-Durchschnitt beschreibt ein ausgewogenes Verhältnis zwischen dem Pro-Kopf-BIP und den Investitionen in den Digitalisierungsfortschritt. Jeder Punkt auf dieser Kurve würde eine gleichgroße Fläche als Indikator aufspannen. Als Beispiel sind drei Indikatorflächen für einen niedrigen, einen mittleren und einen hohen a-DESI dargestellt. Alle Flächen haben eine identische Größe.

Anhand dieser beispielhaften Darstellung können nun die jeweiligen Flächen für jedes Land ermittelt werden. Abbildung 2.4 zeigt die Flächen für Deutschland (rot) und Estland (grün). Deutschland hat die größte Fläche in der EU, wenn man von den Sonderfällen Luxemburg und Irland absieht. Davon ausgehend kann angenommen werden, dass die finanziellen Mittel, die Deutschland zur Verfügung stehen, nicht in einem ausgewogenen Verhältnis in die Digitalisierung investiert werden. Im Falle Estlands ist die ausgewiesene Fläche die kleinste in der EU, und das Land scheint trotz seiner eher begrenzten finanziellen Mittel relativ stark in die Digitalisierung zu investieren.

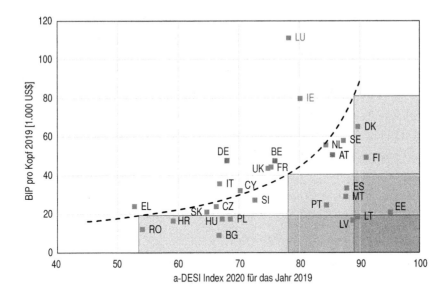

Abbildung 2.3: Flächen als Produkt aus BIP und a-DESI [Schaebs, 2020]

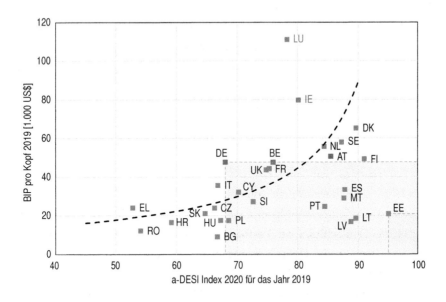

Abbildung 2.4: Vergleich von Deutschland und Estland [Schaebs, 2020]

Um einen Überblick über alle Länder der EU zu erhalten, können die so berechneten Flächen verglichen werden. Luxemburg und Irland sind, wie bereits erwähnt, zu vernachlässigen. Grundsätzlich gilt, je kleiner eine Fläche ist, desto besser ist die Relative Digitalisierungs-Effizienz (RDE). Die Darstellung erfolgt als RDE in Abbildung 2.5 im Verhältnis zum EU-Durchschnitt. Dieser wird als Nullpunkt gesetzt und die Unterschiede werden entsprechend dargestellt. Negative Werte bedeuten, dass ein Land schlechter ist als der EU-Durchschnitt. Positive Werte bedeuten, dass ein Land besser ist als der EU-Durchschnitt. Diese Form der Darstellung verdeutlicht grafisch, dass Deutschland gegenüber allen anderen EU-Ländern einen erheblichen Investitionsbedarf in die Digitalisierung hat.

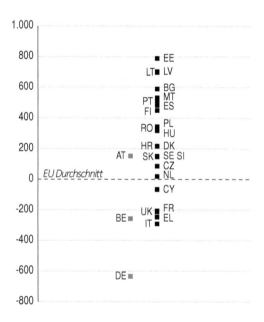

Abbildung 2.5: Relative Digitalisierungs-Effizienz (RDE) [Schaebs, 2020]

Diese Anpassung an den a-DESI lässt auch Rückschlüsse für die Steuerverwaltungen zu. Bei der Betrachtung des angepassten DESI konnte gezeigt werden, dass Deutschland innerhalb der EU (ohne Luxemburg und Irland) am schlechtesten abschneidet. Es ist davon auszugehen, dass

ein Land mit einem so hohen Pro-Kopf-Einkommen besser aufgestellt sein
müsste. Aus der Betrachtung wird zudem deutlich, dass Deutschland im
Vergleich zu den übrigen 27 EU-Staaten strukturelle Nachteile haben könnte. Ein Unterschied zwischen Deutschland und allen anderen EU-Ländern
ist der föderalistische Staatsaufbau der BRD, welcher Entscheidungsprozesse im Vergleich zu den Zentralstaaten erschwert. Die Ergebnisse dieser
Analyse des DESI könnten somit ein Hinweis darauf sein, dass sich für
die Zusammenarbeit und die fortschreitende Digitalisierung der Steuerverwaltung in Deutschland im Vergleich zu den anderen Steuerverwaltungen
Europas besondere Erschwernisse und Herausforderungen ergeben.

Kapitel 3

Stand der Digitalisierung der Landessteuerverwaltungen

Um Antworten auf die Forschungsfrage, welche Fortschritte bei der digitalen Transformation bereits zu verzeichnen sind, geben zu können, müssen aufgrund der dezentralen Strukturen (siehe Kapitel 2.1, S. 11) die Landessteuerverwaltungen einzeln betrachtet werden. Weder ist jedoch der Zugang zu den hierfür benötigten Informationen in Form von Sekundärdaten gegeben, noch besteht ein umfangreiches gesetzliches Auskunftsrecht, welches Bürger abseits des Informationsfreiheitgesetzes (IFG) und der Datenschutzgrundverordnung (DSGVO) gegenüber der Verwaltung geltend machen könnten. Die Digitalisierungsbemühungen der Länder können auch nicht auf Bundesebene zentral abgefragt werden, weil der Steuervollzug und die Organisation der Steuerverwaltung den Ländern obliegen und keine zentrale Datensammlung erfolgt. Ähnliche Hürden und Probleme beschrieben auch *Hesse et al.* bei ihrer Untersuchung betreffend einer Datenerhebung zu den Organisationsstrukturen und der Leistungsfähigkeit einer Landesfinanzverwaltung [Hesse et al., 2007, S. 5 f.].

3.1 Empirische Erhebung

Zur Primärdatengewinnung bedarf es im Rahmen dieser Untersuchung einer aufwendigeren, mittelbaren empirischen Erhebung über die Landesparlamente. Hierbei wird auf das in diversen Landesverfassungen verbriefte Informations- und Fragerecht der gewählten Abgeordneten abgestellt, sodass für die Landesregierung eine Antwortpflicht entsteht. Im Folgenden werden das Untersuchungsdesign, die Auswertungsmethodik und die Darstellungsform erläutert, um anschließend die Ergebnisse nach Kategorien präsentieren zu können.

3.1.1 Untersuchungsdesign

Zunächst wurde ein Katalog von 100 potenziellen Fragen erarbeitet, die überblickshalber verschiedenen Themenbereichen wie Personal, Zusammenarbeit, Hard- und Software, digitale Verwaltungsakte, IT-Zugang und -Schutz sowie Bürgerorientierung und -freundlichkeit zugeordnet waren. Allerdings musste die absolute Anzahl der Fragen, die von allen Landespolitikern an die jeweilige Regierung gestellt werden, angesichts der Geschäftsordnungen der Landtage und mit dem Ziel einer anschließenden Vergleichbarkeit auf 15 beschränkt werden. Ein Gremium aus fünf Experten wählte diese Fragestellungen dann so aus, dass die verschiedenen Aspekte der Digitalisierung in der Steuerverwaltung möglichst umfassend abgebildet werden und gleichzeitig Fragepotenziale für die Landespolitiker über die definierten Grundfragen hinaus bestehen bleiben. Demnach ergaben sich die in Tabelle 3.1 dargestellten Grundfragen.

Nr.	Grundfrage
1	Wie bewertet die Landesregierung den föderalen Aufbau der deutschen Steuerverwaltung in Hinblick auf die Fortschritte bei der Digitalisierung und im europäischen Vergleich?
2	Wie sieht die strategische Implementation der digitalen Transformation in der Landesfinanzverwaltung aus, welche Meilensteine wurden für welche Termine definiert und ggf. wann bereits erreicht?
3	Über welche Kompetenzzentren im Sinne einer Stabstelle für Digitalisierung bzw. eines IT-Architekturmanagements verfügt die Landesfinanzverwaltung und werden von der Landesfinanzverwaltung Daten erhoben bzw. ausgewertet, die die Bürgererwartungen in Bezug auf digitale Services einbeziehen?
4	Welche Arbeiten/Programme zur Umstellung von Teilbereichen der Steuerverwaltung von eher analogen auf komplett digitale Prozesse existieren bzw. wurden bereits abgeschlossen, und welche Zeiträume wurden dafür konkret angesetzt?
5	Welche zu digitalisierenden Leistungen nach dem OZG wurden für den Bereich Steuern & Zoll unter Federführung Hessens und Thüringens konkret identifiziert, bis wann rechnet die Landesregierung jeweils mit deren Umsetzung, wie werden die Fortschritte bewertet und werden darüber hinaus eigene Bemühungen unternommen?
6	Welchen Anpassungsbedarf bei steuerrechtlichen Vorschriften sowie bei IT- und Arbeitsprozessen innerhalb der Landesfinanzverwaltung sieht die Landesregierung, damit eine möglichst umfassende, einheitliche und weitreichende Digitalisierung der Verwaltungsverfahren gelingen kann?

Fortsetzung auf nächster Seite

Nr.	Grundfrage
7	Welche Beiträge innerhalb der Steuerungsgruppen des KONSENS-Verbunds und darüber hinaus wurden von der Landesfinanzverwaltung geleistet und wie steht die Landesregierung zu einer verbindlichen Erhöhung ihrer Beiträge (über den Beschluss der Finanzministerkonferenz hinaus) zur KONSENS-Finanzplanung mit dem Ziel der Schaffung einer echten digitalen Steuerverwaltung?
8	Wie viele Steuererklärungen wurden in den letzten 5 Jahren jeweils auf digitalem Weg eingereicht und wie viele Steuerbescheide konnten bereits auf digitalem Weg bekanntgegeben werden (jew. absolut und prozentual)?
9	Mit welchen Mitteln beabsichtigt die Landesregierung die Inanspruchnahme der digitalen Bereitstellung von rechtsverbindlichen Einkommensteuerbescheiden (DIVA) bzw. die Nutzung der „Mein Elster"-Oberfläche in den nächsten 5 Jahren finanziell und organisatorisch zu fördern?
10	Wie viele Arbeitsplätze sind in der Landesfinanzverwaltung (prozentual bzw. absolut) mobil bzw. als Telearbeitsplatz so ausgestaltet, dass die Beschäftigten jederzeit auch im Homeoffice arbeiten können?
11	Wie viele IT-Fachkräfte wurden seit dem Jahr 2017 neu eingestellt, in welchen Gebieten der Landesfinanzverwaltung sieht die Landesregierung einen besonderen Bedarf für IT-Nachwuchskräfte und wie sollen diese gewonnen werden?
12	Welchen Aus- und Fortbildungsbedarf sieht die Landesregierung aufgrund der digitalen Transformation für die Beschäftigten der Landesfinanzverwaltung und welche Change-Management Aktivitäten wurden aufgrund der fortschreitenden Digitalisierung innerhalb der Landesfinanzverwaltung gegenüber dem Personal erbracht?

Fortsetzung auf nächster Seite

Nr.	Grundfrage
13	Inwieweit und für welche Verfahren ist innerhalb der Landesfinanzverwaltung der Einsatz von Natural Language Processing (NLP), Machine Learning bzw. Künstliche Intelligenz zur Betrugsbekämpfung (Fraud Prevention and Detection), von Chatbots bzw. Avatars, Künstlicher Intelligenz (z.B. Robotic Process Automation) im Bereich von unstrukturierten Daten und von Optischer Zeichen- und Texterkennung (Optical Character Recognition) geplant bzw. bereits umgesetzt?
14	Welche Qualitätssicherungsverfahren sind vorgesehen, um die Funktionsweise von algorithmischen Entscheidungsassistenzsystemen oder vollautomatisierten Entscheidungssystemen, z.B. entsprechend rechtlicher oder ethischer Anforderungen zu prüfen, und welche Kriterien sollen einer derartigen Prüfung zugrunde liegen?
15	Inwieweit werden IT-Lösungen bei ihrem Einsatz innerhalb der Landesfinanzverwaltung auf ihre Barrierefreiheit sowie auf eine Bürgerorientierung und -freundlichkeit hin überprüft?

Tabelle 3.1: Grundfragen an die Landesfinanzministerien

Insgesamt wurden zehn Landtagsfraktionen und eine fraktionslose Abgeordnete der Freien Demokratischen Partei (FDP) angeschrieben und um ihre Unterstützung ersucht.[8] Der Untersuchungszeitraum startete am 18.11.2020 und endete am 17.11.2021. Auf diese Weise konnten Erkenntnisse in den KONSENS-Auftragnehmerländern[9] Baden-Württemberg (BW), Bayern (BY), Hessen (HE), Niedersachsen (NI) und Nordrhein-Westfalen (NW) sowie in den übrigen Ländern Berlin (BE), Bremen (HB), Ham-

---

[8]Um der Befragung ein größeres Gewicht zu verleihen, wurde diese im beruflichen Kontext unter Federführung von Katja Hessel MdB durchgeführt. Es wurden die zu dieser Zeit in den Landesparlamenten vertretenen FDP-Politiker angeschrieben. Da sich hierdurch ein parteipolitischer Hintergrund ergab, zeigten sich Abgeordnete anderer Fraktionen/Parteien in den fehlenden Bundesländern nicht bereit, das Befragungsvorhaben zu unterstützen.

[9]KONSENS-Auftragnehmerländer sind diejenigen Bundesländer, deren Vertreter sowie die des Bundes gemeinschaftlich als Auftragnehmer das für die Planung und Durchführung der Softwareerstellung verantwortliche Gremium bilden, die sogenannte Steuerungsgruppe Informationstechnik (Steuerungsgruppe IT).

burg (HH), Rheinland-Pfalz (RP), Schleswig-Holstein (SH) und Thüringen (TH) eruiert werden. Für HH musste die Fragenanzahl aufgrund von Besonderheiten der Geschäftsordnung eingeschränkt werden, die Fragen 1, 5, 9, 14 und 15 wurden nicht gestellt. Die Bundesländer Brandenburg (BB), Mecklenburg-Vorpommern (MV), Saarland (SL), Sachsen (SN) und Sachsen-Anhalt (SA) ließen sich mit dieser Befragung nicht erreichen, weil in den Landtagen keine Abgeordneten der FDP vertreten waren. Der Stichprobenumfang betrug somit für die meisten Fragen 11 der 16 deutschen Bundesländer (n=11). Diese Auswahl beeinträchtigt den Erkenntnisgewinn und dessen Aussagekraft nicht zu stark, weil jene fehlenden Bundesländer keine KONSENS-Auftragnehmerländer sind und im übrigen sämtliche Stadtstaaten und bevölkerungsreiche Flächenländer erfasst wurden. Mit Thüringen gelang es, ein ostdeutsches Flächenland in die Untersuchung einzubeziehen. Die Rücklaufquote zum 17.11.2021 betrug 11 von 11 Bundesländern, wobei nicht alle Antworten in Form von Parlamentsdrucksachen veröffentlicht wurden, sondern auch Dokumente der Finanzminister ohne Drucksachennummer entstanden sind. Eine Übersicht zu den Quellen sowie die übrigen Dokumente befinden sich im Anhang A (S. 225). Auf Teilergebnisse dieser Befragung wurde wegen der öffentlichen Zugänglichkeit der Informationen in der Literatur bereits Bezug genommen [Kowallik, 2022b, S. 693 f.; Steinmann, 2021].

Diese Erhebung kann als explorativ sowie deskriptiv angesehen werden, weil sie mit 15 Grundfragen Erkenntnisse zur digitalen Transformation innerhalb der Landesfinanzverwaltung mittelbar über die Fraktionen bzw. Abgeordneten generiert. Die wichtigsten Themenfelder umfassen damit eine Bewertung des föderalen Aufbaus der Steuerverwaltung in Deutschland in Hinblick auf die Fortschritte bei der Digitalisierung, Meilensteine der digitalen Transformation, die Anzahl an digitalen Steuererklärungen und Steuerbescheiden sowie deren weitere Förderung, Aspekte zu Homeoffice-Möglichkeiten und der Einstellung von IT-Kräften sowie zum Einsatz moderner digitaler Technologien. Dabei wurde darauf geachtet, dass die Fragen identisch gestellt, jedoch der Fragenumfang je nach Geschäftsordnung des Landesparlaments beliebig angepasst werden konnte. Es wurden nur offene Fragestellungen gewählt, um eine möglichst freie Äußerung zu ermöglichen. Dies führt insbesondere zu qualitativen Daten, erfasst auch Meinungen sowie Einschätzungen und kann so den Umfang und ggf. die Qualität der Antworten steigern [Kuckartz, 2018, S. 55]. Die Methodik und sämtliche Einzelergebnisse werden im Folgenden ausführlich beschrieben.

3.1.2 Methodische Auswertung

Im Rahmen dieser Untersuchung kann die inhaltlich strukturierende qualitative Inhaltsanalyse zur systematischen Auswertung, Aufbereitung und Präsentation der Ergebnisse genutzt werden [Mayring, 2015, S. 33]. Die Strukturierung erfolgt primär nach den Gebietskörperschaften als Analyseeinheiten, mithin also den verschiedenen Bundesländern, und als zweite Dimension nach den thematischen Kategorien [Kuckartz, 2018, S. 49; Mayring, 2015, S. 44 f.]. Zur Unterstützung der Auswertung wird auf die Computersoftware MaxQDA 2022[10] zurückgegriffen, da sich solche Programme bei der Analyse qualitativer Daten in der Praxis bewährt haben [Kuckartz, 2018, S. 163 ff.]. Die Parlamentsdrucksachen und sonstigen Schriftstücke wurden nach initiierender Textarbeit direkt in die Software eingelesen und computergestützt analysiert. Die quantitativen Antworten werden nicht inhaltsanalytisch ausgewertet, sondern absolut oder relativ als Diagramme und Tabellen im Ergebnisteil dargestellt, wobei hieraus im Weiteren auch „Vermutungen geäußert und Interpretationen vorgenommen werden können" [ebd., S. 118 f.]. Die Notwendigkeit einer Anonymisierung ergab sich nicht, weil die Informationen öffentlich zugänglich sind bzw. keine nach dem Bundesdatenschutzgesetz (BDSG) oder der DSGVO besonders geschützten Daten darstellen. Da es sich bei den so gewonnenen Informationen um feststehende Dokumente handelt, kann eine qualitative Inhaltsanalyse als Auswertungsmethode keine Rückwirkung auf die Kom-

---

[10]MaxQDA 2022 ist eine Software zur computergestützten Organisation und Analyse qualitativer Daten der Firma VERBI, die sich unter anderem an Anwender in der qualitativen Sozialforschung sowie den Wirtschaft- und Sozialwissenschaften richtet.

munikationsinhalte entfalten. Sie ist insoweit nicht-reaktiv [ebd., S. 22] und fokussiert ein Verstehen des Textes sowie dessen Auswertung mittels Interpretation, Klassifikation und Bewertung [ebd., S. 26 f.]. Die Auswahleinheit (Sampling Unit) umfasst die nach der Quoten-Auswahl generierten Dokumente der 11 befragten Bundesländer (Parlamentsdrucksachen, Schreiben oder E-Mails der Ministerien etc.). Als Analyseeinheit (Unit of Analysis) kann die jeweilige Antwort der Landesregierung angesehen werden.

Da sich die Befragung der Landesfinanzverwaltungen in 15 gesonderte thematische Fragen untergliedert, kann die Kategorienbildung (Coding) wie folgt vorgenommen werden: Das Kategoriensystem wird hierarchisch strukturiert. Die Hauptkategorien (oberste Ebene) werden aufgrund der bestehenden inhaltlichen Systematisierung und Strukturierung von den jeweiligen Fragen a-priori abgeleitet, also deduktiv und „unabhängig vom erhobenen Datenmaterial" erzeugt [Kuckartz, 2018, S. 64; Mayring, 2015, S. 68]. Sie waren bereits bei der Erhebung der Daten leitend [Kuckartz, 2018, S. 101]. Es ergaben sich 15 Hauptkategorien, sodass von einer überschaubaren und bewährten Charakterisierung ausgegangen werden kann [ebd., S. 97]. Die so gebildeten Kategorien wurden sodann an die Informationen herangetragen [Mayring, 2015, S. 97]. Die komplette Aussage der Landesregierung auf die jeweilige Frage als Textstelle ist hier als Codiereinheit (Unit of Coding) zu verstehen [Kuckartz, 2018, S. 104], die eine Zuordnung zur Hauptkategorie auslöst [Kuckartz, 2018, S. 41; Mayring, 2015, S. 61]. Der Umfang der Aussagen ist sehr unterschiedlich, er stellt jedoch in der Regel eine Sinneinheit dar. Ein zweiter Durchlauf der Codierung führte zur Ausdifferenzierung und Optimierung in Hinblick auf die Ergebnispräsentation. Im Weiteren wurden Sub- bzw. Sub-sub-Kategorien (untergeordnete Ebenen) induktiv vom Material her entwickelt [Kuckartz, 2018, S. 72]. An diese wurde nur der jeweilige Datensatz aus der Hauptkategorie herangetragen. Codiereinheiten waren hierbei sowohl einzelne Wörter als auch längere Textsegmente, die jeweils aber als Sinneinheiten auch außerhalb des Gesamttexts verständlich sind [ebd., S. 43]. Im Verlauf wurde auch eine Codierung von Textstellen mit mehreren Kategorien vorgenommen, wenn mehrere thematische Bezüge bestanden.

Insgesamt handelt es sich hier um eine typische Mischform, eine so-genannte „deduktiv-induktive[] Kategoriebildung" [Kuckartz, 2018, S. 95], mit der die inhaltliche Strukturierung der Daten erreicht wird. Die Codie-rung erfolgte durch den Autor dieser Arbeit und davon unabhängig durch eine weitere Person mit entsprechender Interpretationskompetenz hinsicht-lich der Fragestellungen und Thematik, um ein „konsensuelles Codieren" zu ermöglichen [ebd., S. 105]. Dies gilt als Kriterium interner Studiengüte bei qualitativen Inhaltsanalysen [ebd., S. 203 f.]. Ein Gütekriterium für die Analyse im Sinne einer „Intercoder-übereinstimmung" wurde angestrebt, konnte aber nur qualitativ über das gemeinsame Überprüfen der Codie-rungen mit anschließender Diskussion sichergestellt werden [ebd., S. 211]. Auf diese Weise wurden bestehende Kategorien im Analyseverfahren noch ausdifferenziert, optimiert und zusammengefasst sowie neue Subkategorien gebildet [Mayring, 2015, S. 97 ff.]. Dennoch muss angemerkt werden, dass die Ergebnisse nicht verallgemeinert oder gar übertragen werden können (externe Gütekriterien). Ohnehin stünde der geringe Stichprobenumfang dem entgegen.

Die Gesamtheit des Kategoriesystems aus Definitionen der Kate-gorien, Codierregeln, Codier-Beispielen und der Form der Erzeugung (de-duktiv/induktiv) kann dem Code-Handbuch im Anhang C (ab S. 251) ent-nommen werden. Das so entstandene Kategoriensystem unterstützt damit die Beantwortung der Forschungsfrage aus Kapitel 1.1 und führt zu den im Folgenden beschriebenen Einzelergebnissen.

3.1.3 Darstellung der Ergebnisse

Die im Rahmen der inhaltlich strukturierten qualitativen Inhalts-analyse gewonnenen Ergebnisse werden entsprechend der Fragen einzeln und bei mehrfacher Codierung „resümierend" [Kuckartz, 2018, S. 54] dar-gestellt. Hinter den jeweiligen Aussagen werden die Fundstellen in Form der Abkürzung für das Bundesland und der Nummer der Frage in eckigen Klammern angegeben.

Zur besseren Darstellung der Ergebnisse werden folgende fünf Kategorien gebildet: Die Fragestellungen 1 bis 3 liefern Ergebnisse zur Organisationsstruktur der Steuerverwaltung (Kategorie A, Kapitel 3.2, ab S. 58), die Antworten auf die Fragestellungen 4 bis 6 zeigen verschiedene Entwicklungsbedarfe auf (Kategorie B, Kapitel 3.3, ab S. 62), mit den Ergebnissen auf die Fragen 7 bis 9 werden Informationen zu KONSENS und dessen Produkten gewonnen (Kategorie C, Kapitel 3.4, ab S. 66), die Fragen 10 bis 12 beleuchten Aspekte mit Bezug zum Landespersonal (Kategorie D, Kapitel 3.5, ab S. 70) und die Fragen 13 bis 15 beziehen sich auf die IT-Aspekte der Steuerverwaltung (Kategorie E, Kapitel 3.6, ab S. 77).

3.2   Ergebnisse zur Organisationsstruktur

Nachfolgend werden die Ergebnisse zur Organisationsstruktur (Kategorie A) dargestellt. Dies betrifft die Bewertungen der Landesregierungen zum föderalen Aufbau der deutschen Steuerverwaltung in Hinblick auf die Digitalisierung und im europäischen Vergleich sowie Angaben zur strategischen Implementation der digitalen Transformation in der Landesfinanzverwaltung. Daneben werden hiervon Informationen zu Kompetenzzentren im Sinne einer Stabstelle für Digitalisierung bzw. eines IT-Architekturmanagements umfasst.

3.2.1   Bewertung föderaler Aufbau und europäischer Vergleich

Der föderale Aufbau der deutschen Steuerverwaltung wird von den Ländern nahezu ausschließlich positiv gesehen. Einen überblick zu den positiven Bewertungen gibt die Abbildung 3.1. Lediglich die potenziellen Hemmnisse im Bereich der Informationstechnik [SH; 1] sowie die „Medienbrüche aufgrund der zum Teil noch unterschiedlichen technischen Voraussetzungen (z.B. bei der Abgabe eines Steuerfalls von einem Bundesland in ein anderes)" [HB; 1] werden als nachteilig benannt, obgleich hier das Vorhaben KONSENS bereits ansetzt.

Abbildung 3.1: Bewertungen zum föderalen Aufbau (eigene Darstellung)

Die Zusammenarbeit im KONSENS-Verbund führe zu einer „höhe-re[n] Effizienz und Vereinfachung des Besteuerungsverfahrens", einer höheren Transparenz und zur Reduktion von Steuerausfällen [BE; 1]. Sie wird als intensiv beschrieben [BY, NW, TH; 1] und schaffe nützliche Synergie-effekte [BY, NW; 1]. Bezogen auf die IT-Verfahren könnten so „Doppel-arbeiten" und die Entstehung von „Insellösungen" [HB; 1] zum Beispiel als ländereigene, „nicht kompatible Lösungen" und „redundante Projekte" [RP; 1] vermieden werden. Das Hauptziel der Schaffung von Einheitlich-keit wird von sieben Bundesländern deutlich gemacht. Mit dem Vorhaben KONSENS würde es gelingen, ein „einvernehmliches Vorgehen" unter den Ländern zu erreichen [RP; 1], das zugleich förderlich für die Digitalisierung im Vergleich zu anderen Verwaltungen sei [SH, TH; 1]. Diese Kooperation gelte zugleich als wirtschaftlich [HB, RP, TH; 1] und ihr gelänge es, „die Vielfältigkeit und Besonderheiten der Länder" aufzunehmen [HE, NI, NW, TH; 1].

Wie die Abbildung 3.2 zeigt, wird der föderale Aufbau bezogen auf einen europäischen Vergleich als „nicht störend empfunden" [BE; 1]. Die deutsche Steuerverwaltung sei „gut aufgestellt" und ein „hohe[r] Digita-lisierungsgrad" bereits erreicht [HB; 1]. Die Bundesländer geben jedoch auch an, dass ein Vergleich „nur schwer herstellbar" [BW, NW; 1] bzw. „nicht möglich" [HE, NI, TH; 1] sei.

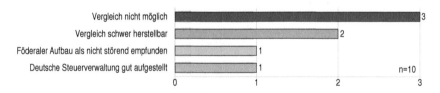

Abbildung 3.2: Europäischer Vergleich (eigene Darstellung)

3.2.2 Strategische Implementierung / Meilensteine

Entsprechend der Abbildung 3.3 wird die digitale Transformation in der deutschen Steuerverwaltung vor allem durch das Verwaltungsabkommen zum Vorhaben KONSENS seit dem Jahr 2005 und das KONSENS-G ab dem 01.01.2019 strategisch vorangetrieben [BE, BW, BY, HB, HE, HH, RP, SW, TH; 2].

Besonders betont werden die erfolgreiche Nutzung von elektronischen Steuererklärungen und die Einführung des ab 2020 existierenden „Digitalen Verwaltungsakts" (DIVA) [BW, HB, HH, RP; 2]). Sechs Bundesländer nennen die Einführung des Verfahrens ELSTER mit entsprechenden Onlineangeboten [BW, BY, HB, HE, NI, RP; 2] sowie das Portal des BZSt [HE, NI, RP; 2] als wichtige Voraussetzungen und Meilensteine der digitalen Transformation. Zugleich werden die Ermöglichung des elektronischen Rechtsverkehrs mit der Finanzgerichtsbarkeit ab 2018 und die sichere Kommunikation mit dem Finanzamt über ELSTER, „DE-Mail" und Kontaktformulare seit dem Jahr 2019 als wichtige Fortschritte erachtet [BW; 2].

Einzelne Bundesländer geben darüber hinaus landeseigene Errungenschaften an, wie die Einführung eines zentralen Rechenzentrums, eines IT-Sicherheitszentrums und einer Plattform für den Datenaustausch [BW; 2] sowie eines IT-Service-Desks einschließlich eines IT-Service-

Managements, eines Auftragsmanagements und -controllings mit entsprechenden behördenübergreifenden IT-Strategieprozessen ab dem Jahr 2017 [NW; 2]. Hierbei scheinen auch die Kooperation und Gründung des Informations- und Kommunikationsdienstleisters Dataport für die Digitalisierung der Steuerverwaltung der teilnehmenden Bundesländer vorteilhaft zu sein [NI; 2].

Aktuell hätten die Einführung des digitalen Unternehmenskontos „Mein UP" mit Pilotverfahren ab dem Jahr 2020 [BW, HB, HE, NI, RP; 2] sowie die Umsetzung der vom IT-Planungsrat für das OZG identifizierten Leistungen [HH, NI, RP; 2] einen erheblichen Einfluss auf die Strategie zur digitalen Transformation.

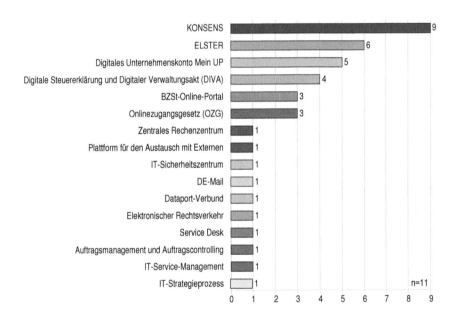

Abbildung 3.3: Strategische Implementierung / Meilensteine (eigene Darstellung)

3.2.3   Stabstellen für Digitalisierung / Einbeziehung Bürgererwartung

Nur wenige Bundesländer geben an, über landeseigene Kompetenzzentren im Sinne von Stabstellen für Digitalisierung zu verfügen [HH,
NW; 3]. Die Mehrheit der Bundesländer stellt auf das Gremium der „Steuerungsgruppe IT" nach § 9 Absatz 5 KONSENS-G ab, welchem die Verantwortung für die Strategie und Architektur obliegt [BE, BW, BY, HB, HE,
NI, RP, SH, TH; 3]. Auf Landesebene werden Stabstellen somit bedingt
durch die KONSENS-Struktur nicht gebildet [BW, BY; 3] oder für „nicht
sinnvoll" erachtet [HB, HE, NI, RP, TH; 3].

Die Bürgererwartungen werden auf unterschiedliche Weise einbezogen. Sieben Bundesländer geben an, dass diese im Zusammenhang mit
der letzten Bürgerbefragung zu ELSTER in der Zeit vom 01.03.2019 bis
zum 29.02.2020 erfasst worden seien (BE, BW, BY, HB, NW, RP, TH; 3]
bzw. bei der ELSTER-Verfahrenserstellung als Beschwerden und Verbes-
serungsvorschläge im Rahmen von Usability- oder User-Experience-Tests
berücksichtigt werden [BW, NI, RP; 3]. Die Erhebung und Auswertung
der Daten zu den Bürgererwartungen können sowohl über den KONSENS-
Verbund als auch auf Landesebene erfolgen [TH; 3]. So gibt es ELSTER-
Beauftragte bzw. -Stellen, die die Bürgererwartungen aufnehmen, sowie
Bürgerbeteiligungsverfahren [HB, RP; 3] zur Verbesserung der Interaktion
zwischen Steuerbürger und Verwaltung. Datenerhebungen zu den Bürgererwartungen werden mitunter durch die einzelnen Länder auch als „nicht
erforderlich" angesehen [NI; 3].

3.3   Ergebnisse zu Entwicklungsbedarfen

In diesem Abschnitt werden die Entwicklungsbedarfe (Kategorie B)
dargestellt, die mit der Umstellung von Teilbereichen der Steuerverwaltung von eher analogen auf komplett digitale Prozesse zusammenhängen
sowie aufgrund der zu digitalisierenden Leistungen nach dem OZG identi-

fiziert werden können. In diesem Kontext wird auch der Anpassungsbedarf bei steuerrechtlichen Vorschriften sowie bei IT- und Arbeitsprozessen innerhalb der Landesfinanzverwaltung gewürdigt.

3.3.1 Umstellung von analog auf digitale Prozesse

Die Umstellung innerhalb der Steuerverwaltung von analogen auf digitale Prozesse wird mit der Einführung der Programmierverbünde IABV [BE; 4] und KONSENS [BE, HB, HH, RP, TH; 4] in Zusammenhang gebracht. Die Bearbeitungsoberfläche „KDIALOG" der Steuerverwaltung und die Verfahren[11] „ELSTER" [BE, BW, BY, HE, RP, TH; 4], „GINSTER" [BE, NW, RP; 4], „SESAM" und „STEUBEL" [BE, BW, HE, NW, RP; 4], „KMV" [BW, RP; 4], „GDA" [BW, HE; 4] sowie „RMS" [BE, HE; 4] werden von den Ländern in diesem Kontext als konkrete Arbeiten bzw. Programme benannt. Daneben wurden die elektronische Akte und der elektronische Posteingang [BE, NW; 4] genauso wie die Fallverwaltungssoftware „PROMETHEUS" für die Steuerfahndung, „PINGO" zur administrativen Unterstützung der Außenprüfungsstellen, „ZEDO" für den zentralen Druck und Versand sowie das „VO-System" für die Steuererhebung [NW; 4] beschrieben. Als aktuelle und bedeutende Aufgabe für die Umstellung analoger Prozesse wird die IT-Verfahrensentwicklung zur Grundsteuer angegeben [BW; 4].

Bezogen auf die Fortschritte stellen die Länder fest (siehe Abbildung 3.4), dass „kaum noch" analoge Prozesse vorhanden seien [RP; 4] sowie die Digitalisierung „kontinuierlich ausgebaut und weiterentwickelt" und „stark vorangeschritten" [BY, TH; 4] sei. Die Steuerverwaltung arbeite in allen Bereichen digital [BW; 4] und viele Arbeitsprozesse, zum Teil über 90%, seien bereits „weitgehend digitalisiert" [BY, TH; 4]. Letztere laufen aktuell „weitgehend medienbruchfrei digital ab" bzw. werden „digital unterstützt"

---

[11]Eine Übersicht der KONSENS-Verfahren befindet sich in Kapitel 2.2.2.2 (S. 24) dieser Arbeit. STEUBEL (Steuerliche Beleglesung) ist ein Verfahren zur digitalen Erfassung von analogen Steuererklärungen über die Auslesefunktion der Scantechnik. KMV bezeichnet das Kontrollmitteilungsverfahren.

[RP; 4]. Dabei wird darauf hingewiesen, dass „die Umstellung von eher analogen auf komplett digitale Prozesse ein dauerhafter kontinuierlicher und langfristiger Prozess" sei [HE, NI; 4].

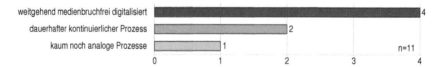

Abbildung 3.4: Digitalisierungsfortschritt (eigene Darstellung)

3.3.2 Leistungen der Steuerverwaltung nach dem OZG

Einige Bundesländer benennen die nach dem OZG im Themenfeld „Steuern & Zoll" zu erbringenden Leistungen konkret und geben hierzu die jeweiligen Umsetzungsstände an. Die meisten Leistungen seien demnach zum Zeitpunkt der Befragung bereits umgesetzt [BE, BW, HB, HE, RP, SH; 5]. Allgemein verweisen die Bundesländer auf die Online-Informationsplattform[12] zum OZG [BE, BY, HE, NW, RP, TH; 5]. Noch abzuschließen sind die Erbschafts- und Schenkungsteuer, die Rennwett- und Lotteriesteuer, die Gewerbesteuer sowie querschnittliche Leistungen [BW, HB, HE, RP; 5]. Daneben wird auf Aufgaben nach dem OZG im Bereich der Übernachtungssteuer, Kurabgabe sowie Tourismus- und Kulturtaxe, auf die Gemeindeabgaben aus dem Themenfeld „Hobby & Engagement" (Hunde-, Vergnügungs-, Zweitwohnungsteuer etc.) [BE, HB; 5] sowie auf die Zweitwohnungsteuer, Grundsteuer sowie Grunderwerbsteuer aus dem Themenfeld „Bauen & Wohnen" [BE; 5] hingewiesen.

Die Länder gehen davon aus, dass die Umsetzung sämtlicher zu digitalisierenden Leistungen nach dem OZG „im Zeitplan" läge [SH; 5], „nahezu vollständig realisiert" sei [NI; 5] bzw. „nach derzeitigem Stand termingerecht abgeschlossen" werde [BY, HE, NI, NW, TH; 5]. Die Ab-

---

[12]https://informationsplattform.ozg-umsetzung.de

bildung 3.5 verdeutlicht die Verteilung dieser Aussagen. Die Fortschritte
seien als „vorbildlich" [RP; 5] bzw. als „gut" [NI; TH 5] zu bewerten.

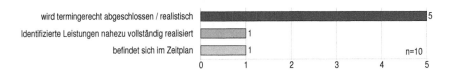

Abbildung 3.5: Umsetzung der OZG-Leistungen (eigene Darstellung)

Bayern, Bremen und Schleswig-Holstein bringen sich darüber hinaus
aktiv in den digitalen Umsetzungsprozess ein [BY, HB, SH; 5]. Hessen
und Niedersachsen halten „[d]ie Verwendung von Ressourcen für Aufgaben,
die einem anderen Land zugewiesen sind", für nicht sinnvoll und eigene
Bemühungen für „obsolet" [HE, NI; 5].

3.3.3 Anpassungsbedarf im Steuerrecht und bei IT- und Arbeitsprozessen

Hinsichtlich eines Anpassungsbedarfes im Steuerrecht geben einige Bundesländer an, dass zukünftige Vorschriften IT-gerecht ausgestaltet
[HB, NI, TH; 6] sowie der IT-Umsetzungsaufwand bedacht und angegeben
werden sollten [SH; 6]. Hamburg sieht bei steuerrechtlichen Vorschriften
sowie bei IT- und Arbeitsprozessen einen großen Anpassungsbedarf [HH;
6]. Für mehr als die Hälfte der befragten Länder besteht hingegen kein
Anpassungsbedarf [BE, BW, HB, NI, NW, RP, TH; 6].

Im Bereich der IT- und Arbeitsprozesse werden Veränderungen für
eine Erhöhung der Personalkapazitäten im Vorhaben KONSENS [RP; 6],
eine Ausrichtung am optimalen Geschäftsprozess [HH; 6], laufende Abstimmungen [BE, BW, HB, SH; 6], der Ausbau der elektronischen Kommunikation [HE; 6] sowie elektronische Serviceangebote [NW; 6] für notwendig
erachtet.

3.4   Ergebnisse zu KONSENS

Im Folgenden wird Bezug genommen auf die Beteiligung der Landesfinanzverwaltung innerhalb des KONSENS-Verbunds bzw. deren weitere Beiträge einschließlich einer verbindlichen Erhöhung über den Beschluss der Finanzministerkonferenz hinaus (Kategorie C). Zudem werden die Errungenschaften der digitalen Steuererklärung und des digitalen Steuerbescheids beleuchtet und Maßnahmen der Landesregierung zur Förderung der Inanspruchnahme der digitalen Bereitstellung aufgezeigt.

3.4.1   Beiträge zum KONSENS-Verbund

Die Bundesländer tragen zum Vorhaben KONSENS in unterschiedlicher Weise bei. Besonders die Auftragnehmerländer, aber auch zwei Auftraggeberländer, betonen ihre über die finanzielle Beteiligung hinausgehende, aktive Mitarbeit [BW, BY, NI, SH, TH; 7]. Dies geschieht zum Beispiel durch die „Mitwirkung von Vertreterinnen und Vertretern" [NI; 7], die Realisierung von Projekten [BY; 7], die „Bereitstellung der erforderlichen Personalressourcen" [BW; 7] oder „Zuarbeiten zu einigen wenigen Verfahren" [TH; 7]. Die Hauptbeiträge zu KONSENS seien allerdings finanzieller Natur und richten sich nach dem Königsteiner Schlüssel [BE, BW, HB, HH, NI, SH, TH; 7]. Einer Erhöhung ihrer finanziellen Beiträge wollen die Bundesländer nur entsprechend des Beschlusses der Finanzminister der Länder vom 12.11.2020 nachkommen [BE, BW, BY, HB, HE, HH, NI, RP, SW, TH; 7]. Dieser sieht eine jährliche Erhöhung des Budgets um ca. 5% vor. Darüberhinausgehende Finanzbeiträge lehnen einige Länder ab [BY, HB, NI, TH; 7], weil sie „derzeit nicht notwendig" seien [BY, TH; 7] bzw. „nicht für zielführend" erachtet [HB, TH; 7] sowie „nicht automatisch zu einer höheren Anzahl umgesetzter Anforderungen führen" [NI; 7] würden. Bremen weist darauf hin, dass das KONSENS-Budget „häufig durch kurzfristig eingebrachte und prioritär umzusetzende Gesetzesvorhaben belastet" [HB; 7] werde.

Die Schaffung einer echten digitalen Steuerverwaltung könne nicht durch eine Erhöhung der Finanzen [HB, HE, TH; 7] oder durch eine Erhöhung personeller Ressourcen beim IT-Fachpersonal erreicht werden, weil nicht zwingend eine Beschleunigung der Programmierarbeiten hieraus resultieren würde [HB, RP, TH; 7]. Dem widersprechen allerdings zwei Bundesländer [HB, TH; 7]. Unter niedersächsischer Beteiligung soll nach „alternative[n] Lösungsmöglichkeiten für die Beschleunigung der Entwicklunge[n]" in der Steuerverwaltung gesucht werden [NI; 7]. Von den Ländern wird darauf hingewiesen, dass eine Abrechnung der Aufwendungen im KONSENS-Verbund „weder im Verwaltungsabkommen KONSENS noch im KONSENS-Gesetz vorgesehen" [NI; 7] sei und die erforderlichen Arbeiten zur Digitalisierung „im laufenden Betrieb erreicht werden" [HB, TH; 7] müssten.

3.4.2 Digitale Steuererklärungen und -bescheide

Nach Angaben der Bundesländer stelle die elektronische Abgabe der Steuererklärung in vielen Fällen bereits eine Verpflichtung von Steuerbürgern und Unternehmen dar, sodass „[b]is auf wenige Härtefälle [...] alle Steuererklärungen via ELSTER beim Finanzamt" [BW, HE, NW; 8] eingehen. Hier läge die ELSTER-Quote bei fast 100% [BW; 8], wobei sie seit dem Jahr 2018 auf Grundlage der veranlagten und nicht der eingegangenen Fälle berechnet werde [TH; 8]. Schleswig-Holstein merkt an, dass eine Gegenüberstellung aufgrund der Verfahrensumstellung und der nicht kongruenten Daten nicht möglich sei [SH; 8]. Statistische Aufzeichnungen seien nicht verfügbar [BW; 8] und es bestünden verfahrenstechnische Hürden bei der Auswertung [HH; 8]. Bundesweit seien im Jahr 2019 rund 23,9 Mio. Einkommensteuererklärungen elektronisch übermittelt worden [HB; 8]. Die Anzahl der elektronisch abgegebenen Erklärungen insgesamt sei in den letzten Jahren kontinuierlich gestiegen [HE; 8]. Im Bereich der Lohnsteueranmeldungen und Umsatzsteuervoranmeldungen läge die Quote der elektronischen übermittlungen im Jahr 2019 beispielsweise bei 96 und 98 Prozent [BY; 8].

Die Bürger machen zunehmend von der elektronischen Bekanntgabe des Einkommensteuerbescheids Gebrauch. DIVA sei „rechtsverbindlich und ersetz[e] den Papierbescheid" [HE; 8]. Die Umsetzung würde
„[a]us technischen/zeitlichen Gründen" in Stufen erfolgen [BW; 8] Für
Nordrhein-Westfalen ergaben sich aus der Befragung keine Angaben. Die
absolute Anzahl der zum Zeitpunkt der Befragung bereits digital ausgefer-
tigten Bescheide geben verschiedene Bundesländer zwar konkret an. Hierbei werden jedoch unterschiedliche Veranlagungszeiträume einbezogen und
die Kalenderjahre stimmen nicht überein, sodass sich keine einheitliche
Datenbasis für einen Vergleich herstellen lässt. Eine Aussagekraft erhalten
diese Zahlen nur als relative Angaben zu den insgesamt veranlagten Ein-
kommensteuerfällen. Folgende Bundesländer geben relative Werte in ihren
Antworten an: Baden-Württemberg ca. 2%, Bayern ca. 4,3%, Hamburg ca.
4,5%, Hessen ca. 2,8%, Niedersachsen ca. 4%, Thüringen ca. 1,8%.

Von den Bundesländern wird darauf hingewiesen, dass die Fallzahlen „noch nicht aussagekräftig" seien, weil sich das Verfahren DIVA aktuell in der Pilotierung befände [SH; 8] sowie nur für Erstbescheide [NI;
8] und unbeschränkt Einkommenspflichtige [BW; 8] gelte. Folgebeschei-
de und Verlustfeststellungsbescheide würden beispielsweise noch „auf dem
Postweg versandt" [NI; 8].

3.4.3 Förderung der Inanspruchnahme digitaler Lei- stungen

Die Förderung der Inanspruchnahme von digitalen Leistungen werde durch Werbeaktionen und den Einsatz von Werbemitteln erreicht [BW,
RP; 9]. Auf DIVA werde „bei der Erstellung der Steuererklärung mit EL-
STER" [RP; 9] hingewiesen. Mehrere Bundesländer geben an, dass sie
davon ausgingen, „dass die Bürgerinnen und Bürger, aber vor allem auch
Steuerberaterinnen und Steuerberater und die Wirtschaft, ein großes Interesse an der Zurverfügungstellung digitaler Produkte haben und bereits
deshalb den digitalen Einkommensteuerbescheid nutzen werden" [BY, NI,

TH; 9]. Eine „besondere organisatorische und finanzielle Förderung" [NI, TH; 9] sei deshalb nicht beabsichtigt, „bestünde nicht oder ist derzeit nicht geplant" [BY; 9].

Das Marketing von DIVA und ELSTER werde federführend von KONSENS durch die Arbeitsgruppe „ELSTER-Marketing" erarbeitet und zum Teil auch selbst durchgeführt [BW; 9]. Vorlagen, Werbekampagnen und weitere Mittel aus dem KONSENS-Budget werden den Bundesländern zur Verfügung gestellt [BE, RP; 9], um ein „bundeseinheitliches Auftreten zu gewährleisten" [BW; 9]. Einen Überblick hierzu gibt die Abbildung 3.6. Seit der Einführung werde die Nutzung von ELSTER so „kontinuierlich beworben" [RP; 9]. Im Jahr 2020 hätte das Budget hierfür z.B. 110.000 € betragen [BW; 9]. Hierbei seien „ELSTER-Werbeaktionen (ELSTER-Mini, ELSTER-CD, ELSTER-Giveaways)" [HB, RP; 9] und „Plakate (Plakatkampagnen im ÖPNV), Flyer, Musterpressemitteilungen" sowie „Werbung bei Google" [RP; 9] im Einsatz. Die Werbung erfolge auch über „Printmedien und Plakatkampagnen [...] im öffentlichen Personennahverkehr und Bahnverkehr [...]" [BW; HE; 9]. Aber auch „digitale Kanäle und Formate (z.B. die Google Ads, Native Advertising)" [HE; 9] bzw. „Google-Ad-Words" [BW; 9] scheinen die Nutzung zu fördern.

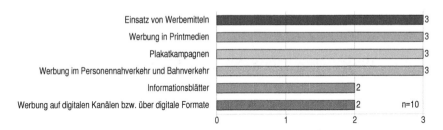

Abbildung 3.6: Werbung über KONSENS (eigene Darstellung)

Abbildung 3.7 verdeutlicht, wie aktiv einige Bundesländer werden, indem sie Vor-Ort-Registrierungen im Finanzamt anbieten [RP; 9], die Bürger anschreiben [RP; 9], Informationsveranstaltungen organisieren [HB, RP; 9], eigene Werbemittel einsetzen [RP; 9], die Finanzämter für ELSTER werben lassen [BW, SH; 9] oder „auf überregionalen Messen und

Veranstaltungen" [BW; RP 9] präsent sind. Die Länder stellen zum Teil eigene Mittel bereit wie „zusätzliche Plakate, Flyer und Pressemitteilungen" [RP; 9] oder jährlich 115.000 € Finanzbudget [BW; 9]. Auf Landesebene wird die Einrichtung einer Servicehotline für Anliegen im Zusammenhang mit ELSTER organisiert [HE, RP; 9]. Nordrhein-Westfalen weist darauf hin, dass die Förderung der Inanspruchnahme der digitalen Leistungen durch Investitionen der Landesregierung in die eigene IT-Infrastruktur gefördert werde [NW; 9].

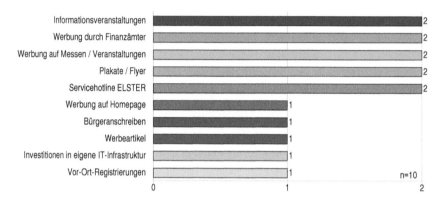

Abbildung 3.7: Eigene Initiativen der Bundesländer (eigene Darstellung)

3.5   Ergebnisse mit Bezug zum Landespersonal

In Hinblick auf das in den Ländern eingesetzte Personal (Kategorie D) werden nachfolgend die bisherigen Fortschritte im Bereich Telearbeit / mobiles Arbeiten dargestellt. Zugleich werden die Neueinstellungen von IT-Fachkräften seit dem Jahr 2017, die Gebiete in der Landesfinanzverwaltung mit einem besonderen Bedarf für IT-Nachwuchskräfte und die diesbezüglichen Personalgewinnungskonzepte präsentiert. Der Fokus liegt auch auf dem Aus- und Fortbildungsbedarf, den die Landesregierungen aufgrund der digitalen Transformation für die Beschäftigten der Landesfinanzverwaltung sehen, bzw. den Change-Management-Aktivitäten, die aufgrund der fortschreitenden Digitalisierung gegenüber dem Personal erbracht werden.

3.5.1 Telearbeit und mobiles Arbeiten

Nordrhein-Westfalen gibt an, dass „alle 30.000 Beschäftigten [...] telearbeitsfähig ausgestattet und die zentrale IT-Infrastruktur [...] fortlaufend bedarfsgerecht ausgebaut" [NW; 10] werde. Eine ähnlich hohe Quote weist das Bundesland Hessen auf. Dort seien „[a]lle (100%) Beschäftigten in der Steuerverwaltung [...] inzwischen mit mobilen Endgeräten (Laptops oder Tablets) sowie mit den technischen Voraussetzungen [...] ausgestattet und können [...] von zu Hause arbeiten" [HE; 10]. Hamburg gibt eine Quote von ca. 90% der Arbeitsplätze an, die „technisch so ausgestattet [seien], dass eine Beschäftigung im Homeoffice möglich wäre" [HH; 10]. In Rheinland-Pfalz sind „83% der Gesamtbelegschaft" [RP; 10] für mobiles Arbeiten ausgestattet. Baden-Württemberg baue „[d]ie Homeoffice-Möglichkeiten in den Finanzämtern [...] kontinuierlich" aus und „die Gesamtzahl der Homeoffice-Möglichkeiten und der genehmigten Telearbeitsplätze [sei] seit Mai 2020 verdoppelt" worden auf eine Quote von 66% in der Steuerverwaltung insgesamt [BW; 10]. Schleswig-Holstein gibt einen Anteil von ungefähr 59% an [SH; 10].

Für Bremen liegt die Quote bei 55%, wobei ein Ausbau aufgrund weiterer Antragsstellungen geplant sei [HB; 10]. Bremen habe auch seine Beamtenanwärter und das Lehrpersonal mit iPads ausgestattet [HB; 10]. Es wird zugleich darauf hingewiesen, dass „nicht alle Arbeitsplätze in der Steuerverwaltung (z.B. Publikumsbereiche, Post- und Scanstelle etc.) für mobiles Arbeiten bzw. Telearbeit" geeignet seien [HB; 10]. Berlin gibt in seiner Antwort keine relative Quote an, es seien „1.180 Telearbeitsplätze", „980 Pandemiearbeitsplätze" und „1.700 mobile Arbeitsplätze" eingerichtet. Thüringen hat etwa 39% aller Arbeitsplätze für den „Dienst im Home-Office oder am Telearbeitsplatz" ausgestattet [TH; 10].

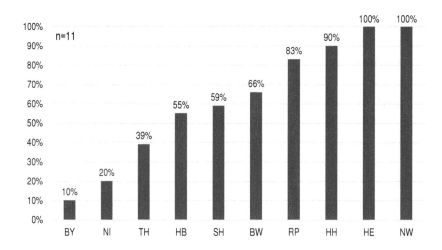

Abbildung 3.8: Homeoffice-Möglichkeiten der Steuerverwaltungen (eigene Darstellung)

In Niedersachsen seien „2.350 Arbeitsplätze [...] so ausgestattet, dass die Beschäftigten jederzeit auch im Homeoffice arbeiten können", somit ein „Anteil von 20% der Beschäftigten in der Steuerverwaltung" [NI; 10]. Bayern betont zwar, dass „[d]ie Flexibilisierung der Arbeitsbedingungen und die Vereinbarkeit von Familie und Beruf [...] in der Steuerverwaltung seit vielen Jahren einen sehr hohen Stellenwert" hätten und Telearbeit „ein wesentlicher Beitrag" hierfür sei [BY; 10]. Gleichzeitig werde die Telearbeit aber kontingentiert und die Quote läge „in den letzten fünf Jahren stabil bei rund 10%" [BY; 10]. In der Corona-Pandemie sei hier großzügiger verfahren worden [BY; 10]. Die prozentualen Angaben werden in der Abbildung 3.8 grafisch dargestellt.

3.5.2   Neueinstellung von IT-Kräften

Nordrhein-Westfalen hat im Jahr 2019 die Einführung einer „IT-Laufbahn für die Bedürfnisse des öffentlichen Dienstes beschlossen" und konnte im ersten Studienjahr ca. 100 Studenten im Studiengang „Verwaltungsinformatik - E-Government" gewinnen [NW; 11]. Weitere Angaben zu den Neueinstellungen von IT-Fachkräften werden nicht gemacht. Die übrigen Auftragnehmer-Länder des KONSENS-Verbunds legen konkrete Zahlen offen. So gibt das Land Niedersachsen an, dass „seit dem Jahr 2017 insgesamt 34 IT-Fachkräfte neu eingestellt" werden konnten [NI; 11]. Hessen berichtet im gleichen Zeitraum von 15 Einstellungen [HE; 11]. Den größten Zuwachs erzielt Bayern mit 126 zusätzlichen Mitarbeitern im Bereich der IT [BY; 11]. Baden-Württemberg konnte 71 Personen für die IT gewinnen [BW; 11].

Die Auftraggeber-Länder des KONSENS-Verbunds berichten von 8 [TH; 11], 55 [SH; 11] und 37 [RP; 11] Neueinstellungen. Darunter haben auch die Stadtstaaten folgende Werte zu verzeichnen: Berlin gibt seit dem Jahr 2017 neun IT-Fachkräfte, Bremen insgesamt 14 Personen [HB; 11] und Hamburg insgesamt 28 Personen an [HH; 11]. Die aus den Antworten der Bundesländer entnommenen Einstellungszahlen können zum besseren Überblick der Abbildung 3.9 entnommen werden.

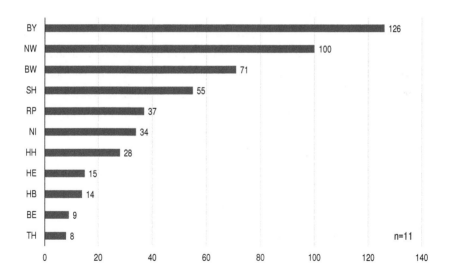

Abbildung 3.9: Neueinstellungen von IT-Kräften seit 2017 (eigene Darstellung)

Gebiete der Landesfinanzverwaltung mit einem besonderen Bedarf für IT-Nachwuchskräfte sind die Steueraufsichtsstellen [TH; 11], die IT-Referate der Ministerien [HH; 11], die Bereiche IT-Projektmanagement, IT-Sicherheit sowie Netzwerk- und IT-Architektur [BW; 11]. Die Rechenzentren der Finanzverwaltungen werden mehrfach genannt [BE, NW, RP; 11]. Aber auch bei der Programmierung und Entstehung der IT-Verfahren werden solche Fachkräfte benötigt [BW, SH; 11], mehr noch bei der kontinuierlichen Betreuung im Sinne eines IT-Supports [BW, HE, SH, TH; 11]. Darüber hinaus ergibt sich eine Nachfrage für IT-Fahnder [HE, RP; 11], bei der Datenauswertung allgemein [HE; 11] und für die Beweissicherung und Aufbereitung in Steuerstrafverfahren [HE, RP; 11].

Zur Rekrutierung beschreiten die Bundesländer unterschiedliche Wege. Viele der Bundesländer greifen noch immer auf vorhandene „IT-affine" oder „IT-interessierte" Steuerbeamte zurück [BE, BY, HE, NI, TH; 11]. Dies allein reicht bei der Mehrheit der Bundesländer nicht aus, sodass über interne und externe Stellenausschreibungen per Direkteinstellung neue Mitarbeiter gewonnen werden müssen [BE, BW, BY, HB, HE, NI, RP, SH; 11]. Daneben bilden die Länder Fachinformatiker aus [BE, BY, NW; 11]. Fast alle Bundesländer müssen die klassische Ausbildung der Steuerbeamten nach dem Steuerbeamtenausbildungsgesetz (StBAG) um weitere duale Studienangebote, zum Beispiel im Bereich Verwaltungsinformatik - e-Government, ergänzen, um den IT-Nachwuchsbedarf zu decken [BE, BW, BY, HB, HE, NI, NW, RP, TH; 11]. Die Bundesländer kooperieren hierzu mit Hochschulen und Universitäten oder bilden an den Verwaltungsfachhochschulen selbst aus. Rheinland-Pfalz erkennt auch externe Hochschulabschlüsse „mit überwiegend informationstechnischen Inhalten" für den Eintritt in die Steuerverwaltung an, zum Beispiel für den Eintritt „in den technischen Dienst" [RP; 11]. Baden-Württemberg öffnet sich auch für externe Masterabsolventen [BW; 11]. Thüringen plant „auf unmittelbar für die Laufbahn qualifizierende Ausbildungs- und Hochschulabschlüsse ein Trainee aufzusetzen" [TH; 11].

Die Bundesländer haben auch bereits unterstützende Maßnahmen für die Gewinnung dieser Mitarbeiter gefunden. So hat Thüringen „[z]ur Steigerung der Attraktivität des Studienangebots [...] die Vergabe von Stipendien" und „Teilstipendien für Studenten mit weit überdurchschnittlichen Prüfungsleistungen" eingeführt [TH; 11]. Baden-Württemberg betont die Wichtigkeit einer „verbesserten Außendarstellung" [BW; 11]. Hier soll der Arbeitsplatz insbesondere durch die Hervorstellung der Arbeitsplatzsicherheit und Verbeamtung [BY, RP, TH; 11] und die aufgabengerechte Vergütung [BY; 11] attraktiver gemacht werden. Bayern zahlt einen IT-Fachkräftegewinnungszuschlag [BY; 11]. Daneben werden von wenigen Bundesländern auch Zulagen gewährt [BW, BY; 11].

3.5.3   Aus- und Fortbildungsbedarf

Mit dem Ausbildungsbedarf aufgrund der digitalen Transformation verbinden die Bundesländer überwiegend die Ausbildung an den Finanzschulen und Fachhochschulen für Finanzen. Dort sollten die Lehrsäle technisch modernisiert [HE; 12] und Dozenten „für die Erstellung vertonter PowerPoint-Präsentationen", den Einsatz von Videos im Unterricht [BW; 12] und für die Lernplattform ILIAS [BW, RP; 12] geschult werden. Hierzu bedürfe es einer „umfassende[n] Bereitstellung der benötigten Hard- und Software" [HE; 12]. Die digitale Lehre mit „E-Books, LernApps, Videos, Online-Tests, Chats, digitale[n] Whiteboards, Livestreams, Podcasts und Online-Bibliotheken" und die „Nutzung virtueller Räume" fordert neue Kompetenzen ein [HE; 12]. Baden-Württemberg spricht vom „[d]igitale[n] Lernen und Lehren im Unterricht" [BW; 12]. Veränderungen ergeben sich vom „Lernprozess und der damit einhergehenden pädagogischen und didaktischen Begleitung, über die Lernerfolgskontrollen bis hin zu den Abschlussprüfungen" [NW; 12]. Insgesamt müsse der „Umgang[] mit der sich stetig verändernden digitalen Technik in der Steuerverwaltung bereits" in der Ausbildung vermittelt werden [NI, RP; 12]. Mehrere Bundesländer geben in diesem Kontext die Notwendigkeit zur Erlangung digitaler Kompetenzen an [NI, RP, TH; 12]. Bezogen auf das bereits ausgebildete

Personal wird von einigen Bundesländern der Bedarf für umfassende EDV-Anwenderschulungen gesehen [BY, RP, TH; 12]. Thüringen setzt „zur Erprobung der in den Finanzämtern genutzten steuerlichen Fachverfahren" eine zentrale Schulungsplattform ein [TH; 12].

Die Aus- und Fortbildung sollte insgesamt „bedarfsgerecht" sein und sich „an den digitalen Entwicklungen" [TH; 12] ausrichten. Sie werde „kontextabhängig geplant und festgelegt" [BE; 12]. Hier setzen auch die Aussagen zum Fortbildungsbedarf an. Demnach werden „Schulungen zu Automationsthemen durch die Bundesfinanzakademie", „E-Learning Programme" für die Betriebsprüfung [RP; 12] sowie „E-Learning-Seminare[] zur Schulung des Umgangs mit unterschiedlichen Verwaltungsprogrammen (z.B. Tabellenkalkulations-, Schreib-, Präsentations- und Email-Programme)" [TH; 12] für notwendig erachtet. Regelmäßige Software-Verfahrensschulungen halten viele Bundesländer für unerlässlich [BY, HH, NI, RP, SH, TH; 12]. Es bedürfe auch weiterer Besprechungen bzw. Tagungen [BE, TH; 12] und der Nutzung des Intranets zur Information der Dienstkräfte [BE, RP; 12]. Konkreten Fortbildungsbedarf sehen die Länder für Schulungen zur Nutzung neuer Medien [BY, RP; 12], für Administratorenschulungen bei der Einführung von EDV-Verfahren [BY; 12] sowie im Zusammenhang mit dem Thema „Führung auf Distanz" [BY, RP, TH; 12] und „in Zeiten zunehmender Telearbeit und Digitalisierung" [BW; 12]. Dabei müssen „digitale[] Kompetenzen (z.B. Ausbau des Angebots an Fortbildungen zu Anwendungskompetenzen, Schulungen für Fortbilderinnen und Fortbilder usw.)" gefördert und die „Inhalte des Fortbildungsprogramms auf die Anforderungen einer modernen Arbeitswelt (z.B. agiles Arbeiten, Führen auf Distanz, Change Management, Diversity, ...)" hin überprüft werden [HE; 12]. Es könnten „eine[] moderne[] Lernplattform als technische Infrastruktur für digitales Lernen" [HE; 12] oder Blended Learning [BY, HE; 12] eingeführt werden. Dies sollte eine „moderne[] Lernkultur mit dem Bewusstsein und der Bereitschaft für eigenständiges, flexibles und lebenslanges Lernen" [HE; 12] voranbringen. Inhalte und Fortbildungsmethodik sollten sich „fortlaufend an geänderte Bedürfnisse" anpassen [NW; 12] und „digitale[] Veränderungen vor Ort" begleitet werden [NI; 12].

Hinsichtlich eines Change-Managements wird von den Ländern angeben, dass „umfangreiche Aktivitäten im Change-Management - auch mit externer Unterstützung - entwickelt und umgesetzt" werden [SH; 12] und eine Betroffenenanalyse im Prozess erfolge [BW; 12]. Mehrere Länder verweisen in diesem Kontext auf die Einführung der Studiengänge mit Bezug zur Verwaltungsinformatik [HH, RP, TH; 12]. Niedersachsen führte „flächendeckend in allen Finanzämtern [...] EDV-Ansprechpartner[]" ein und setzt auf Webseminar-Software [NI; 12]. Hessen geht sehr fortschrittlich voran und nennt konkrete „angemessene[] Interventionen zur erfolgreichen Veränderungsbegleitung" wie beispielsweise „Stakeholder-Analysen, Projektumfeldanalyse, Entwicklung einer Kommunikationsstrategie (inklusive Change-Story), Konzeption und Durchführung von Workshops, sowie Einzel- und Gruppencoachings, Befragungen und Evaluationen" [HE; 12]. Auch könne ein „Kompetenzteam [...] als Unterstützung von jeder Dienststelle der Steuerverwaltung angefordert werden" und die „bedarfsgerechte Begleitung" stünde im Mittelpunkt [HE; 12]. Ein Projekt zur Arbeitszufriedenheit (digitale Arbeitsumgebung) sowie das bundesweite Projekt „Qualifica Digitales" sollen den Ländern Erkenntnisse bringen [HB, RP; 12].

3.6 Ergebnisse zu IT-Aspekten

Dieses Kapitel gibt einen Überblick zu den innerhalb der Landesfinanzverwaltung eingesetzten modernen IT-Verfahren (Kategorie E), zum Beispiel Natural Language Processing (NLP), Machine Learning (ML), KI einschließlich Robotic Process Automation (RPA) und Optical Character Recognition (OCR). Im Mittelpunkt stehen auch die Qualitätssicherungsverfahren und Kriterien, die vorgesehen sind, um die Funktionsweise von algorithmischen Entscheidungsassistenzsystemen oder vollautomatischen Entscheidungssystemen zu prüfen. Daneben wird auf die Berücksichtigung der Barrierefreiheit sowie Bürgerorientierung und -freundlichkeit eingegangen.

3.6.1   Einsatz moderner IT-Verfahren

In den Steuerverwaltungen der Länder sind verschiedene moderne IT-Verfahren im Einsatz. Einen Überblick liefert die Abbildung 3.10.

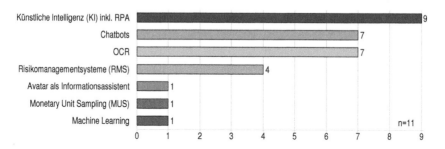

Abbildung 3.10: Einsatz moderner IT-Verfahren (eigene Darstellung)

Der Einsatz von KI einschließlich RPA spielt für die meisten Steuerverwaltungen eine zunehmende Rolle [BE, BW, BY, HB, HE, NI, RP, SH, TH; 13]. Diese Technik wird genutzt als „Webcrawler" im Bereich des Online-Handels [BE, RP; 13], als Kriminalanalysesoftware [SH; 13] sowie bei „der Weiterentwicklung des Scanverfahrens" und der Erkennung unstrukturierter Daten für eingehende Papierpost („weiße Post") [BW, HB, HE, SH, TH; 13]. Aber auch die Betrugsbekämpfung [BE, BW; 13] und die IT-Forensik profitieren hiervon, zum Beispiel bei der „Auswertung digitaler Beweismittel insbesondere in Großverfahren oder bei der Analyse von Massendaten" [BW; 13] sowie bei „verschiedenen Datenabgleich[en]/ -analysen" [HE; 13]. Hessen hat sogar im Jahr 2019 eine „Forschungsstelle Künstliche Intelligenz" ins Leben gerufen [HE; 13]. Von der Gesamtleitung KONSENS gebe es ein „aktuelles Konzept, um die verschiedenen Aktivitäten im Bereich der Steuerverwaltung im Bereich künstlicher Intelligenz zu koordinieren" [NI; 13].

Mit Chatbots soll den Finanzämtern durch KONSENS bei der Umsetzung der Grundsteuerreform geholfen [BW, BY, HB, HE, RP, SH, TH; 13] und sie „bundesweit von Anfragen entlaste[t]" werden [BW, HE; 13]. Die Integration eines Chatbots in das Verfahren ELSTER sei bereits beabsichtigt [BY; 13]. Baden-Württemberg verweist allerdings auf eigene Erfahrungen zu einem eingesetzten Chatbot seit dem Jahr 2018, der „verschiedene steuerliche Anliegen von Bürgerinnen und Bürgern mittels Natural Language Processing erkennt und beantwortet" [BW; 13].

Die Scannerstellen in den verschiedenen Steuerverwaltungen profitieren von der OCR-Technik [BW, BY, HB, HE, HH, TH, RP; 13], aber auch bei der Erkennung von „Verträge[n], Geld, Drogen, Waffen oder Pornografie" wird auf OCR zurückgegriffen [BW; 13].

Mehrere Steuerverwaltungen weisen auf den Einsatz von Risikomangementsystemen (RMS) hin [BE, HB, RP, TH; 13], die ggf. noch „durch den Einsatz Künstlicher Intelligenz" unterstützt werden sollen [BY; 13]. Ein Avatar mit dem Namen „ELIAS" steht als „elektronischer Informationsassistent" zur Verfügung [RP; 13]. In der Betriebsprüfung wird „bei der Auswertung von Massendaten das mathematisch-statistische Stichprobenverfahren Monetary Unit Sampling (MUS)" eingesetzt [RP; 13]. ML-Anwendungen unterstützen für „Anomalienerkennungen bei Auswertung von Netzwerkverkehr und Serverprotokolldaten" [BW; 13].

Hinsichtlich des Einsatzstandes der verschiedenen Techniken wird angegeben, dass „von Bund und Ländern generell der sinnvolle Einsatz neuer moderner Techniken geprüft" werde [BY;13], IT-Labore [HH; 13] bzw. Innovationlabs [NI; 13] existierten sowie in „Proof of Concepts" [HE, NI; 13] eine Nutzensanalyse erfolge. Die technischen Entwicklungen seien „auf eine Eignung und einen Einsatz zu untersuchen" [HE, NI, NW; 13].

3.6.2 Qualitätssicherungsverfahren für die Automation

Auf die Frage nach vorgesehenen Qualitätssicherungsverfahren für die Automation geben mehrere Bundesländer an, dass diese bei den eingesetzten Verfahren nicht erforderlich seien bzw. nicht zum Einsatz kämen [BE, BW, HE, NI, NW, TH; 14]. Bisher seien „keine Systeme im Einsatz

oder in Planung, die [...] solche Prüfung[en] erforderlich machen würden"
[BW, NW; 14]. Das „automationsgestützte Risikomanagement der Steuerverwaltung" funktioniere nach „festgelegten Regeln" [HE, NI, TH; 14]. Die
Risikoregeln würden „in allen Ländern gleichermaßen eingesetzt" und sei-
en „von Fachexperten gebildet" [BY; 14] worden. Prüffälle werden „anhand
objektiver Kriterien einheitlich durch ein von KONSENS entwickeltes ma-
schinelles System" [RP; 14] ausgewählt. Hierbei handele es sich nicht um
ein „selbstlernendes System" oder „künstliche Intelligenz", weil „die Daten der aktuellen Steuererklärung mit Hilfe eines regelbasierten Aussteue-
rungssystems (Vorgaben nach kennzahlenbasierten Aussteuerungskriterien
[...]) analysiert und geprüft" würden [RP; 14]. Die Evaluierung der Risikoregeln erfolge durch „diverse Mechanismen wie z.B. die Zufallsauswahl,
die Turnusprüfung und die Auswertung von Statistiken und Kennzahlen"
[BY; 14]. Auch könnten „Finanzämter [...] das maschinelle Risikomanagement beeinflussen und [...] wertvolle Informationen zur Anpassung der
Risikoregeln" [BY; 14] bereitstellen.

Die Bundesländer verweisen auf die Erfüllung der gesetzlichen Anforderungen an Risikomanagementsysteme aus § 88 Absatz 5 Abgabenordnung (AO), wonach „mindestens gewährleistet sein [muss], dass Fälle anhand einer Zufallsauswahl zur umfassenden Prüfung ausgesteuert werden,
prüfungswürdige Sachverhalte durch Amtsträger geprüft werden, Amtsträger Fälle für eine umfassendere Prüfung auswählen können und dass die Risikomanagementsysteme regelmäßig auf ihre Zielerfüllung überprüft werden" (BE, HB, RP; 14). Auch fände eine „Überprüfung [...] laufend für die
verschiedenen Steuerarten im Rahmen von Bund-Länder-Arbeitsgruppen
statt" [HB, RP; 14], in denen „[d]urch Auswertungen und Evaluierungen [...] regelmäßig der angewendete Risikofilter, die Risikoregeln und die
ausgegebenen Bearbeitungshinweise hinsichtlich deren Ausgabehäufigkeit,
Ausgaberichtigkeit und Notwendigkeit überprüft" werden [HB; 14]. Ebenso „bei Gesetzesänderungen [werden] bestehende Regeln überarbeitet oder
neue, notwendig gewordene Regeln erstellt" [HB; 14], um sicherzustellen,
„dass die aktuelle Rechtslage auch im Rahmen des angewendeten Risikomanagements Beachtung findet" [HB, RP; 14]. Eine Überprüfung erfolge

zudem grundsätzlich bei den „eingesetzten Lösungen [...] im Rahmen ihrer Programmierung bzw. ihres Einsatzes" [SH; 14].

Vollautomatische und algorithmische Entscheidungs(assistenz)-systeme setze die Steuerverwaltung nicht ein [NI, TH; 14] bzw. seien „bisher nicht im Einsatz" [BE; 14]. Ethische Anforderungen würden im Rahmen der Risikomanagementsysteme nicht berücksichtigt, weil „für diese Systeme ausschließlich die für die Steuerfestsetzungen notwendigen, steuerlich erheblichen Angaben maßgeblich" [TH; 14] seien.

3.6.3 Barrierefreiheit, Bürgerorientierung und -freundlichkeit

Im Verhältnis zu den Bürgern verweisen die Steuerverwaltungen auf verschiedene Konzepte und Ansätze zur Steigerung der Bürgerorientierung bzw. -freundlichkeit. So hätte sich „[d]ie Finanzministerkonferenz [...] am 25. Juni 2015 für eine Neugestaltung des Einkommensteuerbescheids ausgesprochen", um „[d]as Bescheidbild [...] bürgerfreundlicher hinsichtlich Aufbau und Layout" sowie „die Inhalte [...] für die Bürger:innen verständlicher" zu machen [HB, RP; 15]. Nordrhein- Westfalen sei mit der Umsetzung beauftragt [HB; 15].

Die „bereichsübergreifende länderoffene Arbeitsgruppe (Lenkungskreis)" hätte in 2018 begonnen, „die Dienstleistungsorientierung und Bürgerfreundlichkeit noch stärker als bisher in der Steuerverwaltung zu verankern und insbesondere eine bürgernahe und geschlechtergerechte Sprache nachhaltig zu etablieren" [BE, HE; 15]. Hierzu seien nach einer „Bestands- und Strukturanalyse" zur Erarbeitung einer verständlicheren Kommunikation „sieben Unterarbeitsgruppen zu Themenfeldern (bspw. Vorlagen, Musterschreiben, Info-Broschüren, Merkblätter, Steuerbescheide, Erläuterungstexte, Mein Elster, ...)" gebildet worden [HE; 15]. Die Bund-Länder-Arbeitsgruppe zur „bürgernahen Sprache in der Steuerverwaltung" sei vom Leibniz-Institut für Deutsche Sprache zur Überarbeitung von Vorlagen und Erstellung von Schulungskonzepten unterstützt worden [NW, RP; 15].

Bezüglich einer Barrierefreiheit wird angegeben, dass „[d]ie Steuerverwaltung [...] großen Wert auf die barrierefreie Nutzbarkeit ihres Angebots für alle Bürgerinnen und Bürger" läge und „[f]ür Menschen mit Beeinträchtigung [...] die Online-Anwendung „Mein Elster" den uneingeschränkten Zugang zu allen elektronischen Diensten und Inhalten" böte [RP; 15]. Hierbei wird auf die Barrierefreie-Informationstechnik-Verordnung vom 12.09.2011 (BITV) und die „bei der Entwicklung von ELSTER regelmäßig [stattfindenden] User-Experience-Tests mit Steuerbürgerinnen und Steuerbürgern" hingewiesen [RP; 15]. Im BITV-Test hätten die Onlineangebote der Steuerverwaltungen 95,75 von 100 Punkten erreicht und seien damit als „sehr gut zugänglich" bewertet worden [BE, HB, HE, NI, NW, RP, TH; 15]. Viele Inhalte seien „auch in leichter Sprache" [BE, BW, HB, RP; 15] bzw. in Gebärdensprache [BE; 15] verfügbar. Das im Rahmen von KONSENS für Dokumente vorgeschriebene Format „PDF/A-1a" würde die „Langzeitaufbewahrung sowie die Barrierefreiheit (bspw. Unterstützung von Screenreadern)" gewährleisten [HE; 15]. Insbesondere der barrierefreie Zugang zu den Internetangeboten steht im Fokus der Steuerverwaltungen [BE, BW; 15], wobei „barrierefreie Formulare" und eine „Strukturierung des Inhalts durch eine logische, hierarchische Reihenfolge der Überschriften, [die] Verwendung eindeutiger und beschreibender Link-Texte sowie [die] Umstellung der Kontaktangaben (Telefon, Fax, E-Mail) auf [ein] Kontakt-Modul" helfen sollen [BE; 15]. Baden-Württemberg weist auf die Möglichkeit hin, sich „zusätzlich zum digitalen Steuerbescheid auf elektronischem Weg auch eine barrierefreie Übersetzung des Steuerbescheids" anfordern zu können [BW; 15]. „Sämtliche Steuerbescheide, auch außerhalb von ELSTER, können in Baden-Württemberg in Großdruck, in Blindenschrift oder als Audio-CD, elektronisch durch E-Mail oder Datenträger sowie mündlich von Person zu Person" und kostenfrei „zugänglich gemacht werden" [BW; 15].

Bezogen auf die eigene Software für Beschäftigte innerhalb der Steuerverwaltung zertifiziere der Technische Überwachungsverein (TÜV) Süd seit 2006 die „Softwarequalität, -funktionalität und -ergonomie jährlich" [HB, NI, RP, TH; 15]. Die KONSENS-Software müsse sich nach der ISO-

9241 richten, „die für alle Arbeitsplätze gemäß Arbeitsstättenverordnung einzuhalten" ist [BW, HE; 15].

Berlin gibt an, dass „neue IT-Verfahren bzw. IT-Anwendungen [...] künftig im Vorfeld externen Prüfstellen zur Sicherstellung der Barrierefreiheit übersandt" würden [BE; 15]. Andere Steuerverwaltungen führen „Nutzer-Interviews" durch, welche „Aufschluss über die Anwendungsfreundlichkeit/Usability" geben sollen und zertifizieren die „Benutzeroberfläche hinsichtlich Qualität, Funktionalität und Ergonomie" [HB; 15]. „Für blinde Beschäftigte und Beschäftigte mit einem Restsehvermögen oder körperlichen Einschränkungen [...]" werden Lösungen „individuell mit den betroffenen Personen abgestimmt" und kämen spezielle Softwareprodukte [HB, HE; 15] oder unterstützende „Peripherie, wie z.B. Braillezeilen oder elektronische Lupen" zum Einsatz [HE; 15]. In Niedersachsen werde „mit der zuständigen Schwerbehindertenvertretung" auch geprüft, ob eine „Sonderarbeitsplatz-Pilotierung zweckmäßig ist und wie diese auszugestalten ist" [NI; 15].

Kapitel 4

Reformbedürfnisse und -ansätze für die Prozessstrukturen[13]

Behörden müssen sich zunehmend im Umgang mit unvorhergesehenen Ereignissen beweisen, so zum Beispiel mit der Finanz- oder Flüchtlingskrise sowie aktuell dem Krieg in der Ukraine und der noch andauernden Corona-Pandemie. Letztere hat die Verwaltung innerhalb kurzer Zeit gezwungen, eine digitale Interaktion mit den Bürgern möglich zu machen, weil Kontaktbeschränkungen und Schutzmaßnahmen keine typischen Behördengänge zuließen. Dieses Zwangsexperiment scheint in großen Teilen der Verwaltung geglückt zu sein [Next:public, 2020, S. 11]. Für die öffentlichen Verwaltungen in Deutschland steht in vielen Bereichen allerdings nicht weniger als ein Paradigmenwechsel aufgrund der Digitalisierung bevor. Analoge Prozesse werden durch digitale Lösungen ergänzt, verändert oder gar ersetzt. Die Ergebnisse der Befragung der Länder zeigen (Kapitel

---

[13]Teile dieses Abschnitts wurden bereits veröffentlicht in Peuthert et al. [2021], Schaebs [2021], Schaebs et al. [2021], Peuthert & Schaebs [2022] sowie Schaebs [2022], siehe hierzu auch die Übersicht der Publikationen am Ende dieser Arbeit (Anhang D).

3.3.1, S. 63), dass nur wenige Umstellungsarbeiten von analogen Prozessen auf digitale Lösungen anstehen und die Steuerverwaltungen bereits gute Vorarbeiten geleistet haben. Die von den Ländern betonte hohe Digitalisierungsquote von zum Teil über 90% dürfte jedoch zu relativieren sein, weil insbesondere die elektronische Aktenführung in der Steuerverwaltung noch nicht vollumfänglich umgesetzt wird und auch der elektronische Posteingang erst an Bedeutung gewinnt.

Gleichzeitig hat die Corona-Pandemie die Arbeitswelt in den Behörden auf einen Prüfstand gestellt und verändert. So wurden auch in Organisationen mit bisher sehr analogen Strukturen, zum Beispiel dem Zoll, seit März 2020 zahlreiche Tele- bzw. Mobil-Arbeitsplätze eingerichtet [Deutscher Bundestag, 2020a, S. 4]. Das ortflexible, mobile Arbeiten von zu Hause aus war in der Steuerverwaltung allerdings schon eine verbreitete, nahezu flächendeckend eingesetzte Methode. Dies unterstreichen auch die Angaben der Länder in Bezug auf Telearbeit und mobiles Arbeiten (Kapitel 3.5.1, S. 71), wobei zum Beispiel Bayern und Niedersachsen angesichts der übrigen Finanzverwaltungen zu restriktiv verfahren und sich möglicherweise Potenziale verspielen. Positive Erfahrungen sah das Bundesfinanzministerium nämlich darin, dass die „Eigenverantwortlichkeit und Motivation der Beschäftigten gestärkt, zusätzliche digital ausgerichtete Workflows etabliert und Prozesse verschlankt" [Deutscher Bundestag, 2020a, S. 4 f.] werden konnten.

In der Steuerverwaltung könnte das enorme Potenzial digitaler Verwaltungsabläufe zur Effizienzsteigerung sowohl den Steuerpflichtigen als auch der Verwaltung in gleichem Maße zukommen [Schaebs, 2022]. Eine digitalere Verwaltung würde auch die Teilhabemöglichkeiten für die Bürger verbessern und damit die Demokratie fördern [Lenz et al., 2021, S. 7]. Einer Umfrage nach glauben jedoch 53% der Bürger, dass die Ämter und Behörden nach Ende der Pandemie in ihre alten Muster zurückfallen und analog bleiben werden [Berg, 2021, S. 12]. Der Wissenschaftliche Beirat beim *BMWi* stellt darüber hinaus fest, dass der Rückstand bei der Digitalisierung auf „verschiedene Formen von Organisationsversagen" [BMWi,

2021, S. 24] zurückzuführen sei. Letztlich bleibt es aber die Pflicht des Staates, seine Verwaltung sowie die Schnittstellen zu den Bürgern so weit wie möglich zu digitalisieren und die Entbürokratisierungs-, Beschleunigungs-, Zeit- und Steuergeldersparnisse zu nutzen [Lohmann, 2018, S. 17]. Diese digitale Transformation des Behördenapparats muss an verschiedenen Stellen ansetzen. Für die Prozessstrukturen in der Steuerverwaltung werden diese nachfolgend einzeln dargestellt.

4.1 Bündelung der Digitalkompetenz auf Bundesebene

In der Vergangenheit wurden überwiegend Modelle diskutiert, z.B. die „Bundessteuerverwaltung" als Ansatz zur Lösung der Probleme der Finanzverwaltung [Senger, 2009], die eine zu starke Verschiebung der Kompetenzen von den Ländern in Richtung des Bundes verursacht hätten. Nach Ansicht der Länder beeinträchtigt eine Bundessteuerverwaltung die Finanzautonomie und Eigenstaatlichkeit in erheblichem Maße. Die konkreten Reformvorschläge im Rahmen der Föderalismusreform I lehnten die Finanzminister der Länder daher einstimmig ab [FMK, 2004]. Die Ergebnisse in Kapitel 3.2.1 (S. 58) verdeutlichen, dass die Bundesländer die Zusammenarbeit im Vorhaben KONSENS überwiegend positiv bewerten und nahezu keine Kritik daran äußern. In Anbetracht der Besonderheiten der dezentralen, föderalen Struktur der deutschen Steuerverwaltung in Europa (Kapitel 2.1.1, S. 12, und 2.3, S. 37) und der bevorstehenden Herausforderungen bei der Digitalisierung gilt es dennoch nach effektiveren Steuerungsmöglichkeiten zu suchen. Ein Konzept hierzu wäre die Übertragung der Digitalkompetenzen im Bereich der Steuerverwaltung auf den Bund [Schaebs et al., 2021].

In bisherigen Betrachtungen blieb offen, ob, im Umkehrschluss zur bestehenden Bundesauftragsverwaltung, die Länder den Bund mit der Wahrnehmung sämtlicher Steuerverwaltungskompetenzen freiwillig beauftragen könnten, ohne dass es einer Grundgesetzänderung bedürfe. Die Aspekte der digitalen Transformation könnten somit für alle Steuerverwaltungen einheitlich angegangen werden. Bei dieser „Landesauftragsverwaltung" läge das originäre Recht zum Steuervollzug bei den Ländern, die Verwaltungskompetenz wäre allenfalls an den Bund entliehen. Ein solches Konstrukt lässt sich jedoch nicht durch gesetzliche oder sonstige Vereinbarungen zwischen Bund und Ländern realisieren [WD, 2020b, S. 7]. Auch mit Zustimmung der Beteiligten wären Abkommen unzulässig; siehe hierzu BVerfGE 32, 145 (156). Vielmehr bedarf es einer Änderung der Vorschriften aus Artikel 108 Absätze 1 bis 3 GG, zu der sich die Länder sicherlich, auch bei entsprechender Kompensation im Falle einer Kompetenzverteilung, nicht ohne Weiteres durchringen könnten.

Artikel 108 Absatz 4 Satz 1 GG sieht eine sogenannte „Innovationsklausel" vor, die punktuelle Durchbrechungen der bestehenden Kompetenzverteilung aus Artikel 108 Absätze 1 bis 3 GG möglich macht [Seer, 2018]. Mittels eines zustimmungsbedürftigen Bundesgesetzes und unter der Voraussetzung eines erheblich verbesserten oder erleichterten Vollzugs der Steuergesetze kann das Zusammenwirken von Bund und Ländern, sogar die ausschließliche Verwaltung durch Bundesbehörden, angeordnet werden. Hierbei handelt es sich aber um eine Ausnahmevorschrift, die nach herrschender Meinung die Grundstruktur des föderalen Steuervollzugs nicht verändern darf [WD, 2020b, S. 8]. Eine Kompetenzübertragung gemäß Artikel 108 Absatz 4 GG bleibt deshalb auf die explizit benannten Teilbereiche beschränkt und lässt keine generelle „Landesauftragsverwaltung" zu [Heun & Thiele, 2018].

Allerdings ist es vorstellbar, einzelne Verwaltungsmodalitäten, etwa die Zuständigkeit für die Planung, Koordinierung und Umsetzung der Digitalisierung, auf den Bund zu übertragen, weil dadurch der Vollzug der Steuergesetze erheblich verbessert oder erleichtert wird. Nach § 20 Absatz 1 Satz 1 FVG können die Länder derzeit über Art, Umfang und Organisation der Automatisierung bestimmen. Wenn diese meist den Rechenzentren zugeordneten und daneben im KONSENS-Verbund gebündelten Funktionen als Teilaspekte der Verwaltungsaufgaben gelten, dann könnten diese den genannten Grundsätzen entsprechend auf den Bund übertragen werden [WD, 2020a, S. 6]. Letztlich würde dies die Zuständigkeitsverteilung des Artikel 108 Absätze 1 bis 3 GG nicht grundlegend verändern und ließe die nach Steuerarten ausgestaltete Verwaltungszuständigkeit ansonsten unberührt. Ebenso wäre der Kernbereich der Steuerverwaltungskompetenz der Länder nicht beeinträchtigt, da insbesondere die rechtlichen Entscheidungen der Steuerfestsetzung, Außenprüfung, Steuererhebung und der Rechtsbehelfsstellen in der Verwaltungskompetenz der Länder verblieben [ebd., S. 9]. Somit werden auch die Wahrnehmungskompetenz der Länder und die Landeseigenverwaltung für die Landessteuern beibehalten. Bei Übertragung der Digitalisierungsaufgaben auf den Bund wäre allerdings zu prüfen, ob der Bund dann die Länder zu Investitionen, zum Beispiel in bestimmte IT-Infrastruktur verpflichten könnte, denn dies würde mit der Haushaltsautonomie der Länder kollidieren. Entscheidend für die Zulässigkeit der Aufgabenübertragung bei den „Digitalfunktionen" wären somit deren genauer Inhalt und Umfang [ebd., S. 8]. Sofern mit der Übertragung der Digitalkompetenzen keine Personalverschiebungen einhergehen, wären die Auswirkungen auf die aktuell im Landesdienst eingesetzten Mitarbeiter begrenzt. Sollte jedoch eine Umbildung der Behördenstrukturen und Dienstverhältnisse angestrebt werden, ergeben sich zusätzliche besondere Regelungsherausforderungen [WD, 2020b, S. 11].

Das für Artikel 108 Absatz 4 Satz 1 GG erforderliche zustimmungsbedürftige Bundesgesetz könnte als Regelung gemäß Satz 3 derselben Norm bei Zustimmung einer im Gesetz genannten Mehrheit für alle Länder verbindlich erklärt werden. Damit wäre es denkbar, mit Zustimmung einer qualifizierten Mehrheit von elf Ländern Digitalisierungskompetenzen an eine Bundesbehörde zu verlagern [WD, 2020a, S. 9]. Die Verfassung stellt damit Individualinteressen einzelner Länder zurück und ermöglicht eine einfachere Umsetzung gesamtstaatlicher Ziele.

Obwohl die Länder den föderalen Aufbau im europäischen Vergleich überwiegend nicht als Störfaktor ansehen (Kapitel 3.2.1, S. 58), wurde in

Kapitel 2.3 (S. 37) herausgearbeitet, dass die Digitalisierungspotenziale im Vergleich zu anderen Volkswirtschaften in Deutschland möglicherweise ungenutzt bleiben. Als Vorbild für eine zentrale Steuerung digitaler Prozesse könnte das IT-Systemhaus der Bundesagentur für Arbeit (BA) angesehen werden, das mit über 1.600 Beschäftigten IT-Verfahren entwickelt und betreibt, 170.000 PC-Arbeitsplätze in 156 Agenturen für Arbeit und 303 Jobcentern betreut und nach eigenen Angaben Vorreiter im Bereich Green-IT ist [IT-Systemhaus, 2019]. Solch eine strategische Steuerung kann von KONSENS nur schwerfällig verfolgt werden und die Befragung hat gezeigt, dass sich die Länder zu stark auf die dortigen Arbeiten verlassen (Kapitel 3.2.2, S. 60). Mehr noch besteht kaum Raum für eigene Bemühungen und Stabsstellen, die als landeseigene Kompetenzzentren die digitalen Vorhaben beschleunigen könnten (Kapitel 3.2.3, S. 62). Die Länder bringen sich, abgesehen von ihren Beiträgen nach dem Königsteiner Schlüssel (Kapitel 2.2.2.1, S. 21), allgemein zu wenig ein. Nur einzelne Bundesländer stellen Personalressourcen bereit oder wirken an Projekten freiwillig mit. Eine verbindliche Erhöhung der finanziellen Beiträge zur Beschleunigung der Digitalisierung wird von den Ländern ohnehin abgelehnt (Kapitel 3.4.1, S. 66). Gerade bei der Neueinstellung von IT-Kräften in den Landesdienst verdeutlicht die Befragung die unterschiedliche Leistungsfähigkeit und Prioritätensetzung unter den Ländern. Für die Steuerverwaltung in Deutschland insgesamt darf die IT-Kompetenz nicht vom Leistungswillen oder der Leistungsfähigkeit eines Bundeslandes abhängen. Vielmehr ist die Digitalisierung der Steuerverwaltung als Oberaufgabe von bundesweiter Bedeutung zu sehen und der Bund würde sogar einheitliche und sicherlich attraktive Vergütungsmodelle für die IT-Fachkräfte bereitstellen können. Angesichts der von den Ländern benannten Einsatzgebiete in den Landessteuerverwaltungen (u.a. Rechenzentren, IT-Referate, IT-Support etc.) ist die Einführung neuer Laufbahnmöglichkeiten für Verwaltungsinformatiker und IT-Experten in den Ländern grundsätzlich zu begrüßen, um den unabhängig von KONSENS bestehenden Bedarf zu decken. Aber auch hier müsste eine attraktive Besoldungsstruktur mit Zulagen und anderen Anreizen (Stipendienprogramme, höhere Erfahrungsstufen, Verwendungsqualifizierungen) überall vorhanden sein, so wie dies beispielsweise Bayern verfolgt (Kapitel 3.5.2, S. 72).

Die Planung, Koordinierung und Umsetzung sämtlicher IT-Verfahren und Digitalisierungsprozesse für die Steuerverwaltung sollte deshalb, ähnlich wie dies in den meisten Steuerverwaltungen Europas der Fall ist, zunächst bei einer Behörde institutionell verankert und damit zentralisiert werden. Das BZSt übernimmt jedenfalls schon heute als Bundesoberbehörde zahlreiche Aufgaben nach § 5 FVG. Dazu zählen auch länderübergreifende Verpflichtungen wie die Erteilung von steuerlichen Identifikationsnummern (ID), die Bildung von elektronischen Lohnsteuerabzugsmerkmalen (ELStAM) sowie die Vergabe von Umsatzsteuer-Identifikationsnummern (USt-ID). Auch der steuerliche Internetabgleich gemäß § 5 Absatz 1 Nummer 17 FVG für elektronisch angebotene Leistungen wird vom BZSt vorgenommen. Eine Ansiedlung weiterer Aufgaben beim BZSt verspricht angesichts der dort bereits vorhandenen Strukturen und Erfahrungen gegenüber einer für solche Aufgaben neu zu schaffenden Bundesbehörde bzw. dem Informationstechnikzentrum Bund deutliche Vorteile.

Bei einer gesetzlichen Beauftragung des BZSt würden die 16 Bundesländer einen Teil ihrer Verwaltungskompetenzen, nämlich die Planung, Koordinierung und Umsetzung sämtlicher IT-Verfahren und Digitalisierungsprozesse, an den Bund abgeben. Die Aufgaben entsprechen in etwa den Zuständigkeiten der Landesrechenzentren bzw. Technischen Finanzämter. Das BMF übt wie bisher die Rechtsaufsicht und bezogen auf die im Auftrag von den Ländern verwalteten Steuern (Bundesauftragsverwaltung) auch die Fachaufsicht über die Landesfinanzbehörden aus. Das BZSt bleibt als Bundesoberbehörde dem BMF unterstellt. Die Abbildung 4.1 zeigt die geänderte Konstellation nach Umsetzung der hier beschriebenen Agenda. Demnach erhält das BZSt die übertragene Verwaltungskompetenz für die Digitalisierungsprozesse und kann in enger Abstimmung mit der Bundesregierung den Rahmen für die Digitalisierung der Steuerverwaltungen festlegen. Die Aufgaben des BZSt gemäß § 5 FVG sind entsprechend zu erweitern, das KONSENS-G ist anzupassen. Gegenüber den örtlichen Behörden, aber auch unter Umständen gegenüber Landesmittelbehörden respektive Landesoberbehörden (z.B. Rechenzentren), würde das BZSt insoweit weisungsbefugt sein. Wie die Ergebnisse der Befragung in Kapitel 3.2.1 (S. 58) zeigen, halten die Länder KONSENS für eine einheitliche und wirtschaftliche Form der Zusammenarbeit, bei der sie trotz ihrer Vielfältigkeit und Besonderheiten ein einheitliches Vorgehen erreichen können. Die Länder müssten deshalb, auch als Anreiz für die Kompetenzübertragung, Entlastungen erhalten, indem der Bund für diese „übergeordneten Digitalisierungsaufgaben" im Sinne der gesamtstaatlichen Einheitlichkeit die Kosten übernimmt. Ohnehin stellte sich die Finanzierung der Digitalausgaben in der Vergangenheit als große Herausforderung für Länder mit geringeren Haushaltsmitteln dar, wie auch die Befragung u.a. im Bereich der Förderung digitaler Leistungen (Kapitel 3.4.3, S. 68) bzw. bei den Einstellungszahlen von IT-Kräften (Kapitel 3.5.2, S. 72) bestätigt.

Abbildung 4.1: Koordinierung der Digitalisierungsprozesse durch das BZSt [Schaebs et al., 2021]

Den vorstehenden Änderungsvorschlägen stand die vorherige Bundesregierung allerdings nicht aufgeschlossen gegenüber und hielt „es für nicht angebracht, mit den Ländern eine Übertragung der Planung, Koordinierung und Umsetzung sämtlicher IT-Verfahren und Digitalisierungsprozesse im Bereich der Steuerverwaltung der Länder auf eine Bundesbe-

hörde zu erörtern, bevor das KONSENS-Gesetz seine Wirkung voll entfalten konnte" [Deutscher Bundestag, 2021d, S. 10]. Der Hinweis im Koalitionsvertrag für die Jahre 2021 bis 2025, wonach „[z]ur Sicherung der
Anschlussfähigkeit der Steuerverwaltung an den digitalen Wandel und für
eine spürbare Verringerung der Steuerbürokratie [...] eine zentrale Orga-
nisationseinheit auf Bundesebene eingerichtet [wird]" [SPD, 2021, S. 132],
lässt dennoch die Hoffnung zu, dass die aktuelle Regierung sich den vorbeschriebenen Herausforderungen annehmen wird und einem Modell zur
Bündelung der Digitalkompetenzen auf Bundesebene offener gegenüber-
steht. Dem schließt sich auch *Liedgens* an und verbindet zugleich die
Erwartung einer Sicherstellung der technischen Transformation der Steuerverwaltung mit Evaluierungsmöglichkeiten für Modellprojekte aus den
Ländern [Liedgens, 2022, S. 61]. Im Weiteren könnte die Diskussion aber
auch durch die neue Verordnungsermächtigung zur Organisation der Finanzverwaltung nach § 17 Absatz 5 FVG nochmals angeregt werden [vgl.
Heller, 2022, S. 183].

4.2 Änderungen der äußeren Organisations-struktur

Der Aufbau der Steuerverwaltung und die Aufgaben der Finanzämter in Deutschland ergeben sich aus dem FVG. Danach sind Finanzämter
örtliche Behörden und zählen nach § 2 Absatz 1 Nummer 4 FVG zu den
Landesfinanzbehörden. Sie sind für die Verwaltung der Steuern, aber auch
für die ihnen sonst übertragenen Aufgaben zuständig (§ 17 Absatz 2 Satz
2 FVG). Die typische Struktur eines einzelnen Finanzamts wird im FVG
nicht festgelegt. Die Aufbau- und Ablauforganisation richtet sich vielmehr
nach den Regelungen der Geschäftsordnung der Finanzämter (FAGO) vom
4. Dezember 2020. Da die Organisation der Finanzämter grundsätzlich
den Leitungen der Landesfinanzverwaltungen obliegt, ist die FAGO kein
Gesetz, sondern wird über gleich lautende Erlasse der obersten Finanzbehörden der Länder aufgestellt. Finanzämter gliedern sich danach in Sach-

gebiete, welche mehrere Arbeitsgebiete als kleinste Organisationseinheiten umfassen (FAGO 2020, Tz. 2.1). In der Praxis hat sich die Bezeichnung „Stelle" durchgesetzt, worunter gleiche, gleichartige oder aus Zweckmäßigkeitsgründen miteinander zu verbindende Aufgaben des Finanzamts zusammengefasst werden. So existieren in nahezu jedem Finanzamt Post-, Geschäfts-, Rechtsbehelfs-, Betriebsprüfungs-, Vollstreckungs- und Lohnsteuerarbeitgeberstellen. Die Regelungen in der FAGO treffen keine Aussage dazu, welche Anzahl an Arbeitsgebieten und Stellen ein Sachgebiet haben muss. Auch der Mindestumfang an Sachgebieten ist nicht aufgeführt, in der FAGO werden nur die Sachgebiete „Organisation", „Haushalt" und „Personal (Geschäftsstelle)" genannt. Die FAGO weist die Verantwortung für die Organisation innerhalb des Finanzamts der Amtsleitung als originäres Sachgebiet zu (FAGO 2020, Tz. 2.2 Absatz 4), die somit im Bereich der Aufbauorganisation durchaus Gestaltungsmöglichkeiten hätte. In der Realität führt die starre Aufbauorganisation in der Landessteuerverwaltung jedoch dazu, dass Finanzämter aus Sicht der Oberbehörden vergleichbar bleiben sollen, schon allein um quantitative Erfolgsfaktoren, Personalkenngrößen und Ansätze in der Kosten- und Leistungsrechnung gegenüberstellen zu können. Eine Bürgerbefragung für die Jahre 2019 und 2020 offenbart die Einstellungen der Bürger. Demnach suchen nur 13% der Befragten den Kontakt zu ihrem Finanzamt persönlich vor Ort. Der Kontakt läuft zu 32% telefonisch, zu 7% per Brief, zu 24% per E-Mail und zu 21% über den Kanal „Mein Elster" [Frage 4.3 in Freistaat Sachsen, 2020]. Insgesamt gaben 68% an, keinen persönlichen Kontakt vor Ort mit ihrem Finanzamt innerhalb der letzten drei Jahre gehabt zu haben [Frage 4.7 in Freistaat Sachsen, 2020]. Die örtlich schlechtere Erreichbarkeit (schlechtere Anbindung mit öffentlichen Verkehrsmitteln bzw. größere Entfernungsstrecke) führt nicht zur Unzufriedenheit der Interviewten und ist damit unterdurchschnittlich relevant [Frage 4.9 in Freistaat Sachsen, 2020]. Ähnliche Ergebnisse liefert auch die Lebenslagenbefragung 2019 vom Statistischen Bundesamt für den Bereich der Steuererklärung [Statistisches Bundesamt, 2019]. Baden-Württemberg beweist mit dem Projekt „Finanzamt der Zukunft" und den eingeführten „Zentralen Informations- und Annahmestellen (ZIA)", dass die persönliche Vorsprache im Finanzamt tatsächlich immer seltener notwendig ist [OFD Karlsruhe, 2020, S. 7 f.].

Der Rechnungshof des Landes Rheinland-Pfalz forderte in seinem Jahresbericht 2019, dass die Steuerverwaltung ihre Strukturen aufgrund der fortschreitenden Digitalisierung anpassen und hierzu eine Gesamtstrategie zur Aufbau- und Ablauforganisation entwickeln müsse. Homogene Arbeitsbereiche, zentrale Zuständigkeiten von Finanzämtern und die Zusammenführung größerer Organisationseinheiten könnten den fachlichen Austausch fördern, die Arbeitsqualität steigern sowie die Vorteile konsequent nutzbar machen [Rechnungshof Rheinland-Pfalz, 2019, S. 75]. Hessen geht mit einer umfassenden Reform voran: Arbeitsplätze werden in die ländlichen Finanzämter verlagert und Strukturen in den Ballungsräumen verschlankt. Dabei werden auch Zuständigkeiten konzentriert [Hessisches Ministerium der Finanzen, 2021]. Diese Zentralisierung von Aufgaben bei bestimmten Finanzämtern könnte die Effizienz erhöhen, indem Beschäftigte durch die Bearbeitung gleichartiger Vorgänge Spezialisierungskompetenzen aufbauen können und Skalen- und Synergieeffekte erzielt werden. Inwieweit dann auch weniger Sachgebiete gebildet werden müssen und somit auch weniger Führungskräfte benötigt werden, hängt u.a. vom Zuschnitt, insbesondere dem Aufgabenumfang und der Anzahl der zu verwaltenden Steuerpflichtigen, ab. Die Befragungs- und Projektergebnisse sollten von der Steuerverwaltung jedenfalls sehr ernst genommen werden. Zumindest betonen die Länder, dass die Bürgererwartungen sowohl auf KONSENS- wie auf Landesebene erfasst und einbezogen würden (Kapitel 3.2.3, S. 62) und weisen zugleich auch auf Konzepte und Ansätze zur Steigerung der Bürgerorientierung und -freundlichkeit hin (Kapitel 3.6.3, S. 81), die sich mit diesen Veränderungsfragen beschäftigen könnten. Im Folgenden werden in dieser Hinsicht Vorschläge zur Optimierung der äußeren Organisationsstruktur unterbreitet.

4.2.1 Neuorganisation der Finanzämter

Die organisatorische Ausgestaltung der Digitalisierung bleibt zunächst eine Aufgabe der Landesregierungen. Die Gestaltungsspielräume für Veränderungen im Bereich der Finanzämter sind, wie zuvor beschrieben, aufgrund des Vergleichbarkeitsverlangens, nicht jedoch nach der FAGO, eingeschränkt. Allenfalls sieht § 5 Absatz 3 KONSENS-G vor, dass die Aufbau- und Ablauforganisation der Finanzbehörden sich an der Einheitlichkeit der IT-Verfahren und Softwarelösungen orientierten soll [Heller, 2022, S. 178]. Bei einer Neuorganisation könnte der Fokus zunächst auf agilen Organisationsstrukturen und der Einrichtung von Front- und Backoffices liegen, deren konkrete Ausgestaltung nachfolgend vorgestellt wird.

4.2.1.1 Agile Organisationsstrukturen

In der Literatur hat sich bisher keine feststehende Definition von Agilität herausgebildet. Bezogen auf die Verwaltung wird agiles Handeln beispielsweise als die Fähigkeit gesehen, Schlüsselrisiken besser zu erkennen, Vorsorge zu treffen und mit klaren Vorstellungen zu den Entwicklungsrichtungen schnell zu handeln [Levesque & Vonhof, 2018, S. 18]. Agil wäre ein Handeln auch dann, wenn Organisationen „ausprobieren, anschauen und anpassen, [...] und auf die tatsächliche Situation mit allen ihren Veränderungen möglichst nahe und angemessen" [Levesque, 2018, S. 164] reagieren. Dieses Mindset bzw. diese Haltung braucht allerdings jeweils passende Rahmenbedingungen in der Organisation und auf Führungsebene [Vonhof, 2018, S. 172]. Viele der in der Literatur bestehenden Erklärungsansätze haben gemeinsam, dass immer dann von agil gesprochen werden kann, wenn im Falle von Veränderungserfordernissen die Handlung durch Anpassungsfähigkeit, Flexibilität, Initiative, Antizipation und Dynamik geprägt ist. Dies dürfte in Hinblick auf die Herausforderungen bei der Digitalisierung der Steuerverwaltung und die Erwartungen der Bürger an einen funktionsfähigen, digitalen Staat von grundsätzlicher

Bedeutung sein. Agile Organisationsformen stellen nicht nur den Einsatz moderner digitaler Instrumente in den Vordergrund, sondern fordern eine „ganz grundlegende Änderung der Arbeitskultur" [Michl & Steinbrecher, 2018, S. 27], die das „Denken in festen Verläufen, Systemen und Dezernaten" hin zu einem „Gestalten von angepasster Organisation mit netzwerkartigen Strukturen" weiterentwickelt [Levesque & Michl, 2018, S. 50]. In Wirtschaftsunternehmen erfordern ohnehin die Marktgegebenheiten und Kundenwünsche seit jeher eine ständige Anpassungsfähigkeit. Bis heute arbeiten die Verwaltungen in Deutschland davon nahezu unabhängig nach dem von *Weber* beschriebenem System aus schriftlichen Regeln, standardisierten Arbeitsabläufen und personenunabhängigen Arbeitsflüssen, nach klaren Hierarchien und mit einer funktionalen Zielsetzung [Weber, 1985, S. 552 ff.]. Befürworter sehen darin die Grundlage für die Gewissheit, Beständigkeit, Kontinuität, Stabilität der Organisation und eine erleichterte Koordination. Wie alle sozialen Systeme kann sich die Verwaltung jedoch dem Anpassungs- und Veränderungsdruck nicht verwehren [Steuck, 2019, S. 1], zumal besonders die Steuerverwaltung durch grenzüberschreitende Sachverhalte auch die Augenhöhe zu Verwaltungen außerhalb Deutschlands herstellen muss. Eine unbewegliche und unflexible Verwaltung ist für Veränderungsprozesse schlecht aufgestellt [ebd., S. 11], weil statt einer dezentralen Organisationsform ein typisches Über- und Unterordnungsverhältnis die Verantwortungs-, Entscheidungs- und Gestaltungsprozesse bei den Führungskräften bindet [ebd., S. 31 f.]. Würde es gelingen, die Handlungsspielräume für die Beschäftigten im Sinne von mehr Eigeninitiative und -verantwortung zu erhöhen sowie gleichzeitig das Kontrollbedürfnis der Führungskräfte zu senken, könnte der Grad der Selbstorganisation der einzelnen Stelle zunehmen und dadurch agile Ansätze ermöglichen. In einer empirischen Studie innerhalb der Bundesverwaltung in Deutschland konnte *Steuck* die wesentlichen Hindernisse für die Etablierung einer agilen Kultur innerhalb von Behörden aufzeigen. Demnach stehen starre Haushaltsvorschriften (63%), die Angst vor Veränderung (58%), das Hierarchiedenken und die Hierarchiestruktur (54%), das Kontrollbedürfnis (50%), das Dienst- und Tarifrecht (46%) und auch komplexe Entscheidungs- und

Freigabeprozesse (38%) der Einführung von agilen Konzepten entgegen [ebd., S. 151 f.]. Die Steuerverwaltung sollte deshalb nach dem Vorbild Hessens eine umfangreiche Stakeholder- und Umfeldanalyse durchführen, agile Konzepte erproben und evaluieren sowie die Veränderungen in den Dienststellen mit Unterstützung von Kompetenzteams aktiv begleiten (Kapitel 3.5.3, S. 75).

4.2.1.2   Teilung in Front- und Backoffices

Als Folge der zunehmenden Attraktivität von alternierender Telearbeit, mobilem Arbeiten respektive Homeoffice und Co-Working-Formaten müssen die Mitarbeiterführung und die Sachgebietsorganisation neu gedacht werden. Bisher liegen die Arbeitsgebiete eines Sachgebiets physisch nah beieinander, sodass die Führungskraft ihren Aufgaben im Sinne der FAGO durch Steuerungs- und Führungsinstrumente unmittelbar vor Ort nachkommen kann (FAGO 2020, Tz. 2.3). Diese Aufgaben, aber auch die Fürsorge und Fachaufsicht, ließen sich jedoch unter Zuhilfenahme moderner Führungsansätze, zum Beispiel durch Führung auf Distanz (Remote Leadership), auch ohne den gemeinsamen Ort als Bindeglied, realisieren [Herrmann et al., 2012, S. 89 ff.]. Der Rechnungshof des Landes Rheinland-Pfalz bestätigt, dass aufgrund der elektronischen Akte „[d]ie räumliche Bindung an den Papieraktenbestand" entfallen kann und sich damit Büro- und Archivräume z.B. durch flexible Arbeitsformen wie Tele- und Heimarbeit verringern ließen [Rechnungshof Rheinland-Pfalz, 2019, S. 75]. Explizite Daten zu den Mitarbeitern auf Bearbeiter- bzw. Führungsebene und ihnen tatsächlich ermöglichter Arbeitsformen sind aktuell nicht verfügbar. Die Länder geben allerdings an, dass flexible Arbeitsbedingungen und die Vereinbarkeit von Familie und Beruf in der Steuerverwaltung einen sehr hohen Stellenwert hätten (Kapitel 3.5.1, S. 71). Eine Studie an der ZHAW aus dem Jahr 2020 hat die Folgen der Distanzführung während der Corona-Pandemie innerhalb der Hochschulverwaltung analysiert [Zirkler et al., 2020]. Es zeigte sich, „dass die Organisation die Umstellung [...] sehr gut meistern konnte" [ebd., S. 4], obgleich „die Bedeutung der hierarchi-

schen Linienführung" abnahm und sich Führungsimpulse zugunsten von
Selbstführungskompetenzen verschoben haben [ebd., S. 5]. Die Autoren
schlagen unter anderem vor, dass der sichere Umgang mit digitalen Werk-
zeugen erlernt und die „Werkzeugkiste" ständig erweitert werden sollen.
Ferner müssten die technische Infrastruktur ausgebaut und die Distanzführung in Personalkonzepten verankert werden. Von der hierarchischen
Linienführung fordern sie mehr Mut zu verteilter Führung im Team sowie
zu einem Empowerment der Mitarbeitenden im Sinne der Selbstführung
[ebd., S. 34 ff.].

Auch wenn es sich bei dieser ad-hoc Umstellung um eine Extremsi-
tuation handelte, können die Erkenntnisse auf die Distanzführung in den
Finanzämtern übertragen werden. Ein Großteil der Beschäftigten in den
Finanzämtern arbeitet ohnehin im Außendienst (u.a. in der Betriebsprüfung, Umsatzsteuersonderprüfung, Lohnsteueraußenprüfung, als Vollzie-
her oder Sachverständiger), sodass sich jene Sachgebietsleitungen entsprechende Methoden des Remote Leaderships längst erarbeitet haben. Dennoch sollte die Landesfinanzverwaltung die Potenziale erkennen, einen um-
fänglichen Einsatz von Führung auf Distanz fördern und den Herausforderungen mit kontinuierlichen Fortbildungsangeboten und verwaltungsinternen Evaluationen begegnen. Eine Trennung der Finanzämter in Front-
und Backoffice bei gleichzeitiger Auslagerung der Backoffices wird von Experten befürwortet, wobei im Frontoffice persönliche Beratungen und Ba-
sisdienste für die Bürgerinnen und Bürger vor Ort beibehalten bleiben. Im
Backoffice stehen fachkundige Ansprechpartner zur Verfügung und standardisierte Prozesse werden so konzentriert [Kulicke, 2020]. Die Abbildung
4.2 zeigt die von *Kulicke* erhobenen Expertenmeinungen in Bezug auf das
bestehende Veränderungspotenzial bei Finanzämtern.

In der Auswertung kommt *Kulicke* zu dem Ergebnis, dass es un-
problematisch sei, wenn sich Finanzämter aus der Fläche zurückzögen.
Ein stationäres Präsenzangebot könne sich den Experten nach vielmehr
auf persönliche Beratungsstellen beschränken [Kulicke, 2020, S. 58]. Die
FAGO basiert allerdings auf der Annahme, dass Sachgebiete physisch in-

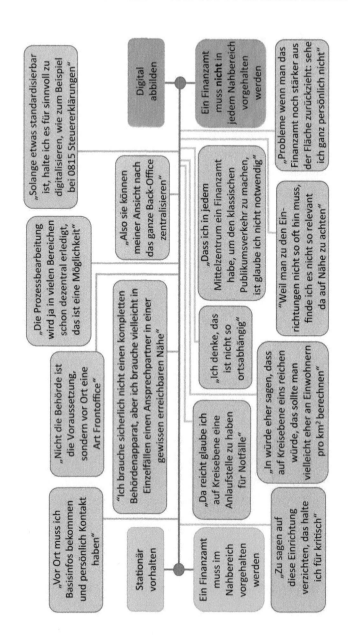

Abbildung 4.2: Veränderungspotenzial bei Finanzämtern [eigene Darstellung nach Kulicke, 2020]

nerhalb des Finanzamts vorhanden und zu erkennen sind. Dies könnte aus
der Forderung nach einem „deutlich lesbaren und aussagekräftigen Wegweiser" für Bürger im Eingangsbereich des Finanzamts (vgl. FAGO 2020, Tz.
1.2 Absatz 3) geschlussfolgert werden. Gleichwohl wird nicht ausdrücklich
festgelegt, dass eine gewisse räumliche Nähe zwischen Sachgebieten selbst
bzw. zum Hauptgebäude bestehen muss. So verfügen zahlreiche Finanzämter im Bundesgebiet über auswärtige Räumlichkeiten (Außen- bzw.
Zweigstellen), in denen nur einzelne Sachgebiete unterbracht sind. Für die
Struktur und das Format der Sachgebiete bedeutet dies, dass die Regelungen in der FAGO jedenfalls keine Weiterentwicklung im Sinne der bereits
bestehenden modernen Arbeitsformen ausschließen. Ein Finanzamt der
Zukunft könnte, zumindest zum Teil, aus Sachgebieten bestehen, in denen
verschiedene Beschäftigte ausschließlich über einen festen Arbeitsplatz im
Homeoffice verfügen, virtuell aber als Arbeitsgebiet gelten und zu komplett „digitalen Sachgebieten" zusammengefasst sind. Die bisher vorherrschende, hybride Arbeitsform aus mobilem Arbeiten, halbmobilem Arbeiten und bürobasiertem Arbeiten würde insoweit effektiv weiterentwickelt
werden. Hybride Arbeitsformen, bei denen Beschäftigte über einen Arbeitsplatz sowohl im Finanzamt als auch im Homeoffice (Telearbeitsplatz)
verfügen, bedingen jedenfalls eine doppelte technische Infrastruktur und
wechselnde Einsätze. Räumliche und technische Effizienzvorteile könnten
nur dann erzielt werden, wenn der Grundsatz, dass jeder Beschäftigte über
einen persönlichen Arbeitsplatz im Dienstgebäude verfügt, im Sinne der
digitalen Transformation aufgegeben wird und Co-Working-Formate zum
Regelfall würden. Für eventuelle Härtefälle, zum Beispiel wenn Beschäftigte nicht über ausreichende Raumkapazitäten für einen Heimarbeitsplatz
verfügen oder die Heimarbeit aus persönlich Gründen ablehnen, muss eine
Präsenzarbeit im Amt stets möglich bleiben. Härtefallregelungen braucht
es auch für den Publikumsverkehr. Finanzämter sind als Dienstleister gegenüber den Steuerpflichtigen und dem Gemeinwohl verpflichtet. Steuerbürger haben Anspruch auf bedarfsgerechte Öffnungs- bzw. Servicezeiten
für Auskünfte und notwendige Hilfe (FAGO 2020, Tz. 1.2). Obwohl sich
die Bürger eine digitalere Verwaltung wünschen, bleibt ein möglicher Ter-

min vor Ort für knapp 40 Prozent der Menschen immer noch wichtig
[Next:public, 2020, S. 9 f.]. Finanzämter bräuchten dann für diejenigen
Fälle, in denen sich digitale Formate (noch) nicht anbieten, zum Beispiel
für Härtefälle, Vier-Augen-Gespräche zwischen Mitarbeiter und Vorgesetz-
tem sowie Einarbeitungs- oder Ausbildungssituationen, eine geringe Anzahl an Tagungsräumen und ein Buchungs-Tool zur Raumbelegung. So
könnten durch ein intelligentes Buchungssystem abwechselnde Präsenzta-
ge für Mitarbeiter im Finanzamt und Besuchstermine für Bürger realisiert
werden.

4.2.1.3   Optimierung des Versorgungsgrades

Um eine Optimierung der Verwaltungs- bzw. Versorgungsstruktu-
ren erreichen zu können, muss die Zahl der bestehenden Finanzämter über
einen bestimmten Zeitraum verglichen und die versorgte Fläche sowie die
Zahl der versorgten Einwohner bzw. die Bevölkerungsdichte einbezogen
werden. Eine solche Analyse wurde unter der Leitung von *Hesse et al.*
für die Steuerverwaltung in Deutschland in dem Bericht zur Reform der
Hoheitsverwaltung 2006 durchgeführt [Hesse et al., 2007, S. 77]. Zu dem
hier beabsichtigten Zweck können die Werte für das Jahr 2021 neu erhoben und mit jenen aus dem Jahr 2006 ins Verhältnis gesetzt werden. Die
Tabelle 4.1 gibt einen Überblick über die seinerzeit ausgewählten Bundesländer, welche jeweils eine eigene Steuerverwaltung in Deutschland haben.
Gleichzeitig werden die Veränderungen bei der Anzahl der Finanzämter,
der Einwohnerzahl und der Versorgungslage sichtbar. Die Versorgungslage
wird in zwei Größen gemessen, zum einen, wie viel Fläche jedes Finanzamt
versorgt und zum anderen, wie viele Einwohner jedes Finanzamt betreut.
Von 2006 bis 2021 ergibt sich ein Vergleichszeitraum von 15 Jahren, in
dem vor allem die Zusammenarbeit und Automatisierung der Steuerverwaltungen gesteigert wurden. Seit 2017 konnte die Digitalisierung des Besteuerungsverfahrens durch die Einführung von Rechtsgrundlagen und den
Einsatz digitaler Verfahren deutlich erhöht werden. Daher wird grundsätzlich von einer Verbesserung der Versorgungssituation ausgegangen, weil

angesichts der Entwicklungen in der Automatisierung und Digitalisierung die Effizienzpotenziale in Bezug auf Fläche und Einwohnerzahl von den Finanzämtern zwischenzeitlich weit besser ausgeschöpft werden könnten.

Bundesland	Jahr	(1)	(2)	(3)	(4)	(5)
Nordrhein-Westfalen (NW)	2006	18,1	137	531	132117	249
Fläche: 34.112 km^2	2021	17,9	137	525	130657	249
Bayern (BY)	2006	12,4	82	176	151220	860
Fläche: 70.542 km^2	2021	13,1	76	186	172368	928
Baden-Württemberg (BW)	2006	10,7	65	299	164615	550
Fläche: 35.748 km^2	2021	11,1	65	311	170769	550
Niedersachsen (NI)	2006	8	68	168	117647	702
Fläche: 47.710 km^2	2021	8	63	168	126984	757
Rheinland-Pfalz (RP)	2006	4,1	26	206	157692	764
Fläche: 19.858 km^2	2021	4,1	22	206	186364	903
Schleswig-Holstein (SH)	2006	2,8	18	177	155556	878
Fläche: 15.801 km^2	2021	2,9	17	184	170588	929
Brandenburg (BB)	2006	2,5	17	84	147059	1744
Fläche: 29.654 km^2	2021	2,5	13	84	192308	2281
Sachsen-Anhalt (SA)	2006	2,5	21	122	119048	974
Fläche: 20.457 km^2	2021	2,2	14	108	157143	1461

(1) Einwohner in Mio.; (2) Finanzämter (absolut);
(3) Bevölkerungsdichte (Einw./km^2); (4) Einwohner pro Finanzamt;
(5) Fläche in km^2 pro Finanzamt

Tabelle 4.1: Versorgungslage der Steuerverwaltungen in 2006 und 2021 [Schaebs, 2021]

Hinsichtlich einer Reduzierung der absoluten Anzahl von Finanzämtern haben die Länder SA (-33,33%) und BB (-25,53%) sowie RP (-15,38%) die Verschlankung ihrer Strukturen im Untersuchungszeitraum am stärksten umgesetzt. BW und NW haben die absolute Zahl nicht reduziert. Die anderen Bundesländer haben nur eine geringe Anpassung vorgenommen, die angesichts des langen Zeitraums und des vorhandenen Potenzials als unterdurchschnittlich anzusehen ist. Allerdings hatten einige Bundesländer die Zahl der Finanzämter bis zum Jahr 2006 bereits deutlich reduziert, so zum Beispiel BW [Hesse et al., 2007, S. 44].

Die Abbildung 4.3 stellt die Entwicklungen in den jeweiligen Steuerverwaltungen der Länder im Betrachtungszeitraum von 2006 bis 2021 grafisch dar. Demnach konnte die Mehrzahl der Länder die Effektivität der Versorgung im Vergleich zu 2006 über eine Verringerung der Anzahl der Finanzämter verbessern; im Jahr 2021 können so mehr Fläche pro Finanzamt (Ordinate) und mehr Einwohner pro Finanzamt (Abszisse) versorgt werden. Dies könnte mit der Automatisierung und Digitalisierung zusammenhängen, da diese die Arbeitsabläufe beschleunigen und damit die Effizienz der Finanzämter erhöhen. Eine gleiche Anzahl von Mitarbeitern kann ceteris paribus so mehr Steuerfälle bearbeiten und sich auf Kernaufgaben konzentrieren.

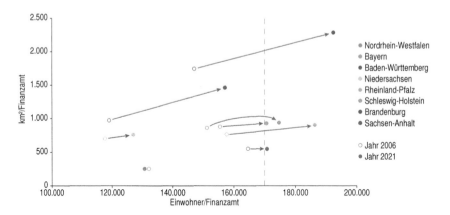

Abbildung 4.3: Versorgungslage je Fläche und Einwohner von 2006 bis 2021 [Schaebs, 2021]

Nur zwei Bundesländer haben das Effizienzpotenzial nicht genutzt. BW hat die Zahl der Finanzämter nicht verändert. Da aber die Einwohnerzahl gestiegen ist, ergibt sich eine positiv veränderte Versorgungslage (Einwohner pro Finanzamt). NW hat eine etwas geringere Einwohnerzahl, aber die Zahl der Finanzämter ist gleichgeblieben, was zu einer negativ veränderten Versorgungslage (Einwohner pro Finanzamt) führt. Zwei Länder (NI, SH) weisen nur eine leichte positive Veränderung auf, was auf eine nur geringfügige Verringerung der Zahl der Finanzämter bei gleichzeitiger Erhöhung der Einwohnerzahl zurückzuführen ist. Die gestrichelte Senkrechte bildet den Median für das Jahr 2021 der von den einzelnen Finanzämtern betreuten Einwohnerzahl ab. Anhand des Ergebnisses kann davon ausgegangen werden, dass die Hälfte der Finanzämter grundsätzlich in der Lage ist, 170.000 Einwohner zu verwalten. Dieser Wert wird in der folgenden Analyse als realistisch erreichbares Minimum betrachtet und bildet somit eine Untergrenze.

Mit Blick auf die bestehende Situation im Jahr 2021 zeigt die Abbildung 4.4 die Relation zwischen der versorgten Fläche pro Finanzamt (Ordinate) und der vorhandenen Bevölkerungsdichte (Abszisse). Sie zeigt das typische Spannungsverhältnis: Bei geringer Bevölkerungsdichte muss ein Finanzamt eine größere Fläche abdecken; bei zunehmender Bevölkerungsdichte muss ein Finanzamt eine kleinere Fläche abdecken.

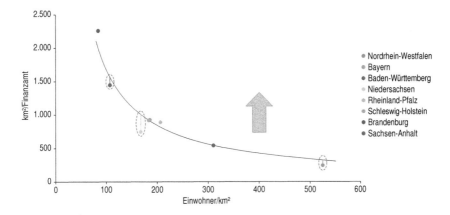

Abbildung 4.4: Minimum-Relationskurve mit Fläche und Bevölkerungsdichte für das Jahr 2021 [Schaebs, 2021]

Unter Berücksichtigung des zuvor ermittelten Medians lässt sich eine (Minimum-)Relationskurve berechnen. Länder, die auf oder oberhalb dieser Kurve liegen, haben bereits ein angemessenes Effizienzniveau realisieren können. Dies bedeutet in diesen Ländern, dass jedes Finanzamt mindestens 170.000 Einwohner betreut (BY, BW, BB, RP, SH). Alle Länder, die unterhalb der Kurve liegen, schöpfen ihr Potenzial ceteris paribus nicht aus und könnten ihre Struktur optimieren (NI, NW, SA). Der senkrechte Pfeil nach oben symbolisiert, dass dies nur über die Versorgung von mehr Einwohnern möglich ist, was automatisch zu einer größeren Fläche führt.

Im Weiteren ergibt sich unter Berücksichtigung des Wertes von 170.000 zu versorgenden Einwohnern pro Finanzamt, der auf der Grundlage des Medians als realistisch erreichbares Minimum für die Einwohnerzahlen der Bundesländer im Jahr 2021 definiert wurde, eine neue Anzahl von notwendigen Finanzämtern, welche sich mit den vorhandenen Finanzämtern im Jahr 2021 vergleichen lässt, um die individuellen Einsparmöglichkeiten der Länder ableiten zu können. Diese betragen für SA 1 Finanzamt, für NI 16 Finanzämter und für NW 32 Finanzämter. Würde die Zahl der Finanzämter in diesen Bundesländern entsprechend reduziert werden, lägen sie auf der Kurve und könnten eine vergleichbare Versorgungssituation wie in den anderen Bundesländern erreichen.

Es sei allerdings darauf hingewiesen, dass dieser Optimierungsansatz die spezifischen Besonderheiten einzelner Finanzämter, zum Beispiel die Mitarbeiteranzahl oder die Zuständigkeiten, vernachlässigt. Auch haben einige Bundesländer u.a. für Körperschaften, Konzerne und beschränkt Steuerpflichtige gebündelte Zuständigkeiten eingeführt und zentrale Finanzämter bestimmt. Hierbei kann die Versorgung von Fläche oder Einwohnern nicht als Maßstab herangezogen werden. Insoweit sollten die Ergebnisse nur als Indiz für ein vorhandenes Optimierungspotenzial angesehen werden. Außerdem würden für eine Reduzierung der absoluten Anzahl von Finanzämtern unabhängig von den Digitalisierungs-, Kosten- und Effizienzvorteilen ohnehin bestimmte Grenzen bestehen. Da die Steuerverwaltung zumindest in Deutschland keine Grundversorgung für die Bürger erbringt, also nicht zur Daseinsvorsorge zählt, sondern eine reine Hoheitsverwaltung darstellt, ist der Staat relativ frei in der Bestimmung ihres Umfangs und der Strukturen. Gleichzeitig besteht aber auch ein Anspruch des Volkes bzw. der Allgemeinheit auf eine Funktionsfähigkeit und den grundsätzlichen Bestand staatlicher Strukturen im Sinne eines funktionierenden Steuervollzugs. Wenn trotz des Einsatzes von Informations- und Kommunikationsmitteln und möglicher kleinerer Anlaufstellen in den Städten (siehe Einteilung in Front- und Backoffices in Kapitel 4.2.1.2, S. 98) weder die digitale noch die physische Erreichbarkeit gegeben wäre, z.B. ohne Öffnungs- oder Servicezeiten für Informationen und notwendige Hilfeleistungen, würden Probleme für die Legitimation dieser Staatsgewalt (Exekutive) entstehen. Aus diesem Grund sollten Strukturen für Härtefälle und einen möglichen Publikumsverkehr bestehen bleiben, idealerweise aber nur im Sinne der zuvor dargestellten Optimierungsansätze.

4.2.2 Elektronische Verwaltungsleistungen (e-Government-Services)

Die Digitalisierung ist „ein fortwährender, sich immer weiterentwickelnder Prozess", der dem „Wohle der Menschen" dient [Ministerium für Inneres Baden-Württemberg, 2020, S. 6 f.] und sollte daher sowohl auf Effizienzgewinne in internen Verfahren als auch auf Erleichterungen für die „Kunden der Steuerverwaltung", die Steuerpflichtigen, abzielen.

In der Corona-Pandemie mussten alle Finanzämter lernen, wie Bürgerservices ohne persönlichen Kontakt umzusetzen sind. Auf Behörden mit einem hohen Anteil an Präsenztätigkeiten wie den Zoll, hatte die Krise besonders negative Auswirkungen und ließ deutlich die Mängel bei der Digitalisierung zutage treten [Deutscher Bundestag, 2020a, S. 2]. Inwieweit aber diese erzwungene Aufmerksamkeit für die Digitalisierung der Verwaltungsleistungen dazu führt, dass der Staat sich nachhaltig den wirklichen Herausforderungen eines zeitgemäßen e-Governments stellt, bleibt abzuwarten. In der Vergangenheit waren Modernisierungen oft mit Mehrbelastungen für die Steuerpflichtigen verbunden [Loritz, 2018, S. 140]. Einerseits müssen vor allem die Organisation und Prozesse der Finanzämter auf mögliche Effizienzgewinne durch die Digitalisierung geprüft werden. Andererseits bedarf es explizit solcher Veränderungen, die dem Steuerbürger einen echten Mehrwert respektive eine spürbare Entlastung bieten. Bezogen auf die zu digitalisierenden Leistungen nach dem OZG rechnen die Länder fest mit deren pünktlichen Umsetzung (siehe Kapitel 3.3.2, S. 64). Das OZG verpflichtet dazu, vollständig digitalisiert die Verwaltungsleistungen über den Portalverbund bis zum 31.12.2022 anzubieten. Selbst wenn diese gesetzliche Frist eingehalten werden würde, sind damit noch nicht die verwaltungsinternen Bearbeitungen an die digitalen Möglichkeiten angepasst, Bearbeitungsfristen nicht automatisch verkürzt und die Außenkommunikation mit den Bürgern nicht so effizient unterstützt, dass der Aufwand für die Verwaltungskunden minimalisiert wird. Eine Abfrage innerhalb der OZG-Informationsplattform[14] ergab mit Zugriff vom 04.05.2022 folgendes Bild: Nur 7 von 29 (ca. 24%) der geplanten Leistungen aus dem OZG-Themenfeld „Steuern und Zoll" befinden sich im Reifegrad 3, der die Beantragung aller Leistungen inklusive der Nachweise online zulässt, bzw. im Reifegrad 4, der die vollständige Online-Abwicklung der Leistung ermöglicht und damit das Ziel des Once-Only-Prinzips erreicht. Anders ausgedrückt kann bei 22 Leistungen aus dem Bereich nicht verlässlich prognostiziert werden, dass diese zum 31.12.2022 zur Verfügung stehen werden. Aus diesem Grund können die Angaben der Länder in der durchgeführten Befragung (Kapitel 3.3.2, S. 64) in Zweifel gezogen werden.

Die BA beweist schön längere Zeit besseres Geschick und hat beispielsweise die gesamte Anspruchsprüfung für das Kindergeld auf digitale Beine gestellt [Fraunhofer FOKUS, 2020]. Mittels OCR-Software wird die Bescheinigung einer Bildungseinrichtung eingelesen, formale Kriterien wie der Namensabgleich, die Existenz der Bildungseinrichtung und der zutreffende Zeitraum werden automatisiert geprüft. So können einige hunderttausend Bescheinigungen maschinell validiert und die Beschäftigten

---

[14]https://informationsplattform.ozg-umsetzung.de/iNG/app/intro

entlastet werden. Daran anschließend wäre die Möglichkeit eines vollautomatisierten Erlasses von Verwaltungsakten nach § 35 a Verwaltungsver-
fahrensgesetz (VwVfG) bzw. § 155 Absatz 4 AO rechtlich vorgesehen, auch
wenn es noch an Umsetzungsnormen und -akten fehlt. Bei Ermessensent-
scheidungen und Entscheidungen mit Beurteilungsspielraum muss jedoch
stets ein menschlicher Bearbeiter entscheiden. Auch die Bürger profitieren
so von der Möglichkeit weiterer digitaler Verfahren durch eine vereinfachte
Online-Abwicklung. *Guckelberger* hat für die allgemeine Verwaltung weitere Themen- und Einsatzfelder ausführlich beleuchtet [Guckelberger, 2019,
S. 83 ff.]. Insgesamt sollte die digitale Transformation den Finanzämtern
hier zu einer neuen Vorreiterrolle verhelfen, bei der mindestens Augenhöhe
zur Privatwirtschaft hergestellt wird [Loritz, 2018, S. 141]. Die Potenziale und Erfahrungen aus anderen Verwaltungsbereichen gilt es daher zu
nutzen. Ohnehin verpflichtet das aus Artikel 20 Absatz 3 GG zu entneh-
mende Prinzip der Funktionsfähigkeit der Verwaltung, die Effektivität,
Wirtschaftlichkeit und Vereinfachung der Verwaltung durch ein zeitgemä-
ßes e-Government zu wahren [Windoffer, 2018, S. 367]. Studien zeigen,
dass in vielen Bereichen der Gang zur Behörde noch nicht entbehrlich ist
und bestätigen damit den Handlungsdruck [Bogumil et al., 2019, S. 58].
Für die Steuerverwaltung werden in diesem Sinne nachfolgend konkrete
Verbesserungsoptionen für e-Government-Leistungen aufgezeigt.

4.2.2.1 Ausbau von ELSTER

Das 1996 entstandene Steuerprogramm ELSTER gilt als Erfolgsgeschichte und wird heute von über 28 Millionen Personen in Deutschland verwendet [KONSENS, 2021a, S. 4]. Seither erfolgten diverse Anpassungen der Technik und des Außenauftritts. Das Elster-Formular aus
dem Jahr 2001 wurde durch das ElsterOnline-Portal ab 2004 ergänzt, die
App ElsterSmart zur Authentifizierung kam im Jahr 2014 hinzu und aus
dem ElsterOnline-Portal wurde schließlich „Mein ELSTER" im Jahr 2017
[ebd., S. 5]. Trotz der seit 2014 durchgeführten User-Experience-Tests, die
die Nutzerfreundlichkeit erhöhen und ein direktes Feedback der Anwender

einholen sollten, konnten Probleme bei der Verständlichkeit und intuitiven Bedienung nicht vollumfänglich abgestellt werden. Die FMK hatte sich darüber hinaus am 25. Juni 2015 für eine Neugestaltung des Einkommensteuerbescheides ausgesprochen, der über ELSTER die Bürger erreicht. Das Bescheidbild sollte bürgerfreundlicher hinsichtlich des Aufbaus und Layouts sowie die Inhalte verständlicher dargestellt werden. NW übernahm daraufhin die Umsetzung der Programmierung eines bürgerfreundlichen Einkommensteuerbescheids („BürStE").

Im Zeitraum vom 1. März 2019 bis zum 29. Februar 2020 konnte die bundesweite Bürgerbefragung (www.ihr-finanzamt-fragt-nach.de) unter der Federführung Sachsens für die Steuerverwaltungen der Länder durchgeführt werden, in der auch Fragen zur Zufriedenheit mit dem ELSTER-Verfahren gestellt wurden. Diese Befragung geben die Länder als Beleg an, dass Bürgererwartungen von ihnen einbezogen werden (Kapitel 3.2.3, S. 62). Entsprechend des Schulnotensystems hatten die Teilnehmenden die Übersichtlichkeit der Benutzeroberfläche mit der Note 2,5, die Verständlichkeit der Formulartexte mit der Note 2,9 und die Verständlichkeit der angezeigten Fehler mit der Note 2,7 bewertet. Hinsichtlich der Frage, ob Abweichungen in Einkommensteuerbescheiden verständlich sind, wurden in allen teilnehmenden Ländern nur Noten zwischen 3,3 und 3,6 erzielt. Infolgedessen war es angezeigt, die bundesweit programmierten Erläuterungs- und Hinweistexte in den Steuerbescheiden verständlicher zu gestalteten. Es folgte eine Arbeitsgruppe „bürgernahe Sprache" auf Bund-Länder-Ebene [Deutscher Bundestag, 2021g, S. 1]. Die Ergebnisse seien anschließend „intensiv" ausgewertet worden [ebd., S. 2]. Ursachen für die Verständlichkeitsprobleme wurden u.a. in der inhaltsgleichen Übernahme von Erläuterungs- und Hinweistexten aus den papiergebundenen Steuererklärungsvordrucken gesehen, obwohl im ELSTER-Verfahren keinerlei Zeichen- oder Platzbeschränkungen bestünden. Daneben wurden für die Arbeitsgruppe bzw. den Lenkungskreis „Bürgernahe Sprache" die Handlungsfelder Regelwerk (Leitlinie und Handlungsempfehlungen), Musterschreiben und Textbausteine, Steuerbescheid und Erläuterungstexte, BMF-Schreiben (Musterbeispiel und Handlungsempfehlungen), Informationsbroschüren und Merkblätter, Schulungskonzept und dauerhafte Implementierung, „Mein ELSTER" (inkl. Anleitungen) sowie maschinelle Schreiben definiert [ebd., S. 2]. Bisher steht die öffentlichkeitswirksame Änderung des Erscheinungsbilds des Einkommensteuerbescheids noch aus. Um das Service-Empfinden der Steuerbürger zu stärken, könnte sich die Verwaltung an den großen Stromanbietern orientieren, in deren Stromrechnungen neben einer persönlichen Anrede die Kerninformationen strukturiert und verständlich präsentiert werden. Zugleich werden dort die eigenen Verbrauchswerte mit statistischen Werten in Verbindung gebracht, beispielsweise der eigene Stromverbrauch im Verhältnis zu anderen Haushalten, sowie Aussagen zur Zusammensetzung des Preises getätigt. In diesem Zusammenhang könnte im Steuerbescheid die Entwicklung der persönlichen Steuerbelastung der letzten drei bis fünf Jahre grafisch abgebildet werden und dazu im Vergleich auch die Entwicklung des Landessteueraufkommens bezogen auf dieselbe Steuerart.

Bereits auf ihrer Konferenz vom 14.05.2019 kamen die Finanzminister allerdings zu dem Ergebnis, dass eine „stärkere Dienstleistungsorientierung und Bürgerfreundlichkeit der Finanzverwaltung eine langfristige Aufgabe darstellt" [Deutscher Bundestag, 2021g, S. 3]. Zu dieser Dienstleistungsorientierung zählt besonders, dass die gegenwärtigen Wünsche und Bedürfnisse der Bürger durch ELSTER aufgegriffen werden. Die in einigen Ländern eingesetzten ELSTER-Beauftragten oder die kontinuierlichen Beteiligungsverfahren (Kapitel 3.2.3, S. 62) könnten ein Mittel sein, um diese Informationen fortlaufend zu erheben. Zwar muss dieser Anspruch nicht so weit gehen, dass ELSTER als öffentliches Angebot der Steuerverwaltung die Angebote privater Anbieter verdrängt. Gleichwohl sollte aber die Lebenswirklichkeit der Bürger nicht verkannt werden. Viel zu spät erst wurde beispielsweise wahrgenommen, dass ELSTER abseits von Microsoft Windows mit den Soft- und Hardwareprodukten der Firma Apple auch einsetzbar sein müsse. Die Kritik aus Politik und Medien führte zu einer neuen, browserbasierten Lösung [KONSENS, 2021a, S. 7]. Hier sollte insbesondere eine Weiterentwicklung in Richtung der mobilen Endgeräte erfolgen. In diesem Kontext ist als positives Beispiel die kürzlich angepasste Version von ELSTER unter dem Titel „einfachElster"[15] zu nennen, die Rentnern und Pensionisten eine besonders leichte Möglichkeit für die Steuererklärung bietet.

ELSTER hätte zudem das Potenzial für Cloud-Lösungen. Damit stünde den Steuerpflichtigen in ihrem Alltag jederzeit ein digitaler Ort zur Sammlung ihrer steuerlichen Unterlagen zur Verfügung. Datenschutz und -sicherheit wären von der Steuerverwaltung entsprechend sicherzustellen. Passend hierzu hat der Gesetzgeber bereits die Belegvorlageverpflichtung für die Einkommensteuererklärung in eine Belegvorhalteverpflichtung gewandelt, sodass sich die Speichermengen in Grenzen halten dürften. Im privaten Bereich von „Mein Elster" wird ohnehin geplant, Speicherräume für elektronische Belege im PDF-Format der Steuerpflichtigen einzurichten [Deutscher Bundestag, 2020g, S. 8]. Die externe Datenhaltung gespeicherter Belege mag in größerem Umfang nur durch private Anbieter zu realisieren sein, in kleineren Fällen (vor allem im Bereich der vielen Arbeitnehmerveranlagungen) könnte die Steuerverwaltung diese Dienstleistung selbst anbieten. Problematisch bleibt aber, dass den Bürgern derzeit keine Änderungs- oder Löschbarkeit nach der willentlichen Übermittlung an die Steuerverwaltung eingeräumt wird [ebd., S. 8]. Bis zum Bearbeitungsstichtag der Steuererklärung sollten Entscheidungen zur elektronischen Übermittlung stets revidierbar bleiben, um die digitale Belegerfassung als e-Government-Service gegenüber der analogen Sammlung von Unterlagen im sprichwörtlichen „Schuhkarton" nicht unattraktiv werden zu lassen. Auch Beleganforderungsschreiben müssten von der Finanzbehörde über ELSTER zugestellt werden können. In diesem Sinne ist es gegenwärtig nicht förderlich, dass die Übermittlung von Dokumenten via ELSTER nach der Größe limitiert ist. Das zwingt die Bürger zu mehreren Übermittlungen. Auf der anderen Seite muss der Beschäftigte des Finanzamts diese, in verschiedenen Nachrichten enthaltenen Dokumente, weitestgehend händisch in der e-Akte ablegen. Dieser „digitale Kanal" muss so ausgebaut und optimiert werden, dass an die Steuerverwaltung digital angelieferte Daten auch digital an die Bürger und Unternehmen zurückgespielt werden. Die

---

[15]https://einfach.elster.de/erklaerung/ui/

Umwandlung in analoge Bescheidbilder zum Verständnis ist und bleibt wichtig. Die digitalen Daten müssen aber für Anschlussprozesse, beispielsweise innerbetriebliche Auswertungsprogramme der Steuerabteilungen in Unternehmen, zugänglich gemacht werden, weil sonst unnötige Medienbrüche entstehen.

ELSTER muss gleichwohl der erste Gedanke des Bürgers sein, wann immer er eine Leistung der Steuerverwaltung beanspruchen oder etwas für seine Steuerangelegenheiten unterjährig organisieren will. Es könnte sogar automatisiert die Steuerzahler regelmäßig an ihre Abgabefristen erinnern oder auf potentielle Steuererstattungs- oder Nachzahlungsansprüche hinweisen. Daher ist es zu begrüßen, dass die Länder an der umfangreichen Werbung für ELSTER seit der Einführung grundsätzlich festhalten, wenngleich die Einsatzmittel überwiegend aus dem KONSENS-Budget stammen. Hier sollten die Länder im Interesse ihrer eigenen Steuerverwaltung die digitale Inanspruchnahme weitergehend fördern. Für den digitalen Verwaltungsakt (DIVA) werden der Umfrage nach keine eigenständigen Werbeaktivitäten von den Ländern durchgeführt (Kapitel 3.4.3, S. 68). Dies verkennt jedoch die Effekte, die sich aufgrund von Digitallösungen ergeben können. Denn Ersparnisse bei den Verwaltungsvorgängen, beim Papier- und Portoverbrauch und schließlich beim Personalbedarf kommen letztlich dem Landeshaushalt zugute. Es bedarf daher zwingend auch der Einräumung von Vorteilen für die Inanspruchnahme digitaler Produkte gegenüber analogen Verwaltungsleistungen, z.B. garantierter Bearbeitungszeiten oder geringerer Verwaltungsgebühren. Auch müssten aus ELSTER heraus die nachfolgend beschriebenen Services der Steuerverwaltung den Bürgern, sozusagen im Sinne des Once-Only-Prinzips, angeboten werden, damit ELSTER auf lange Sicht weiterhin Erfolgsgeschichte schreiben kann.

4.2.2.2 Online-Bürgerservices

Angebote, bei denen sich Bürger über Öffnungszeiten und Zuständigkeiten der Verwaltung informieren können, sind längst zum Mindestmaß des Online-Auftritts geworden. Auch der Download von Formularen bzw. die Übersicht zu den einzelnen e-Government-Leistungen gehören zur virtuellen Basisausstattung. Der deutsche Steuerdschungel führt zu ständig neuen und weiteren Informationsbedürfnissen. Entsprechend § 89 AO ist die Steuerverwaltung zu Beratungen und Auskünften verpflichtet. Im Zuge der Digitalisierung könnte diese Verpflichtung durch Erklär-Videos in sozialen Medien (z.B. über spezielle YouTube-Kanäle) oder den Einsatz von intelligenten Assistenz-Systemen (How-to-do-Anleitungen, Schritt-für-Schritt-Befragungen) lebendiger ergänzt werden.

Allgemeine Auskünfte und einfachere Steuerrechtsfragen, die derzeit im Firstlevel einer Telefon-Hotline bzw. in den Informationszentralen der Finanzämter bearbeitet werden, lassen sich über einen Chatbot nach dem Vorbild von BW realisieren [Ministerium für Finanzen Baden-Württemberg, 2022]. Dabei sollte diese Funktion nicht nur 24 Stunden täglich verfügbar, sondern zwingend auch multilingual sein (wie dies die europäische SDG-Verordnung[16] ohnehin für weite Teile der Verwaltung fordert). Dies wäre eine Fähigkeit, bei der wohl die meisten Sachbearbeiter in der Steuerverwaltung einer Maschine gegenüber unterlegen sind. Der Secondlevel-Bereich ist für Fachauskünfte, schwierigere Steuerrechtsfragen und für Rechtsbehelfsmöglichkeiten (Beschwerdestellen) so auszugestalten, dass während der Öffnungszeiten der Behörden zusätzlich zu den Telefondurchwahlmöglichkeiten auch gesicherte Chat- oder Videoverbindungen, eventuell mit vorheriger Terminvereinbarung, zu den Bildschirmen der zuständigen Dienstkräfte aufgebaut werden können. Die Erreichbarkeit bleibt so auch bei zunehmender Mobilität der Arbeitsplätze (Kapitel 4.2.1, S. 96) gewährleistet. Zur besseren Koordinierung bieten sich Online-Terminvergabe-Tools an. Dabei sind die sehr umfangreichen Erfahrungen der Länder zu barrierefreien Lösungen und den regelmäßigen User-Experience-Tests mit Steuerpflichtigen zwingend einzubeziehen (Kapitel 3.6.3, S. 81). Mehr noch sollte die in der Befragung deutlich gewordene Dienstleistungsorientierung und Bürgerfreundlichkeit der Steuerverwal-

---

[16]Verordnung (EU) 2018/1724 des Europäischen Parlaments und des Rates vom 02.10.2018 über die Einrichtung eines einheitlichen digitalen Zugangstors zu Informationen, Verfahren, Hilfs- und Problemlösungsdiensten und zur Änderung der Verordnung (EU) Nr. 1024/2012

tung neben der Digitalisierung zum Aushängeschild der Steuerverwaltung in Deutschland werden.

Präsenztermine in den Informations- bzw. Anlaufstellen der Finanzämter müssen indes für weniger technikaffine Kunden weiter angeboten werden, jedoch sind diese mit einer Kapazitätsverwaltung durch Online-Terminvergabe-Tools optimaler an die Bedürfnisse der Steuerpflichtigen auszurichten. Der Einsatz von Videokonferenzsystemen kann darüber hinaus den Gang zum Finanzamt in vielen Fällen ersetzen [Ministerium für Inneres Baden-Württemberg, 2020, S. 66]. Dabei ist jedoch auf die besonderen Gefahren der Systeme und Dienste innerhalb der Steuerverwaltung zu achten und die Ausgestaltung in enger Abstimmung mit dem Bundesamt für Sicherheit in der Informationstechnik (BSI) zu realisieren [Deutscher Bundestag, 2020e]. Als Fernziel sollte auch eine digitale Lösung zur steuerlichen Würdigung von Sachverhalten durch die Finanzbehörde in Echtzeit angestrebt werden [Egner, 2018, S. 25].

Ein weiterer Online-Service der Steuerverwaltung sollten virtuelle Bezahlvorgänge sein. Diese müssen ohne eine manuelle Vergabe von Kassenzeichen oder die vorherige Übermittlung von Gebührenbescheiden auskommen. Der Bürger soll alle Verwaltungsleistungen direkt online bezahlen können. Datenbankprozesse mit ergänzender KI könnten zudem bei der Umbuchung, Zuordnung und Transaktion von Steuerbeträgen intern unterstützen. Über ein virtuelles Steuerkonto muss der Bürger die von ihm im Veranlagungszeitraum durch Steuerabzug oder Vorauszahlungen geleisteten Steuern sowie etwaige Steuernachforderungen einsehen und verwalten können. Auch ein digitaler Zugriff für steuerliche Berater zum Abgleich bzw. zur Abstimmung der Werte aus dem Steuerkonto der Mandanten erscheint geboten, sodass diverse Einzelgespräche mit den Erhebungssachbearbeitern in den Ämtern wegfallen können. Auf mögliche bzw. fällige Steuererstattungen könnte automatisiert hingewiesen werden, wenn die zur Verfügung stehenden Steuerdaten bereits auf größere Erstattungsansprüche hinweisen. Alle gängigen, aber auch modernen Zahlungsmittel sollten von der Finanzkasse akzeptiert werden. Das Erhebungsverfahren müsste so transparent und einfach wie der Zahlungsverkehr im e-Commerce (z.B. über *PayPal*) werden.

Insgesamt aber sollte die Inanspruchnahme digitaler Leistungen der Steuerverwaltung über das Internet durch die Länder noch viel mehr als bisher gefördert werden (Kapitel 3.4.3, S. 68). Dabei darf, anders als die Länder es in der Befragung angeben, nicht auf das bloße Interesse der Steuerpflichtigen an den Leistungen abgestellt werden. Denn überdies bestehen Vorteile und damit ein gewisses Eigeninteresse für die Verwaltung unter anderem in Hinblick auf die zunehmende Knappheit der Ressource Personal und die zuvor beschriebenen Effizienz- und Einsparpotenziale.

4.2.2.3 Smartphone-App der Steuerverwaltung

Um einen spürbaren Digitalisierungsmehrwert für die Steuerpflichtigen zu schaffen, sollte eine intelligente Smartphone-App den Zugang zu allen Verwaltungsleistungen der Steuerverwaltung bieten. Die App „BMF" der Finanzverwaltung in der Republik Österreich stellt aktuell lediglich Informationen, Behördensuchfunktionen und Berechnungstools bereit. Weitere Funktionen werden scheinbar nicht integriert, sondern auf separate Apps ausgelagert [BMfF, o.J.]. Die App „ElsterSmart" der deutschen Finanzverwaltung beschränkt sich auf die Authentifizierung und knüpft nicht ansatzweise an die Funktionalität des ELSTER-Portals an [ELSTER, 2022]. Der Steuerbürger sollte aber in die Lage versetzt werden, seine Steuererklärungen vollkommen app-basiert vorbereiten und/oder einreichen zu können. Hierzu müssten sämtliche Funktionen und Formulare des BZSt-Online-Portals und des „Mein Elster"- Portals einschließlich der Ergänzungen im Bereich des ELSTER-Unternehmenskontos in eine neue oder die bestehende App „ElsterSmart" integriert werden. Die Authentifizierung erfolgt mittels ELSTER-Zertifikat oder über die elektronische ID des Personalausweises (eID) direkt am Smartphone (ggf. Integration ins „Wallet" des SmartPerso). Alle Daten zwischen Smartphone und Steuerverwaltung werden wie bisher, stets nach den aktuellen Empfehlungen des BSI, übertragen [Deutscher Bundestag, 2020g, S. 5]. Die Smartphone-Anwendung sollte alle Funktionen bereitstellen, die zuvor oder nachfolgend zu den „Digitalen Finanzämtern" (Kapitel 4.3.1, S. 118) beschrieben sind. Belege können dann bereits unterjährig fortlaufend über die App per Smartphone/Foto eingelesen und abgelegt werden. Dabei erhält der Steuerpflichtige auch Hinweise, ob das Original aufbewahrt werden muss, sowie automatische Vorschläge zur steuerlichen Berücksichtigung von weiteren Werbungskosten/Betriebsausgaben (ggf. KI-gesteuert). Auch die Leistungen des Unternehmensportals „Mein UP" müssen über die App nutzbar sein. Denn nach *Kowallik* sind die Leistungen des einheitlichen Unternehmenskontos als Meilenstein beim Onlinezugang zu Verwaltungsleistungen anzusehen [Kowallik, 2021]. Zugleich rät er aber zur Steigerung der Effizienz durch eine Vernetzung „mit anderen Online-Plattformen über externe Schnittstellen" [Kowallik, 2020a, S. 156].

Derzeit spielen e-Government-Apps unter den nachgefragten Anwendungen noch keine bedeutende Rolle [Statista, 2020]. Bis zum Jahr 2023 werden in Deutschland aber 68,6 Millionen Smartphone-Nutzer prognostiziert [Tenzer, 2019]. Es ist daher zu vermuten, dass sich die Nutzung vieler Anwendungen tendenziell in Richtung Smartphone verlagern und über das Angebot der intelligenten Smartphone-App ein echter Mehrwert sowohl für den Bürger als auch für die Steuerverwaltung erreicht werden könnte. Zugleich zeigt sich, dass der Anteil von stationären Computern in deutschen Haushalten abnimmt, während der Anteil an mobilen Endgeräten einschließlich Tablets ansteigt [Statistisches Bundesamt, 2021]. Letztere entsprechen in ihrer Funktionalität einem Smartphone, sodass eventuell auch dieser Trend eher für App-basierte Anwendungen spricht.

4.3 Änderung der inneren Organisationsstruktur

Bezogen auf die Veränderungen der Organisationsstruktur sollen nachfolgend diejenigen Reformansätze dargestellt werden, die insbesondere die verwaltungsinternen Abläufe verbessern, also nur mittelbar für den Steuerpflichtigen nach außen eine Abkehr von bisherigen Verfahren darstellen.

4.3.1 Digitale Finanzämter

Das Saarland erprobt seit dem Jahr 2019 das Pilotprojekt „Digitales Finanzamt" bzw. „Digitales Finanzministerium", bei dem die vollautomatisierte Bearbeitung von Steuerfällen im Mittelpunkt steht [Ministerium für Finanzen und Europa Saarland, 2021]. Auch die Steuerverwaltung von Baden-Württemberg digitalisiert Arbeitsprozesse und spricht von „Finanzämtern der Zukunft (FiZ)" [Ministerium für Finanzen Baden-Württemberg, 2018] und vom „zentralen digitalen Bürgerservice (ZendiB)" [digital@bw, 2022]. So soll der Steuerbürger von Termin- bzw. Rückrufvereinbarungen sowie Videokonferenzen über das Internet profitieren.

Im Hinblick auf den demographischen Wandel, den Fachkräftemangel und die fortschreitende Digitalisierung wird die Anzahl der Beschäftigten zunehmend reduziert [Heller, 2022, S. 31 f.; Zanker, 2019, S. 16]. Die Arbeit wird insgesamt stärker technikabhängig und bildschirmbezogen, zum Teil auch monotoner und belastender. Die IT-Neuerungen und -Vorgaben ändern und verdichten die Tätigkeiten für die Sachbearbeiter. Das aufwendig erlernte Steuerfachwissen kommt seltener zur Anwendung [Zanker, 2019, S. 15 f.]. Gleichzeitig führt die Digitalisierung zu einer zunehmenden Mobilisierung der Arbeit durch Homeoffice- bzw. Telearbeit, wodurch sich Beruf und Familie besser vereinbaren lassen [ebd., S. 16]. Um diesen Herausforderungen zu begegnen, wird die Steuerverwaltung nicht ohne erfolgreiche Change-Management-Prozesse auskommen und ist organisatorisch-institutionell auf weitgehend digital arbeitende Finanzämter und digitale Prozesse umzustellen. Im Folgenden werden die verschiedenen Handlungsfelder vorgestellt, deren Umsetzung die Arbeit der Finanzämter stärker digitalisieren könnte.

4.3.1.1 Digitales Besteuerungsverfahren

Die vorherige Bundesregierung sah bereits die Notwendigkeit einer „Implementierung vollständig computergestützter Bearbeitungsprozesse in der Steuerverwaltung, insbesondere in den Finanzämtern" [Deutscher Bundestag, 2020c, S. 3]. In der Literatur wurden hierzu zahlreiche Vorschläge für den Einsatz von digitalen Technologien im Besteuerungsverfahren unterbreitet [vgl. Peuthert et al., 2021; Schaebs et al., 2021; Schmidt, 2020a]. *Koch* weist zurecht darauf hin, dass solche Daten- und Meldesysteme nicht nur dem Fiskus, sondern auch den Steuerpflichtigen, einen Mehrwert bieten müssten [Koch, 2022, S. 2 f.]. Für die meisten Steuergesetze in Deutschland liegt die Gesetzgebungskompetenz nach Artikel 105 GG beim Bund. Die Politik erkannte an, dass „[d]er Steuerbereich mit seinen zahlennahen und gebundenen Entscheidungen in Massenverfahren [...] für den Einsatz von Informationstechnologien besonders geeignet" [Deutscher Bundestag, 2021a, S. 1] sei. Um mehr innovative Technologien im Besteuerungsverfahren einsetzen zu können, wird es aber entscheidend auf die Automationsfreundlichkeit und Digitaltauglichkeit von Steuergesetzen ankommen. Die wägende Subsumption, unbestimmte Rechtsbegriffe, Ermessensspielräume und widerlegbare Vermutungen wirken sich nachteilig aus und können aktuell noch nicht von der IT im Besteuerungsverfahren ausreichend abgebildet werden [ebd., S. 6]. Die Verankerung von widerlegbaren und unwiderlegbaren Betriebs- und Werbungskostenpauschalen und die bilinguale Abfassung der Steuerrechtsvorschriften in menschlicher und algorithmischer Sprache könnten die Digitaltauglichkeit erhöhen [Schmidt, 2020c]. Das BMF sah allerdings technische Schwierigkeiten bzw. steht aktuell noch am Anfang der Erprobungen [Deutscher Bundestag, 2021a, S. 6 f.]. Ferner sind die gesetzlichen Vorschriften noch nicht so ausgestal-

tet, dass beispielsweise vollautomatische (automationsgestützte) Außenprüfungen oder die automationsgestützte Ermessensausübung bei automa-
tionsgestützten Verwaltungsakten möglich wären [ebd., S. 7]. Die Länder
machen zwar deutlich, dass sie die IT-gerechte Ausgestaltung für wichtig
erachten, einen Anpassungsbedarf der aktuellen Steuerrechtsvorschriften
sehen sie mehrheitlich allerdings nicht (Kapitel 3.3.3, S. 65). *Spilker* merkt
hierzu an, dass rein digital arbeitende Finanzämter ohne eine grundlegende Vereinfachung des materiellen Rechts schwer vorstellbar seien [Spilker,
2022, S. 3].

Der Forderung nach einem „Digital-TÜV" [NKR, 2020] mit einer
interdisziplinären Zusammenarbeit zwischen IT-Experten und Juristen
kommt daher eine wesentliche Bedeutung zu. Im Steuerbereich beim BMF
arbeiten bei allen Normsetzungsverfahren bereits heute IT-Experten und
Juristen zusammen, wobei die Nutzerperspektive zukünftig noch stärker
berücksichtigt werden soll und über die Einrichtung von Entscheidungsgre-
mien zur Koordinierung der Zusammenarbeit nachgedacht werde [Deut-
scher Bundestag, 2021a, S. 5]. Auch seien nach Ansicht der vorherigen
Bundesregierung Fragen zur Digitalisierung im Gesetzgebungsverfahren
ein „Teil der verfahrensrechtlich vorgesehenen Gesetzesfolgenabschätzung"
[ebd., S. 2] und es werde die „IT-Umsetzung insbesondere hinsichtlich der
personellen und sachlichen Aufwendungen wie auch des Umsetzungszeit-
raums geprüft und in der Gesetzesbegründung dargestellt" [ebd., S. 4].
Im Weiteren sollten aber Kooperationen wie die des BMF mit dem Kom-
petenzzentrum öffentliche IT des Frauenhofer Instituts zur Untersuchung
von Ansätzen zur Digitalisierung der Steuerrechtsanwendung, zum Beispiel über die Studie „Recht: digital: Maschinenverständlich und automa-
tisierbar", noch stärker verfolgt werden. So könnte besser auf die wissenschaftliche Expertise der Universitäten und Hochschulen in den Ländern
zurückgegriffen werden.

Die zunehmende Digitalisierung beeinflusst letztlich auch die Bereitstellung, Aufbereitung und Analyse von notwendigen Daten im Besteuerungsverfahren. Informations- und Systembrüche müssen hier vermie-

den, Datenbestände zweckgerichtet verfügbar gemacht, Datensicherheits-
konzepte rechtlich und technisch auf höchstem Niveau sichergestellt sowie
Arbeitsabläufe fortlaufend weiterentwickelt werden. Der Umgang mit Daten im Besteuerungsverfahren sowie der Verlauf von Datenströmen müssen überdacht bzw. kritisch untersucht werden. Hierbei muss auch den
Daten von dritter Seite, einerseits im Sinne des „Third-Party-Reportings"
oder als „Alternative Data" [Henselmann et al., 2021], zur Beschleunigung der Automatisierung mehr Aufmerksamkeit geschenkt werden. Ein
umfassendes Konzept, das auf verschiedenen Stufen die Datenströme im
Besteuerungsverfahren analysiert und fortentwickelt, wurde von *Peuthert
et al.* für die deutsche Steuerverwaltung bereits vorgelegt [Peuthert et al.,
2021]. *Danielmeyer* beschreibt in diesem Kontext die Vorteile einer digitalen Betriebsprüfung an konkreten Beispielen und gibt Einblicke in aktuelle Prüfungstechniken, wie beispielsweise die Überprüfung von Corona-
Zuschüssen mittels KI [Danielmeyer, 2021b]. Im Folgenden werden weitere
Handlungsfelder aufgezeigt.

4.3.1.2 Standardisierung von Schnittstellen

Der Trend geht international deutlich zu standardisierten Datenanforderungen der Finanzverwaltungen, beschleunigt auch durch den zwi-
schenstaatlichen Austausch und die Empfehlungen der OECD zum internationalen Standard Audit File for Tax (SAF-T) [Eismayr & Kirsch, 2016,
S. 41 ff.]. Deutschland kann erste Erfahrungen bei der Standardisierung
von Schnittstellen vor allem im Bereich der digitalen Lohnschnittstelle
(DLS) nachweisen. Im Bereich der Finanzbuchhaltung stockt die Umsetzung hingegen, obwohl die bisherigen Erfahrungen für weitere Standardisierungen sprechen.

4.3.1.2.1   Digitale Lohnschnittstelle (DLS)

Unabhängig von der geringen Resonanz auf die Empfehlung der Finanzverwaltung seit dem Jahr 2011 zur Anwendung eines einheitlichen Standarddatensatzes im Bereich der Lohnsteueraußenprüfung [Eismann, 2016, S. 24], wurde die DLS für die Datenträgerüberlassung mit der Einführung des Gesetzes zur Modernisierung des Besteuerungsverfahrens vom 18.07.2016 in § 41 EStG und § 4 LStDV normiert (BGBl. I 2016, S. 1679) und ihre Anwendung für verbindlich erklärt [BMF, 2017]. Die Finanzverwaltung musste sich eingestehen, dass eine Empfehlung zwar den Bekanntheitsgrad der DLS erhöhen, nicht aber zum flächendeckenden Einsatz führen konnte [Deutscher Bundestag, 2016, S. 101]. Seit dem 01.01.2018 müssen alle im Lohnkonto aufgezeichneten Daten per Gesetz verpflichtend in einer „einheitlichen" Art und Weise der Finanzverwaltung bereitgestellt werden. Dem BMF liegen bisher keine statistischen Daten über die tatsächliche Anwendung der DLS durch die Arbeitgeber seit dem 01.01.2018 vor [Deutscher Bundestag, 2020d, S. 3]. Der geforderte einheitliche Datensatz galt damals noch als Novum, da bis zu diesem Zeitpunkt nur die elektronische Bereitstellung (nach nicht näher definiertem Datensatz) geregelt war.[17] Im Gegensatz zu anderen Ländern Europas hatte Deutschland für den Bereich der Außenprüfung keine einheitlichen Strukturstandards gesetzlich festgeschrieben [Schäperclaus & Hanke, 2016]. Der Ansatz hierfür und zugleich das Kernproblem resultierten aus der Vielzahl der am Markt vorhandenen Software- und Abrechnungsprogramme, die die Daten jeweils individuell mit diversen Dateien und Feldern, unterschiedlichen Strukturen, Bezeichnungen und Verknüpfungen auf die Datenträger exportierten. Neben technischen Schwierigkeiten beim Aufbereiten, häufiger Datennachforderungen von Seiten der Außenprüfer, galten vor allem Zweifelsfragen und Unklarheiten als vorprogrammiert [Eismann, 2016, S. 24]. Die Fi-

---

[17]Siehe zur Datenträgerüberlassung § 147 AO, BMF-Schreiben „Grundsätze zum Datenzugriff und zur Prüfbarkeit digitaler Unterlagen (GDPdU)" vom 16.07.2001 sowie BMF-Schreiben „Grundsätze zur ordnungsgemäßen Führung und Aufbewahrung von Büchern, Aufzeichnungen und Unterlagen in elektronischer Form sowie zum Datenzugriff (GoBD)" vom 14.11.2014

nanzverwaltung erarbeitete und beschrieb die DLS, um eine einheitliche Strukturierung und Bezeichnung der Lohn-Dateien und -Datenfelder unabhängig vom verwendeten Personalsoftwareprogramm zu erreichen. Trotzdem bedurfte es einer zusätzlichen Ermächtigung im Gesetz - § 41 Absatz 1 Satz 7 EStG i.V.m. § 4 Absatz 2a LStDV -, um die Einzelheiten für eine elektronische Bereitstellung nach einer amtlich vorgeschriebenen, einheitlichen Form über eine digitale Schnittstelle durchsetzen zu können. Inwieweit die Einführung der DLS auf Unternehmensseite mit höheren Steuerberatungs- und IT-Kosten verbunden war, lässt das BMF unbeantwortet. Adaptions- und Umstellungsprobleme aufgrund der vorgeschalteten Pilotierungsphase bei der Entwicklung der DLS werden gar negiert [Deutscher Bundestag, 2020d, S. 4]. Dies kann insbesondere vor dem Hintergrund der in vielen Lohnbuchhaltungsprogrammen ursprünglich nicht vorgesehenen DLS-Exportfunktion und den entsprechenden Programmanpassungen, aber auch in Hinblick auf die dauerhafte Pflege und Ausrichtung der DLS an gesetzliche Änderungen kritisch hinterfragt werden [Eismann, 2016, S. 24 f.]. Zudem verfolgt die Bundesarbeitsgruppe „Arbeitsgemeinschaft Prüfsoftware LSt-Außenprüfung - AG PSW LStAP" mit Vertretern der Länder die kontinuierliche Weiterentwicklung und Optimierung der DLS, die möglicherweise weitere Anpassungen von den Steuerpflichtigen fordern wird.

Zur Ausgestaltung der DLS stellt das BZSt auf seiner Internetseite eine jeweils aktuelle Version der DLS mit weitergehenden Informationen und eine Programmieranweisung bereit. Die dort beschriebenen, recht umfangreichen Angaben zu Datengruppen, Feldeigenschaften in der Datensatzbeschreibung, zur verwendeten Schlüsselsystematik und der Verwendung von Primärschlüsseln implizieren auf den ersten Blick eine fragliche Bürokratisierung, fokussieren jedoch vorrangig Softwareanbieter und belasten mithin nur indirekt den Steuerpflichtigen selbst. Die Ausgestaltung der Datensatzbeschreibung der DLS wurde von *Eismann* bereits ausführlich beschrieben [Eismann, 2016, S. 25 f.]. Schlussendlich können so die Lohndaten für jedes Jahr des Prüfungszeitraums gesondert mittels des XML-basierten Beschreibungsstandards bereitgestellt werden, wobei die gewünschte „einheitliche" Systematik in den Datensätzen erreicht wird.

Aus heutiger Sicht kann die Entscheidung zur Verpflichtung jedenfalls für Deutschland als wegweisend und zielführend angesehen werden.
Nach Erkenntnissen der Bundessteuerverwaltung im Bereich der Bundes-
Lohnsteueraußenprüfung wurde mit der Einführung der DLS die Prü-
fungsqualität verbessert [Deutscher Bundestag, 2020d, S. 2]. Auch wenn
auf Länderebene empirische Daten zur Effizienzsteigerung in der Außenprüfung und zum gesunkenen Zeitverbrauch beim Datenzugriff mangels
verwaltungsinterner Evaluierungen fehlen, geht die vorherige Bundesregierung davon aus, dass mithilfe der DLS der Prüfungsablauf sowohl für
die Finanzverwaltung als auch für die Wirtschaft reibungsloser gestaltet,
die Vollständigkeit der überlassenen Daten angeregt sowie die Zugänglichkeit und Auswertbarkeit durch die Prüfungssoftware der Finanzverwaltung
zeitlich verkürzt und vereinfacht worden seien [ebd., S. 2]. Der technische
Prozess der Datenbereitstellung sei auch für Arbeitgeber wesentlich vereinfacht und inhaltliche Fehldeutungen von elektronischen Datei- und Feld-
inhalten seien vermieden worden. Zudem hätte die Einführung der DLS
zu einer Verringerung der personellen Kapazitäten bei der Betreuung der
Datenbereitstellung, zu Zeit- und Kostenersparnissen für Arbeitgeber und
Finanzverwaltung und zu einheitlichen Datenbeständen geführt.

Zusammenfassend wird die Einführung der DLS in der Literatur
überwiegend positiv, sogar als Beleg für eine erfolgreiche Innovation durch
mehr Digitalisierung im Bereich der Betriebsprüfung [Kowallik, 2018, S.
29 f.] oder als Trend der gelungenen digitalen Transformation in der deutschen Finanzverwaltung gesehen [Kirsch & Schäperclaus, 2018, S. 20 f.].
Gewiss kann deshalb die DLS als Erfolgsmodell und Wegweiser für ein
unterstützendes Werkzeug beim Datenzugriff gesehen werden. Wesentliche und zeitlich intensivere Prüfungshandlungen schließen sich jedoch an
den Datenzugriff erst an [Eismann, 2016, S. 27]. In diesem Kontext sollte deshalb vom Gesetzgeber geprüft werden, inwieweit der DLS-Export
mit einer Übermittlungspflicht durch Datenfernübertragung - vergleichbar
zur Übermittlungspflicht bei Lohnsteueranmeldungen nach § 41 a Absatz

1 Satz 2 EStG - ergänzt werden kann, um so auf Ebene der Finanzverwaltung automationsunterstützte Lohnsteuer-Außenprüfungen bis hin zu Auto-Prüfungen (Kapitel 4.3.1.3, S. 127, und 4.3.2.2, S. 132) möglich werden zu lassen. In jedem Fall sind die Erfahrungen im Umgang mit der DLS für nachfolgende Standardisierungen umgehend heranzuziehen.

4.3.1.2.2 Sonstige einheitliche Schnittstellen

Die Vereinheitlichung von weiteren Schnittstellen, zum Beispiel der Digitalen Schnittstelle der Finanzverwaltung für Kassensysteme (DSFinV-K) oder bei der elektronischen Übermittlung von Mitteilungen der Notare nach § 18 Grunderwerbsteuergesetz (GrEStG), wird bereits verfolgt [Achilles, 2019; Deutscher Bundestag, 2020d, S. 5]. Für den Bereich der Finanzbuchhaltung scheinen sich die Anforderungen weitaus komplexer darzustellen als für die Lohnsteuer. Hier wurde von der vorherigen Regierung angegeben, dass eine gesetzliche Regelung zur Vereinheitlichung nur geprüft werde, nicht aber ein konkreter Einsatzzeitpunkt geplant sei [ebd., S. 5]. Demgegenüber deutete die Gesetzesbegründung im Referentenentwurf zum Jahressteuergesetz 2020 [BMF, 2020, S. 184] auf die Wichtigkeit des Themas hin. In der Gesetzesfassung war die beabsichtigte Verordnungsermächtigung zur Vereinheitlichung von Schnittstellen und der Datenspeicherung nach umfangreicher Kritik größerer Verbände nicht mehr enthalten [Kowallik, 2020c, S. 2267]. Der Verfasser hatte sich von der Festschreibung in Form einer Standardisierung und der Definition von Mindestanforderungen erhofft, „Rechtssicherheit für die Wirtschaft" zu schaffen und „langwierige Anpassungen von Datenstrukturen oder aufwendige Exportrechenläufe z.B. zur Vorbereitung oder während einer Außenprüfung" zu vermeiden [Deutscher Bundestag, 2021i, S. 1]. Dabei hatte er sich allerdings weder an wissenschaftlich untersuchten Konzepten wie SAF-T noch an Beispielen anderer Länder orientiert, sondern allein auf die Erfahrungen mit der DLS und vergleichbaren Schnittstellen abgestellt. Ein weiteres Problem bestand darin, dass im Referentenentwurf der Begriff „Datenspeicherung" genutzt wurde, der bei Verbänden auf größere Kritik stieß, weil diese vorgeschriebene „Datenspeicherungs- und Archivierungsprogramme" vermuteten [ebd., S. 2]. Zudem wurde auf einen umfangreichen Austausch und die Aussicht auf eine mögliche Pilotierungsphase wie bei der Einführung der DLS verzichtet. Aufgrund dieser Missgeschicke musste die Einführung der einheitlichen Finanzbuchhaltungsschnittstelle aus dem Gesetzesentwurf zum Jahressteuergesetz 2020 gestrichen werden. In Deutschland gibt es deshalb bis heute keine verbindlichen Vorschriften zur Anlieferung von Finanzbuchhaltungsdaten an die Finanzbehörden nach einheitlichem Datensatz.

Für die Finanzverwaltung könnten allerdings das Risikomanagement verbessert, Steuerhinterziehung und -umgehung besser erkannt sowie Compliance-Anforderungen durch Steuerpflichtige leichter erfüllt werden, wenn die standardisierte Übermittlung ausgebaut wird. Das Standard Audit File - Tax (SAF-T) als XML-Format scheint nach den Konzepten der OECD [OECD, 2005; OECD, 2010] zur Übermittlung von transaktionsbezogenen Informationen sinnvoll [Peuthert et al., 2021]. Österreich, Luxemburg, Frankreich, Litauen, Norwegen, Polen sowie Portugal haben gleichartige Konzepte bereits umgesetzt [Auksztol & Chomuszko, 2020]. *Müller* forderte gar eine europäische SAF-VAT Verordnung [Müller, 2020b]. Dabei ist SAF-T konzeptionell nicht auf eine bestimmte Steuerart zugeschnitten. Ein wesentlicher Nutzen ist die Nachvollziehbarkeit von Transaktionsketten durch die gegebene Übermittlung [Petrosino, 2019].

Die OECD geht außerdem davon aus, dass sich durch die Vereinheitlichung von Schnittstellen für den Export von Steuerdaten die Transaktionskosten sowohl für die Finanzverwaltung als auch für die Steuerpflichtigen senken lassen [OECD, 2020a]. Die einheitlichen Schnittstellen schaffen ferner die Grundlage dafür, dass eine weitere Automatisierung in der Außenprüfung stattfinden kann, weil die aufwendige Aufbereitung der Steuerrohdaten standardisiert wird. Dies dürfte auch eine Rolle für die erfolgreiche Umsetzung des Konzepts der „zeitnahen Betriebsprüfung" haben [Deutscher Bundestag, 2021c, S. 7]. Als Folge daraus dürften sich erhebliche Zeitersparnisse für die Außenprüfer ergeben. Die in der Privatwirtschaft genutzten „gesicherten Datenaustauschräume" könnten die Außenprüfung noch dazu effizienter machen, wenn Steuerpflichtige oder Steuerberater keine USB-Sticks oder gar CDs mit elektronischen Buchhaltungsdaten der Finanzbehörde übersenden müssten. Es entfielen zudem Postlauf- und Bearbeitungszeiten. Für die Belegvorlage werden zumindest solche Containermodelle bzw. Cloudlösungen diskutiert [Egner, 2018, S. 17]. Auf die Potenziale von Cloud-Plattformen im Besteuerungsprozess und -verfahren als Marktstandard hat *Kowallik* bereits hingewiesen [Kowallik, 2020b]. Die Bundesländer BW (SteuerCloud@BW), BY (SecureBox Bayern), HE (HessenDrive) und SH (FinDrive-SH) haben diese bereits erkannt und eigene Austauschplattformen eingeführt [Kowallik, 2022a, S. 976; Kowallik, 2022b, S. 693]. Auf diesen Plattformen könnten letztlich auch die Außenprüfer und Angehörigen der steuerberatenden Berufe, über den reinen Datenaustausch hinaus, gemeinsam arbeiten. Letztlich bedarf es der Aufnahme neuer Gespräche mit den verschiedenen Stakeholdern, damit zunächst die Vereinheitlichung weiterer Schnittstellen für den Export von Steuerdaten und die Strukturierung der Daten vorangebracht werden können. Hierbei muss von Seiten der Regierung ein neuer Impuls ausgehen, weil ohne die einheitlichen Schnittstellen viele der im Weiteren beschriebenen Automatisierungs- und Plattformvorteile nur über Umwege nutzbar sind.

4.3.1.3 Automatisierung

Durch Automatisierung und den umfangreichen Einsatz von algorithmischen Verfahren kann unter Berücksichtigung rechtlicher Vorgaben der Digitalisierungsgrad weiter erhöht werden. *Heller* sieht die Automatisierung angesichts der abnehmenden Zahl an Personal sogar als „alternativlos" an [Heller, 2022, S. 33]. Im Jahr 2019 betrug die Quote derjenigen Steuerfälle, die ausschließlich automatisiert bearbeitet wurden (Autofälle), zwar erst 10,0% [Deutscher Bundestag, 2020g, S. 9]. Die Abbildung 4.5 stellt ausgehend von den Angaben der damaligen Bundesregierung drei verschiedene Szenarien bis zum Jahr 2030 dar. Das Jahr 2016 ist zu vernachlässigen, weil erst zum 01.01.2017 das Gesetz zur Modernisierung des Besteuerungsverfahrens die Grundlagen für die Vollautomatisierung geschaffen hat.

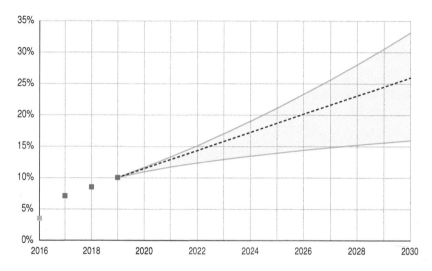

Abbildung 4.5: Prognose der Automatikfälle bis 2030 [Schaebs et al., 2021]

Die gestrichelte Linie geht von einer linearen Entwicklung anhand der Werte von 2017 bis 2019 aus, mithin der wahrscheinlichste Fall. Stößt die Automatisierung an ihre Grenzen, ergeben sich geringere Werte im Sinne der unteren Linie. Die beste Variante verdeutlicht die obere Linie, wenn es gelingt, die RMS optimiert fortzuentwickeln und die Voraussetzungen zur technischen Erstreckung auf noch mehr Steuerfälle zu schaffen. Zum Risikokreislauf und der optimierten Wirkungsweise von RMS im Steuerverfahren haben u.a. Baum [2015, 2016], Schmidt [2020b, 2021a,b] und Heller [2022, S. 51 ff.] bereits umfassend Stellung bezogen. Alle kommen zu dem Ergebnis, dass durch RMS die Bearbeitungszeiten in den Finanzämtern gesenkt und die Effizienz gesteigert werden können. Wie *Hummel* zutreffend feststellt, besteht dahingehend sogar für die Steuerverwaltung im Zusammenhang mit § 88 Absatz 5 Satz 2 AO ein neuer „Handlungsmaßstab" als Grundsatz der Wirtschaftlichkeit, obgleich „die Gesetzmäßigkeit und Gleichmäßigkeit der Besteuerung nicht relativiert" [Hummel, 2020, S. 65] werden dürfen.

In diesem Zusammenhang sollte der Bürger von der Steuerverwaltung erwarten können, dass die Systeme sogenannte reine „Erstattungsfälle" computergestützt erkennen und vorrangig bearbeiten können. Das de facto entliehene Geld des Steuerzahlers darf nicht länger als unbedingt notwendig beim Staat verbleiben. Aktuell scheint ein solches Interesse des Fiskus jedoch nicht gegeben zu sein [Deutscher Bundestag, 2020c, S. 4]. Darüber hinaus lassen sich einige der mit der Veranlagung von Steuerfällen einhergehenden Tätigkeiten zunehmend durch den Einsatz von NLP, ML bzw. KI, RPA und OCR erledigen. Die Automatisierung könnte bei der Vollständigkeits- und Plausibilitätsprüfung unterstützen. Die RPA-Funktion könnte die Erfassung von Bearbeitereingaben aus unstrukturierten Daten übernehmen. Dokumentenprüfungen von beispielsweise Kapitalertragsteuerbescheinigungen oder Schwerbehindertenausweisen leistet die OCR-Funktion, Datenabgleiche werden von der KI gemeistert, Übersetzungen von fremdsprachlichen Bilanz- und Buchungstexten wären dank NLP kein Problem mehr. Sofern es gelingt, zudem die Steuergesetze durch eine Formulierung oder Syntaxvorgaben maschinenlesbar zu machen, könnte auch die rechtliche Würdigung von steuerlichen Sachverhalten automatisiert erfolgen. Erste Vorhaben mit wissenschaftlicher Kooperation existieren auf dem Gebiet der Gesetzesfolgenabschätzung nach § 21 Absatz 6 FVG [Deutscher Bundestag, 2020g, S. 10]. Aber erst durch eine umfangreiche Erprobungskultur aus den Ländern heraus wird die Innovationsfähigkeit der deutschen Steuerverwaltung wesentlich vorangebracht. Abwartende, reaktive Haltungen, bis letztlich fertige Lösungen aus dem KONSENS-Verbund zum Rollout anstehen, werden den Herausforderungen aufgrund der Digitalisierung nicht gerecht und lassen Innovationspotenziale in den Ländern völlig ungenutzt.

4.3.2   Weitere Einzelaspekte

Neben den digital arbeitenden Finanzämtern (Kapitel 4.3.1, S. 118) wird es auf weitere Umstellungen ankommen, damit die umfassende digitale Transformation der inneren Organisationsstruktur gelingen kann. Nachfolgend wird auf die digitalen Verwaltungsabläufe, die Risikomanagementsysteme und Fallauswahl sowie auf den Einsatz der Blockchain-Technologie und KI genauer eingegangen.

4.3.2.1   Digitale Verwaltungsabläufe

Das Gesamtziel einer papierlosen Aktenführung bzw. auch der „Papierlosen Post" fordert erhebliche Anstrengungen innerhalb der Steuerverwaltung [Ministerium für Inneres Baden-Württemberg, 2020, S. 63]. Zwar konnten Scannerstellen bisher in vielen Fällen die Dokumente bereits digital verfügbar machen, die Vorteile der Digitalisierung wurden dadurch allein noch nicht ausgeschöpft. In diesem Kontext sind zwingend die Erfahrungen aus der OCR-Technik für die Verarbeitung aller analogen Schriftstücke wie Anträge und Bescheinigungen nutzbar zu machen und fortzuentwickeln. Der Austausch zwischen den Behörden, aber auch die Vorgänge innerhalb der Steuerverwaltung selbst, erfordern eine Änderung der Vorschriften in der FAGO, weil digitale Geschäftsgänge sich von analogen zum Teil erheblich unterscheiden. Im Weiteren ist die Anbindung an digitale Behördenpost- bzw. -austauschfächer voranzutreiben.

Nach Angabe der Länder geben immer mehr Steuerpflichtige ihre Erklärungen elektronisch ab und machen zunehmend Gebrauch vom elektronischen Abruf des Einkommensteuerbescheids. Die in der Befragung aufgezeigten relativen Werte an digitalen Bescheiden von 1,8% (TH) bis maximal 4,5% (HH) sind trotz der laufenden Pilotierung sehr gering, wenn man bedenkt, dass im Jahr 2019 rund 23,9 Mio. Einkommensteuererklärungen digital übermittelt worden seien (Kapitel 3.4.2, S. 67). In diesem Sinne ist der Ausbau des KONSENS-Entwicklungsvorhabens DIVA, wodurch sich neben Steuerbescheiden/Verwaltungsakten in einer nächsten

Ausbaustufe alle sonstigen Schreiben der Steuerverwaltung digital bereitstellen lassen, über das bisherige Maß hinaus zu fördern [Deutscher Bundestag, 2020g, S. 9].

Ernst und Young sehen in ihrem Modell für die Steuerverwaltungen vor, dass sie in den finalen Stufen die komplett elektronische Prüfung (e-audit und e-access) ermöglichen [Ernst & Young, 2017]. Beschäftigte der Steuerverwaltung im Innen- und Außendienst sind aus diesem Grund an verwaltungsinterne und externe Datenhaltungssysteme umfangreicher anzubinden. Bereits heute setzen führende Wirtschaftsunternehmen, aber auch oberste Bundesbehörden, technische Lösungen ein, die ein vollumfängliches Arbeiten und den Zugriff auf die Daten von unterwegs ermöglichen. Alle Außenprüfungsbediensteten sollten wie ihre Kollegen im Innendienst auf das Netz der Steuerverwaltung ortsunabhängig zugreifen können und für die Steuerpflichtigen gut erreichbar sein. Im Weiteren könnte es dann gelingen, bei einer entsprechenden Anbindung der Softwareoberflächen, die Ergebnisse der Außenprüfung automatisiert auszuwerten. Die für Steuerpflichtige und Berater mitunter langen Zeiten des Wartens auf die Ergebnisse der Außenprüfung (Berichtsübersendung, geänderte Steuerbescheide) könnten durch eine Automatisierung im Bereich der Registratur- und Auswertungsstellen und die papierlose Kommunikation deutlich reduziert werden.

Aktuell schon können Einsprüche über das ELSTER-Portal elektronisch erhoben werden. Klagen und andere einzureichende Dokumente beim Finanzgericht hingegen bedürfen des Einsatzes einer qualifizierten elektronischen Signatur nach § 52 a Absatz 3 FGO [Egner, 2018, S. 18]. Es ist daher zu begrüßen, dass mit einem am 18.12.2020 vorgelegten Referentenentwurf geplant wird, den elektronischen Rechtsverkehr mit den Finanzgerichten zu erleichtern und § 52 a Absatz 4 der Finanzgerichtsordnung u.a. dahingehend zu ergänzen, den Übermittlungsweg bei Einhaltung bestimmter Kriterien als sicher zu definieren [BMJV, 2020]. Darüber hinaus könnte die Führung elektronischer Akten in den Steuerverwaltungen auch zu einer neuen Form der digitalen Akteneinsicht für Rechtsbeistände oder Steuerpflichtige führen. Bearbeitungsstände sollten transparent für Steuerpflichtige erkennbar gemacht werden. Bei einfachen Rechtsbehelfsverfahren könnte KI den rechtssuchenden Bürger wie auch die Steuerverwaltung unterstützen und Vorarbeiten leisten. Eine vollständige Automatisierung von Rechtsbehelfsverfahren ohne Kontrolle durch einen Menschen dürfte allerdings mit Verfassungsrechtsprinzipien kollidieren. Zu dahingehenden Qualitätssicherungsverfahren halten sich die Länder aktuell noch sehr bedeckt (Kapitel 3.6.2, S. 79). Es ist aber davon auszugehen, dass der zunehmende Einsatz von Risikoregeln, maschinellen und selbstlernenden Systemen sowie KI-Anwendungen einer sorgsamen Evaluierung und Kontrolle durch die Finanzverwaltungen der Länder bedarf [Schmidt, 2020a,c]. Die gesetzlichen Anforderungen aus § 88 Absatz 5 AO müssten vom Gesetzgeber auf diese innovativen Anwendungen erstreckt werden. Eine Überprüfung im Rahmen der Bund-Länder-Arbeitsgruppen scheint insoweit sinnvoll zu sein, dass dort auch landesspezifische Erfahrungen und Besonderheiten einfließen könnten. *Heller* hat in diesem Kontext bereits für die Überwachung der Risikomanagementsysteme verschiedene andere Gremien untersucht [Heller, 2022, S. 217 ff.].

4.3.2.2   Risikomanagementsysteme und Fallauswahl

Risikomanagementsysteme (RMS) werden von der Steuerverwaltung im Bereich der Steuerfestsetzung schon seit vielen Jahren eingesetzt. Die gesetzliche Grundlage in § 88 Absatz 5 AO folgte erst zum 01.01.2017. Für die Außenprüfungsdienste sind solche RMS bislang nicht implementiert. Zwar können die Außenprüfer einzelne Makros auf die Daten vom Steuerpflichtigen anwenden, die dann wiederum Anomalien oder Lücken aufdecken. Auch Abgleiche mit Vorjahres- oder Branchendaten sind problemlos möglich. Mithilfe von RPA-Technik könnten zukünftig aber auch große Datenmengen in der Betriebsprüfung (Big Data) problemlos analysiert werden. KI kann bei Abgleichen mit Register-, Kraftfahrzeugzulassungs- und Übermittlungsdaten von anderen Behörden eingesetzt werden. Solch eine Unterstützung durch KI wird von den Ländern auch in Erwägung gezogen bzw. in Projekten erprobt (Kapitel 3.6.1, S. 78).

Die verbindliche Vorabprüfung aller Außenprüfungsfälle durch RMS, quasi Automatikprüfungen, sollte realisiert werden. Die jahrelangen Erfahrungen aus dem Einsatz von RMS in der Festsetzung sind für die Außenprüfungsdienste wertvoll. Im Gegensatz zur damaligen Einführungsphase im Festsetzungsbereich stehen die Steuerdaten in der Außenprüfung heute fast ausschließlich in elektronischer Form bereit. So könnten die Ressourcen im Sinne einer effizienten Verwaltung gezielter eingesetzt und die Prüfungsdauer, -dichte und -häufigkeit besonders bei kleineren Betrieben im Sinne des Grundsatzes der Gleichmäßigkeit der Besteuerung (§ 85 AO) erhöht werden.

Bei der Auswahl der zu prüfenden Steuerfälle sind die Größe des Unternehmens und die mit der Einstufung in Größenklassen verbundenen Erwartungen (u.a. steuerliche Auswirkungen, Fehlerquote, Folgewirkungen) für den Staat aktuell noch die dominierenden Kriterien. Die Finanzämter sollten alle ihnen zur Verfügung stehenden zeitgemäßen Datenquellen und Informations- und Kommunikationsinstrumente nutzen, um die Prüfungswürdigkeit anhand weiterer Parameter zu bestimmen. Eine zu einseitige Orientierung an der Größenklasse ist nicht mehr zeitgemäß, denn andere Risikoparameter, die sämtliche vorhandenen Steuerdaten einbeziehen, ermöglichen eine noch bessere Auswahl der zu prüfenden Unternehmen. Gleichzeitig sollten die Vorteile automatischer Vorprüfungen durch Computersysteme genutzt werden, um Ressourcen nur dort einzusetzen, wo es unbedingt notwendig erscheint. So wird die Größe eines Unternehmens nicht mehr das einzige Kriterium bei der Fallauswahl sein, sondern sich zu anderen Kriterien gesellen. In einem neuen Verfahren könnten anonyme Hinweise und Mitteilungen von anderen Behörden, aber auch eine strukturierte Zufallsauswahl i.S.d. Verfahrens MUS [Europäische Kommission, 2017; Giezek, 2011, 2019], ergänzende Faktoren für die Prüfungswürdigkeit bilden.

An der bisher starken Berücksichtigung der Größe des Unternehmens hält allerdings das BMF noch fest, wobei „die Kriterien für die Fallauswahl ständig weiterentwickelt" werden und die Länder seit mehr als 15 Jahren an einer automationsunterstützten Fallauswahl arbeiten [Deutscher Bundestag, 2021c, S. 1 f.]. Die Kritik von Wissenschaftlern, dass die bisherige Fallauswahl diskriminierende Auswirkungen im Sinne von divergierenden und gleichheitswidrigen Prüfungsfrequenzen zur Folge hätte [Schmidt, 2020a], negiert das Ministerium und verweist zugleich auf die zutreffende Fallauswahl, welche durch „die niedrige Quote der Null- und Bagatellfälle" bestätigt werde [Deutscher Bundestag, 2021c, S. 2]. Besonders zu hinterfragen sind allerdings im Kontext der bisherigen Verfahrensweise die gesunkenen Prüfquoten seit dem Jahr 2017. Prüfte die Steuerverwaltung in 2017 beispielsweise 40.173 von 186.339 Großbetrieben (Prüfquote 21,6%), waren es im Jahr 2020 nur noch 34.164 von 196.211 Unternehmen (Prüfquote 17.4%). Hier scheint die Praxis die Notwendigkeit zu einer Ausrichtung an „risikoorientierten Faktoren" zu bestätigen. Dazu könnte das KONSENS-Verfahren „RMS-Bp" unterstützen, sobald es vollumfänglich im Einsatz ist [ebd., S. 3 f.]. Die Länder erhoffen sich dadurch einen effizienteren Einsatz der Personalressourcen im Bereich der Außenprüfung und die Analyse der Daten aus den E-Bilanzen im Sinne einer „Risikoeinstufung und Auswahl der automatischen Jahresabschlussanalyse" [ebd., S. 6].

Zusammenhänge zwischen diversifizierteren Fallauswahlkriterien und einer möglichen Steigerung eigenmotivierter Tax Compliance wurden von der bisherigen Bundesregierung nicht erkannt [Deutscher Bundestag, 2021c, S. 2]. Positiv ist zumindest, dass sich bereits wissenschaftlicher Rat für die „Einschätzung, Entwicklung und Fortentwicklung der Algorithmen oder notwendigen Parameter" bei der Ausgestaltung der RMS eingeholt wurde [ebd., S. 5]. Dies scheint für eine kontinuierliche Evaluierung und Verbesserung des Verfahrens auch geboten. Mehr noch sollte aber die Verwaltung selbst Forschung hierzu betreiben (siehe Kapitel 6, ab S. 167).

Insgesamt fehlt es bei der Verwendung der Personalressourcen und der Nutzung von Risikosystemen noch an Impulsen zu neuen Wegen. Die

Ministerien und politischen Entscheidungsträger halten am bisherigen Prozedere zur Auswahl von Unternehmen für Prüfungen fest. Auch fehlt es an umfassenden wissenschaftlichen Studien zu den Verbesserungsmöglichkeiten, obwohl die Finanzämter heute über weit mehr Daten verfügen und längst schon neue Verfahrensweisen hätten implementieren und evaluieren können. Dabei müssten zunächst alle Akteure offen für Veränderungen sein, den Status quo analysieren und sich an die veränderten Anforderungen, national wie international, anpassen. Hier stellen moderne Informations- und Kommunikationstechnologien und die fortschreitende Digitalisierung der Prozesse insbesondere bei der Fallauswahl erhebliche Effizienzpotenziale in Aussicht.

4.3.2.3 Einsatz von Blockchain und Künstlicher Intelligenz (KI)

Die Steuerverwaltungen untersuchen bereits, wie die Blockchain zu einer Verbesserung von ELSTER beitragen könnte, wenn bisherige papiergebundene Bescheinigungsprozesse digitalisiert wären [KONSENS, 2021a, S. 9]. Das Forschungsprojekt „NESSI" (Nachweisplattform ELSTER Self-Sovereign Identities) beim Bayerischen Landesamt für Steuern soll eine Verifizierung über einen Speicherort mit einem Gültigkeitsregister zu Bescheinigungen ermöglichen. Diese „vollständig digitale Verarbeitung" kann dazu beitragen, dass sogar die Fälschungssicherheit im Vergleich zu den bisherigen Papiervorgängen erhöht werde [ebd., S. 9]. Ganz konkret wird hier von Bayern untersucht, wie „Bürgerinnen und Bürger bestimmte Daten ihres Einkommensteuerbescheids für Kreditprüfungen digital an ihre Bank weiterleiten könnten" und dabei „selbst bestimmen, wem sie welche digitalen Daten offenbaren" [Bayerisches Staatsministerium für Digitales, 2021].

Die Blockchain-Technologie bietet allerdings noch weit mehr Potenziale für die Automatisierung durch eine manipulationssichere und dezentrale Speicherung sowie transparente Dokumentation von Transaktionen, u.a. für die Bekämpfung der Mehrwertsteuer- und Abgabenhinterziehung [Ainsworth & Shact, 2016, S. 1165], beim Rechnungsverkehr [Liekenbrock & Müller, 2022] sowie im Bereich der Verrechnungspreise [Müller, 2020a, S. 1274 ff.]. Technologisch könnten damit eine Echtzeit-Compliance bzw. eine „Echtzeit-Betriebsprüfung" möglich werden [Benke et al., 2021, S. 1223 f.]. Durch solch eine zeitnahe Betriebsprüfung ergäben sich dann wiederum auch für den Steuerpflichtigen Vorteile durch die wirtschaftliche sowie rechtliche Sicherheit der durchgeführten steuerlichen Compliance. Die Blockchain-Technologie könnte in diesem Zusammenhang auch als Software-Connector fungieren [Xu et al., 2016, S. 184] und über eine API-Schnittstelle (Application Programming Interface) quasi eine „Klammer" für andere Systeme darstellen. In jedem Fall bieten sich hier noch Chancen und Vorteile für weitere Serviceangebote der Steuerverwaltung [Danielmeyer, 2021a; Müller, 2021; Risse & Gries, 2020]. Diese sollten allesamt umfangreicher als bisher erprobt werden. In diesem Sinne muss auch der Austausch mit der bzw. der Rückgriff auf die Wissenschaft noch stärker forciert werden.

Künstliche Intelligenz in der Betrugsbekämpfung, auch bekannt als Fraud Prevention and Detection, wird bereits bei anderen Behörden eingesetzt, z.B. das Enterprise Fraud Management (EFM) in der BA zur Aufdeckung von Anomalien im Zahlungsverkehr. Bei der Aufbereitung von Ermittlungsakten in Strafverfahren konnten in BW positive Erfahrungen gesammelt werden, die sich auf die Steuerverwaltung durchaus übertragen lassen [Ministerium für Inneres Baden-Württemberg, 2020, S. 62]. Auch bei der Zollverwaltung wird auf KI zur Erkennung von Plagiaten, bei der Bildrecherche und -analyse, in Form von Chat- bzw. Voicebots als Dialogassistenten, zur Sprachtranskription und bei der Bekämpfung von Geldwäsche und Terrorismusfinanzierung zurückgegriffen [Deutscher Bundestag, 2021f, S. 2 f.]. Beim BZSt sollen KI-Methoden im Rahmen einer Analyse- und Auswertungssoftware für grenzüberschreitende Sachverhalte sowie als Chatbot zum Einsatz kommen [ebd., S. 3]. Die Steuerverwaltung kann auch auf positive Erfahrungen mit dem Web-Robotor „X-Pider" als Ermittlungsinstrument für den Online-Handel verweisen [Liekenbrock & Danielmeyer, 2022; Müller, 2020c]. *Schmidt* hat darüber hinaus weitere Potentiale und Herausforderungen eines Einsatzes von KI für die Steuerverwaltung untersucht und hebt die vielfältige Unterstützung für die tägliche Arbeit im Finanzamt hervor [Schmidt, 2021c; Schmidt, 2022, S. 81].

Das BMF misst KI ebenfalls einen hohen Stellenwert bei, wenn es angibt, dass KI einen wichtigen Beitrag leisten könne, die ständig steigenden Datenmengen zielgerichtet auswerten und Informationszusammenhänge in Massendaten erkennen zu können. Auch könnte KI die Durchführung von Prognosen und die Gesetzesfolgenabschätzung vereinfachen und unterstützen [Deutscher Bundestag, 2021f, S. 4]. Gleichwohl nimmt das BMF aber über seine Mitwirkung im Vorhaben KONSENS bisher nur wenig Einfluss auf die Erforschung weiterer KI-Anwendungsmöglichkeiten bzw. die intelligente Ergänzung der bisherigen regelbasierten Systeme der Steuerverwaltung. Keines der Verfahren von KONSENS berücksichtige KI-Komponenten und der avisierte Erfahrungsaustausch zwischen Bund und Ländern zu KI-Projekten stehe noch immer aus [ebd., S. 4 f.]. Die Befragung der Länder (Kapitel 3.6.1, S. 78) ergab, dass der Einsatz von KI einschließlich der Chatbots und RPA eine zunehmende Aufmerksamkeit erfährt und dort erste praktische Erfahrungen vorhanden sind. Dabei ist die Initiative Hessens zur Gründung einer „Forschungsstelle Künstliche Intelligenz" der richtige Ansatz, in dessen Sinne auch andere Bundesländer moderne IT-Verfahren testen sollten.

Letztlich müssen, wie zuvor beschrieben, Qualitätssicherungsverfahren einschließlich definierter Prüfkriterien und -mechanismen etabliert und Grenzen auch für den Einsatz von KI gesetzt werden. Ein erstes Konzept zur Verwirklichung von vertrauenswürdigen KI-Anwendungen sei in der Erstellung [Deutscher Bundestag, 2021f, S. 5]. In Deutschland hat sich das Konzept der „Erklärbaren Künstlichen Intelligenz" durch Forschungsinitiativen des Frauenhofer-Instituts und des Deutschen Forschungszentrums für Künstliche Intelligenz (DFKI) verbreitet. Durch den Einsatz von Erklärbarer künstlicher Intelligenz (Explainable Artificial Intelligence, XAI)[18] könnten die benötigten Daten von fremden Stellen, beispielsweise von

---

[18]XAI zielt auf die eindeutige Nachvollziehbarkeit der Operationen, die durch künstliche Intelligenz vollzogen werden, im Unterschied zu Black-Box-Vorgängen.

Zollbehörden, den Renten- und Sozialversicherungsträgern oder den Registergerichten, im Bedarfsfall elektronisch abgerufen (kein automatisierter Generalabruf von Daten) und mit dem Prüfungsfall intelligent verknüpft werden. Es wird bei der Verwendung von KI entscheidend auf die Eingabedaten und Trainingsroutinen ankommen, damit KI qualitative Arbeiten erbringen kann. Hier kommt der Steuerverwaltung auch in Bezug auf das rechtsstaatliche Handeln von KI eine große Verantwortung zu. Vorhandene Datenbestände der Finanzverwaltung müssen zunächst zusammengeführt werden. Aktuell wird eine Vielzahl dieser Datenverknüpfungen von Bediensteten der Steuerverwaltungen in mühevoller Einzelarbeit geleistet, u. a. die Pflege der Konzernverzeichnisse. XAI kann alle Erkenntnisse aus den Registern, einschließlich eines zentralen Unternehmensregisters und die Informationen aus Mitteilungen nach § 138 AO über ausländische Beziehungen, als Konzernstrukturen umfassend und in Echtzeit, ebenso wie Informationen zu Verschmelzungen, Umbenennungen oder Anteilsverkäufen, visualisieren (Live-Konzernverzeichnisse). Dies scheint zur Nutzung der beschriebenen Effizienzpotentiale aus der Digitalisierung innerhalb der Steuerverwaltung [Schaebs et al., 2021] und vor dem Hintergrund eines verbesserten grenzüberschreitenden Informationsaustausches dringend geboten.

Kapitel 5

Reformbedürfnisse und -ansätze zur Personalqualifizierung[19]

Die Nachwuchsgewinnung und fortwährende Qualifizierung von Bediensteten stellen die Steuerverwaltungen der Länder und die des Bundes vor immer größere Herausforderungen. Dies betrifft quantitative und qualitative Aspekte gleichermaßen. So müssen die Steuerverwaltungen einerseits künftige personelle Abgänge kompensieren, wobei der Wettbewerb mit anderen Arbeitgebern hierbei weiter zunehmen wird, und andererseits Kompetenzen fordern bzw. fördern, die nicht zum klassischen Ausbildungsbild gehör(t)en.

Aktuell ist die Ausbildung von Steuerbeamten fokussiert auf die Vermittlung von umfangreichen Kenntnissen des Steuerrechts, die ganz überwiegend singulär nach Steuerarten zu erlernen sind. Einen zwischen diesen verzahnten steuersystematischen Gesamtüberblick erlangen Auszu-

---

[19]Teile dieses Abschnitts wurden bereits veröffentlicht in Peuthert & Schaebs [2021b], siehe hierzu auch die Übersicht der Publikationen am Ende dieser Arbeit (Anhang D).

bildende und Studierende nur mühevoll. Zudem erfordert ein immer komplexeres, sich schnell veränderndes Steuerrecht das Erlernen einer starken Anwendungsmethodik. Dies wird umso relevanter, wenn sich der Grad der Komplexität durch internationale, grenzüberschreitende Sachverhalte und digitale Geschäftsmodelle kontinuierlich weiter erhöht [Heller, 2021, S. 15]. Auch die stärkere Digitalisierung der Arbeitsprozesse stellt die Steuerbeamten vor immer neue Herausforderungen, wobei nicht unerwähnt bleiben darf, dass Steuerbeamte sich zumeist gegenüber Vertretern der steuer- und rechtsberatenden Berufe zu behaupten haben, die teilweise über weitaus größere Ressourcen und Qualifizierungsmöglichkeiten verfügen. Gleichwohl wird erwartet, dass Steuerbeamte „ihre Aufgabe [gerecht und unabhängig] als Mittler zwischen Bürger und Staat getreu dem Gesetz wahrnehmen" [Kattenbeck, 1985, S. 6]. Ähnliche Herausforderungen ergeben sich auch für Unternehmen der Rechts- und Steuerberatung sowie Wirtschaftsprüfung mit zum Teil weitreichenden Folgen für Arbeitsprozesse und Beschäftigungsverhältnisse [Möller & Hauser, 2020]. Die Vermittlung von IT-Kompetenzen wird daher im Steuerbereich immer wichtiger, selbst wenn die vorherige Bundesregierung Reformbedarf im Rahmen der Aus- und Fortbildung der Steuerbeamten (noch) nicht zu erkennen vermochte [Deutscher Bundestag, 2020f, S. 3].

Die COVID-Krise offenbarte die mangelnde Flexibilität der bestehenden Ausbildungsstruktur und erzwang eine Verlagerung vom Präsenz- zum Online-Unterricht [Deutscher Bundestag, 2021b, S. 1]. Die Ausbildungseinrichtungen und das Lehrpersonal waren auf diese Umstände nicht vorbereitet, weil eine strategische Implementation digitaler Ausbildungsmethoden fehlte bzw. Lernplattformen wie Moodle^{TM} und ILIAS noch nicht umfassend eingeführt werden konnten. Zudem war keine gesetzliche Grundlage vorhanden, um eine hybride Lehre auch ohne Präsenz durchzuführen. Den Bedarf für eine technische Modernisierung der Bildungsstätten und die Bereitstellung von Hard- und Software gestehen die Länder in der durchgeführten Befragung ein (Kapitel 3.5.3, S. 75). In dieser Hinsicht müsste allerdings vom Gesetzgeber zunächst dringend die Ausbildungs- und Prüfungsordnung für die Steuerbeamtinnen und Steuerbeamten (StBAPO) so ergänzt werden, dass die erforderliche Infrastruktur an den Bildungseinrichtungen und deren Prüfungsämtern und die digitalen Lehr- und Prüfungsmethoden rechtssicher etabliert und beibehalten werden können. Durch digitale Lehrmittel und elektronische Prüfungen könnten sich sogar nachhaltige Kosteneinsparungen bei den Druckerzeugnissen und Korrekturaufwänden ergeben.

Allgemein liegt die Ausbildung der Steuerbeamten in der Zuständigkeit der Bundesländer, wobei der Bund die Ausbildung mit dem Ziel eines einheitlichen und gleichmäßigen Steuervollzugs in der Bundesrepublik gesetzlich geregelt hat. Unzählige Änderungen im Steuerrecht, gesellschaftliche Entwicklungen, wirtschafts- und sozialpolitische Vorstellungen und die sich verändernden Praxisumstände erforderten eine Nachjustierung des Ausbildungsrahmens und so kam es bis zum Jahr 2021 zu insgesamt elf Gesetzesänderungen [WD, 2021a]. Einzelne Bundesländer kooperieren heute bei der Steuerbeamtenausbildung. Auch im Wettbewerb um geeignete Fachkräfte mit anderen Verwaltungen und der Privatwirtschaft suchen immer mehr Bundesländer bei der Rekrutierung nach neuen Wegen. Allerdings fehlt es bisher an einer durchgreifenden Reform und damit Neuordnung der Steuerbeamtenausbildung, die unter allen Akteuren konsensfähig und als Gesetzesauftrag akzeptabel wäre. *Peuthert und Schaebs* haben hierfür ein Konzept zur Vermittlung von zeitgemäßen Anforderungen durch eine konsekutive Modularisierung der Ausbildung und die Vermittlung von Digital- und Zukunftskompetenzen für die deutsche Steuerverwaltung vorgestellt [Peuthert & Schaebs, 2021b]. Nachfolgend sollen die wichtigsten Ansätze zur Optimierung der Personalqualifizierung in diesem Sinne dargestellt werden.

5.1　Verfassungsrechtliche Rahmenbedingungen

Die aus Artikel 3 Absatz 1 GG abgeleitete Maxime der Steuergerechtigkeit führt zu einem prozeduralen Gebot für die Verwaltung, alle Steuergesetze einheitlich zu vollziehen [WD, 2021c, S. 4]. Da die materiellen Steuernormen größtenteils Bundesgesetze sind und das GG die Herstellung einheitlicher Lebensverhältnisse sowie die Rechts- und Wirtschaftseinheit im Bundesgebiet einfordert (Artikel 72 Absatz 2 GG), bedarf es „einheitlich aus- und fortgebildeter Steuerbeamte[r] und insb. Führungskräfte in allen Steuerbehörden", damit „die Einheitlichkeit der Besteuerung auch bei Erlass einheitlicher Steuergesetze und Verwaltungsvorschriften" von der „Verwaltung selbst hergestellt werden kann" [WD, 2021b, S. 5]. Mit dem StBAG ist der Gesetzgeber dem verfassungsrechtlichen Auftrag aus Artikel 108 Absatz 2 Satz 2 i.V.m. Artikel 3 Absatz 1 GG nachgekommen. Dabei bestehen bei der Ausgestaltung des Gesetzes jedoch Regelungsfreiräume, die allein durch die schlussendliche Zielerreichung einer Ausbildungsvereinheitlichung in Bezug auf „Grundsätze, Inhalt und Niveau" begrenzt werden [ebd., S. 6 f.]. Deshalb müsste nicht jedes Detail festgelegt werden, sondern Änderungen zu einer „Öffnung der Laufbahnen für Absolventen weiterer Ausbildungswege oder einer Ermöglichung von Schwerpunktsetzungen" könnten beispielsweise zugelassen werden. Mehr noch ist die „teilweise unterschiedliche Wahrnehmung der [...] Spielräume durch die Landesbehörden" sogar als Begrenzung durch das Föderalismusprinzip nach Artikel 20 Absatz 1 GG „verfassungsrechtlich vorgesehen und geschützt" [ebd., S. 6].

Die bisherige Verfahrensweise der Steuerbeamtenausbildung impliziert auf den ersten Blick, dass die Länder zwingend für die Ausbildung der Steuerbeamten, also ihres eigenen Personals, zuständig bleiben müssen. Dies dürfte aber in Hinblick auf die Ausführungen in Kapitel 4.1 (S. 87) zur zulässigen Übertragung von Teilkompetenzen an den Bund zu hinterfragen sein. Insoweit wäre es denkbar, dass mit einem Gesetz (Artikel

108 Absatz 4 Satz 1 GG) auch die Ausbildungsorganisation für die Steuerbeamten der Länder an den Bund als Teilbereich grundgesetzkonform übertragen werden kann. Der Bund könnte dann für den Betrieb aller Ausbildungsstätten in Deutschland einschließlich der Gestellung des Lehrpersonals verantwortlich sein. Dies würde dem vorgenannten Verfassungsauftrag zur einheitlichen Ausbildung der Steuerbeamten möglicherweise noch besser gerecht als es gegenwärtig der Fall ist. Die Befragung in Kapitel 3.5.3 (S. 75) bestätigt die zum Teil unterschiedliche Ausstattung der Lehrkräfte und Anwärter an den Ausbildungseinrichtungen im Bundesgebiet. Gleichzeitig ließen sich Ausbildungskonzepte schneller und einheitlicher an veränderte Rahmenbedingungen anpassen, weil hierzu langwierige Abstimmungen auf Bund-Länder-Ebene entfallen könnten.

5.2 Kompetenzorientierte Entwicklungsperspektiven

Die Einsatzgebiete eines aktuell nach dem StBAG und der StBA-PO ausgebildeten Finanzbeamten sind vielfältig. Zugleich hängen die tatsächlichen beruflichen Anforderungen von der konkreten Verwendung des Beschäftigten ab. Auch die Länder plädieren für eine bedarfsgerechte und kontextabhängige Aus- und Fortbildung (Kapitel 3.5.3, S. 75). Deshalb sollte in der Ausbildung eine Vermittlung der Lehrinhalte mit einer Orientierung an den erforderlichen Kompetenzen und Entwicklungsperspektiven erfolgen. Im Folgenden wird dies anhand der Digital- und Zukunftskompetenzen und der wissenschaftlichen Methodik beschrieben.

5.2.1 Vermittlung von Digital- und Zukunftskompetenzen

Die Vermittlung digitaler Kompetenzen ist heute von so grundlegender Bedeutung für den Einsatz und die spätere Verwendung der Bediensteten, dass die Forderung nach einer entsprechenden Erweiterung von § 1 Absatz 1 StBAPO durchaus gerechtfertigt erscheint [Jennemann, 2020, S. 164]. Denn für die hier versprochene „Berufsbefähigung" müssten die Fachhochschulen für Finanzen das „grundlegende [...] Bewusstsein für den digitalen Wandel" [Stember, 2020, S. 285] vermitteln. Mehr noch darf von ihnen erwartet werden, dass sie „einen zentralen Beitrag zur innovativen Zukunftsgestaltung" [ebd., S. 288] erbringen. Dies unterstreicht auch der Beschluss der Kultusministerkonferenz vom 19.03.2019, der von den Hochschulen und Universitäten die angemessene Verankerung digitaler Kompetenz im Curriculum wünscht [KMK, 2019, S. 4 f.]. Inwieweit sich die (verwaltungsinternen) Fachhochschulen für Finanzen hiervon adressiert fühlen, bleibt abzuwarten. Auf eine Anfrage der FDP vom 08.10.2020 teilte die damalige Bundesregierung mit, dass der Koordinierungsausschuss in seiner Sitzung im September 2020 bereits erste Zwischenergebnisse zu einem eventuellen Änderungsbedarf aufgrund der Digitalisierung bei der fachtheoretischen und berufspraktischen Ausbildung in der Steuerverwaltung gefasst hätte [Deutscher Bundestag, 2020f, S. 2]. Konkrete Schlussfolgerungen sind bisher allerdings nicht ersichtlich. Reformbedarf zur Verankerung von Digital- und Zukunftskompetenzen im Sinne der Aufnahme neuer Studienfächer oder der Veränderung von Fachthemen und Stundenzahlen scheint das BMF (noch) nicht zu sehen [ebd., S. 3]. Dabei kommt erschwerend hinzu, dass die derzeit in Ausbildung befindliche „Generation Z" ein Umdenken und die Nutzbarmachung ihrer Digitalkompetenz als sogenannte „Digital Natives" einfordern [Jennemann, 2020, S. 165]. Um den Erwerb notwendiger Digital- und Zukunftskompetenzen zu fördern und abzusichern, könnten Koordinatoren für die Praxis [ebd., S. 155] oder ein Chief Information Officer (CIO) an jeder Fachhochschule in Anlehnung an die Studie von *Gilch et al.* eingesetzt werden [Gilch et al., 2019, S. 186 ff.].

Das Bundesministerium für Bildung und Forschung (BMBF) sieht eine Digitalkompetenz jedenfalls dann gegeben, wenn Medien und Informationen zielgerichtet ausgewählt, bewertet, für die eigenen Arbeits- und Kommunikationsprozesse genutzt und eigene Inhalte in digitaler Form für andere aufbereitet werden können. Im Weiteren gehöre hierzu aber auch ein Grundverständnis für digitale Systeme, Algorithmen und die Programmierung („coding") [BMBF, 2019, S. 18]. Anders als von *Stember* in seiner Untersuchung dargestellt [Stember, 2020, S. 292], muss die digitale Methodenkompetenz in der Steuerverwaltung jedoch nicht so weit gehen, dass Bedienstete in die Lage versetzt werden, digitale Verwaltungsverfahren selbst zu entwickeln. Hierfür bieten landesinterne und -externe Kooperationen und eigene Studiengänge der Verwaltungsinformatik, der Informationstechnik bzw. Wirtschaftsinformatik/e-Government passgenauere Ausbildungskonzepte. Unerlässlich für die Steuerverwaltung sind allerdings die aufgrund *Stembers* Untersuchung zur allgemeinen Verwaltung geforderte Vermittlung von Grundkompetenzen zur Digitalisierung gegenüber allen Verwaltungskräften, mithin nicht nur IT-Fachleuten, sowie die Forderung nach einer Erhöhung der Lehrinhalte zur Digitalisierung [ebd., S. 307]. Dabei sollte das Verständnis für die Ziele und die umfassende Vernetzung der e-Government-Angebote, für die Prozessketten im Hintergrund des Verwaltungshandelns und die medienbruchfreie Kommunikation, Interaktion und Transaktion mit den Steuerpflichtigen hergestellt werden [ebd., S. 287]. Auch Kenntnisse zum Einsatz und den Potenzialen digitaler Medien sowie der IT, der Funktionsweise von Informations- und Kommunikationstechnik, zum Softwareumgang und zur Datennutzung bzw. -sicherheit können als sinnvolle Ergänzungen angesehen werden. Moderne Verfahren erfordern zudem Wissen über Big Data, die Verwendung und Grenzen von KI sowie die Nutzungsfolgen des Technikeinsatzes. Denn nur dann scheint es realistisch, die mit der Digitalisierung verbundene Chance zur gebotenen Modernisierung der Arbeitsprozesse gemeinsam mit den bestehenden und künftigen Steuerbeamten realisieren zu können. Die Länder setzen bereits auf „umfassende EDV-Anwenderschulungen" und „Schulungen zu Automationsthemen" (Kapitel 3.5.3, S. 75). Aber sie betonen auch die Notwendigkeit für das generelle „Bewusstsein und [die] Bereitschaft für eigenständiges, flexibles und lebenslanges Lernen" bei den Beschäftigten. Diese Kompetenzen sind nicht automatisch vorhanden, sondern müssen ggf. erworben oder gestärkt werden.

Das Projekt „Qualifica Digitalis" untersucht als Forschungs-,

Entwicklungs- und Umsetzungsprojekt des IT-Planungsrates unter der Federführung des Landes Bremen, wie sich Tätigkeiten, berufliche Anforderungen, Arbeitsweisen und Arbeitskultur durch die Digitalisierung des
öffentlichen Sektors verändern, auf welche Kompetenzen und Qualifikationen es zukünftig verstärkt ankommt und wie die gelungene Qualifizierung 4.0 aussieht. Die Ergebnisse der im Juni 2020 veröffentlichten Metastudie weisen neun Hauptkategorien mit weiteren Unterkategorien aus,
die die Kompetenzanforderungen verdeutlichen. Hierzu zählen unter anderem das Kommunizieren und Zusammenarbeiten in digitalen Umgebun-
gen, das Produzieren und Präsentieren von digitalen Inhalten, aber auch
der Umgang mit digitalen Informationen (Suche, Interpretation, Verar-
beiten, Analyse, Aufbewahren, Schutz). Allgemein wird hierfür eine Da-
tenkompetenz (Data Literacy) für erforderlich gehalten. Im Anschluss an
diese Metastudie ist die zweite und dritte Projektphase (01.01.2021 bis
30.06.2022) gestartet, in der unter anderem auch „Vorschläge für die Neugestaltung von Ausbildungsordnungen, Formate, Konzepte und Curricu-
la für Aus-, Fort- und Weiterbildungsmaßnahmen" entstehen sollen. Die
Studienergebnisse aus dem Projekt „Qualifica Digitales" könnten möglicherweise nicht direkt übertragbar sein, weil sie sich größtenteils auf den
allgemeinen Verwaltungsdienst und dessen Ausbildungswege beziehen. Die
fachtheoretische Ausbildung der Bediensteten in der Steuerverwaltung ist
angesichts der umfangreichen Lehrinhalte der Hauptfächer und der kurzen
Dauer der Fachstudien sehr speziell und jedenfalls nicht beliebig erweiter-
bar. Die Verankerung von umfangreichen Lehrinhalten zur Erlangung von
Digitalkompetenzen würde zu einer noch höheren Komplexität bzw. einer
Verlängerung der Studiendauer führen. Letzteres ginge allerdings deutlich
am Ausbildungsbedarf der Länder vorbei, wenn zukünftig länger auf Absolventen gewartet werden müsste.

Unter Berücksichtigung der dargestellten und wissenschaftlich er-
forschten Kompetenzanforderungen könnte im gegenwärtigen Ausbildungskonzept die Integration in die Ausbildungspläne, ähnlich wie bei der
Einführung der „Sozialwissenschaftlichen Grundlagen des Verwaltungshandelns", nur zulasten anderer Lehrinhalte umgesetzt werden. Allein schon

aufgrund dieses Aspekts ist es angezeigt, die bisherige Struktur aller Aus- und Fortbildungspläne grundlegend zu überdenken. Dabei kann davon ausgegangen werden, dass es in Zukunft immer mehr auf eine gute Zusammenarbeit zwischen Mensch und Maschine und auf die Akzeptanz für kontinuierliche Veränderungen ankommen wird. Infolgedessen muss der Willigkeit und Fähigkeit zur digitale(re)n Aus-, Fort- und Weiterbildung eine zunehmend größere Bedeutung beigemessen werden [Senger, 2009, S. 130]. Die Länder verknüpfen Veränderungsprozesse noch zu einseitig mit dem veränderten Technik- bzw. Softwareeinsatz (Kapitel 3.5.3, S. 75). Tatsächlich zeigt Hessen, dass es eher einer kontinuierlichen Veränderungsbegleitung der Beschäftigten in verschiedenen beruflichen Phasen bedarf. Hier sollte die Steuerverwaltung solche Erfahrungen und jene aus der Privatwirtschaft und Verwaltung mit erfolgreichen Change-Management-Ansätzen für sich nutzbar machen. Denn ein Verständnis für die modernen Workflows in der Steuerverwaltung fordert von den Bearbeitern von morgen ein umfangreiches Transferwissen und weit mehr als nur eine Fachkompetenz ein.

5.2.2   Wissenschaftlichkeit der Aus- und Fortbildung

Die Steuerverwaltungen mussten sich bereits in den 1970er Jahren eingestehen, dass „eine moderne Dienstleistungsverwaltung [...] wissenschaftliche Methoden mit praktischem Geschick" [Seidel, 1985, S. 28] verbinden müsse. Daher soll nach § 4 Absatz 2 Satz 2 StBAG der Vorbereitungsdienst für den gehobenen Dienst die zur Erfüllung der Aufgaben erforderlichen wissenschaftlichen Erkenntnisse und Methoden vermitteln. Das heißt, Lerninhalte der Fachstudien sind nach wissenschaftlichen Erkenntnissen und Methoden praxisbezogen und anwendungsorientiert zu vermitteln (§ 18 Absatz 1 StBAPO) und gleichzeitig kann die Ausbildung nur durch die Anfertigung einer schriftlichen Arbeit unter Anwendung wissenschaftlicher Erkenntnisse und Methoden (§ 18 Absatz 9 StBAPO) bestanden werden.

Gewiss liegt der Schwerpunkt der überwiegend an den Fachhochschulen für Finanzen eingesetzten Dozenten nicht auf der wissenschaftlichen Arbeit und Forschung. Dennoch publizieren einige Lehrkräfte in der Fachliteratur, sind wissenschaftlich vernetzt und nehmen an Fachtagungen teil [Jennemann, 2020, S. 168]. Diese Fähigkeiten gilt es zu fördern und im Rahmen der Aus- und Fortbildung nutzbar(er) zu machen. Der Bundesfinanzakademie (siehe Kapitel 6.2.2.1.2, S. 179) könnte hierbei eine Schlüsselrolle zukommen, wenn es gelänge, die Professoren und Dozenten in wissenschaftlichen Arbeitstechniken bundesweit einheitlich zu schulen. Dieser Weg wird bei den Didaktikschulungen schon beschritten. Dies würde die Wissenschaftlichkeit der Lehre und der zu erbringenden Leistungsnachweise insgesamt erhöhen. Hierbei könnten dann auch wissenschaftliche Projekte, die für die Steuerverwaltung von Bedeutung sind, im Sinne der dringend notwendigen Steuerverwaltungswissenschaft (Kapitel 6.3, S. 186), zentral durch die Bundesfinanzakademie initiiert und von den Studierenden bearbeitet werden. Im Weiteren können Kooperationen mit anderen Hochschulen in der Region dazu beitragen, einen Transfer notwendiger Hochschuldidaktik zu ermöglichen. Außerdem gelänge es so, durch interdisziplinäre Projekte den Wissenstransfer an den Finanzhochschulen zu bereichern.

5.3   Konsekutive und modulare Qualifizierung

Der Grundsatz, nach dem ein Finanzbeamter zu allen Aufgaben immer auch automatisch aufgrund seiner ursprünglichen Ausbildung befähigt ist, wirkt aus der Zeit gefallen. Stattdessen kann und sollte von ihm erwartet werden, sich im Laufe seines beruflichen Lebens unterschiedliche Kompetenzen aneignen zu können, wann immer diese für eine Verwendung notwendig sind. Diese Form des „gestreckten Lernens" kann durch eine konsekutive Aus- und Fortbildung mit einer modularen Qualifizierung im Sinne der nachfolgend beschriebenen Maßnahmen gefördert werden.

5.3.1 Personalmanagement im konsekutiven Bildungsaufbau

Allgemein sollte sich das Personalmanagement in den Finanzämtern in Zukunft stärker an den agilen Strukturen (Kapitel 4.2.1.1, S. 96) und den digitalen Workflows aufgrund des zunehmenden Technikeinsatzes (Kapitel 4.3.1, S. 118, und 4.3.2, S. 130) ausrichten. Gleichzeitig verändern sich die Arbeitsprozesse in der Steuerverwaltung und führen zu einer neuen Bearbeitungsweise von Steuerfällen. Im Bereich der Festsetzung geben Risikohinweise die Leitlinien vor, in der Außenprüfung kommt es auf Schwerpunktsetzungen an. Würde man diesen Prüffeldern eine Erledigungszeit und eine Aussage zur Wertigkeit dieser Aufgabe zuweisen, könnte hieraus ein neues Tätigkeitsspektrum entstehen. So würden die verschiedenen Risikohinweise, unabhängig von Steuerbezirken, Branchen oder sonstigen Sachzusammenhängen, nach Schwierigkeitsstufen zentral im Finanzamt gesammelt werden. Ein Risikohinweis der Kategorie 1 könnte beispielsweise als leichter Bearbeitungsfall mit einer durchschnittlichen Bearbeitungsdauer von 15 Minuten, einer der Kategorie 6 als komplexer Steuerfall mit einer zu erwartenden Bearbeitungszeit von ca. 60 Minuten deklariert werden. Beschäftigte werden so in die Lage versetzt, aus den verschiedenen Hinweiskategorien, z.B. Kategorie 1 bis 6 zu wählen, um arbeitstäglich in Abhängigkeit von der beabsichtigten Tagesdienstzeit eine bestimmte Anzahl an Steuerfällen zugewiesen zu bekommen. Im Rahmen arbeits- und dienstrechtlicher Rahmenbedingungen wird die Anzahl der jeweils zu bearbeiteten Hinweiskategorien und die jeweils tatsächlich aufgewandte Bearbeitungszeit elektronisch dokumentiert, einerseits um die Erwartungen zu evaluieren und andererseits den Führungskräften die Möglichkeit einzuräumen, die vorhandenen Kompetenzen der Mitarbeiter sichtbarer zu machen. Gleichzeitig wird es durch die unterschiedlichen Schwierigkeitsstufen den Mitarbeitern ermöglicht, sich langsam auch an höhere Anforderungen heranzutasten, sich also mit Hinweisen höherer Kategoriestufen für eine höhere Besoldungsstufe (ein höheres Kompetenzprofil) zu qualifizieren. Spezialisierungen der Mitarbeiter auf bestimmte Branchen (z.B. Banken/Versicherungen, gemeinnützige Körperschaften, komplexe Personengesellschaften) könnten durch besondere Kategorien abgetrennt werden und denjenigen Mitarbeitern vorbehalten bleiben, die über entsprechend nachgewiesene Vorkenntnisse durch Qualifizierungen verfügen.

Solch ein Personalmanagement wäre auch für Teilzeitmodelle der Bediensteten geeignet, weil sich hieraus flexiblere Einsatzmöglichkeiten und eine möglicherweise höhere Akzeptanz bei den Kollegen und Führungskräften ergeben. Allerdings müssten hierfür die Zuschnitte von Sach- und Arbeitsgebieten grundsätzlich überdacht und die bisherige „Silo"-Bearbeitungsweise[20] im Sinne der agilen Ansätze (Kapitel 4.2.1.1, S. 96) aufgegeben werden.

Insgesamt fordern diese Veränderungen eine Abkehr vom Prinzip des universellen Finanzbeamten, der theoretisch aufgrund seiner Ausbildung in jedem Gebiet der Finanzverwaltung sofort einsetzbar ist. Vielmehr bedarf es einer gezielten Qualifizierung, die sich an der konkreten Verwendung orientiert und einer kompetenzgeleiteten Aufgabenübertragung. So könnten auch die persönlichen Bedürfnisse und Interessen des Personals zukünftig besser als bisher berücksichtigt werden. Nachfolgend soll hierfür ein Modell zur Modularisierung der Qualifizierung vorgestellt werden.

5.3.2   Modularisierung der Qualifizierung

Bentley sieht in der Personalkapazität einen kritischen Risikofaktor für die Steuerverwaltungen der Industrieländer, dem sich die Entwicklungsländer fast immer stellen mussten. Er geht davon aus, dass die Steuerverwaltung und die Steuererhebung gefährdet sind, wenn es an einer effektiven Integration, Umschulung und Fortbildung des gesamten Personals der Steuerverwaltung mangelt [Bentley, 2021, S. 354 f.], und dass sie

---

[20]Unter der „Silo"-Bearbeitungsweise bzw. dem „Silo"-Denken ist ein Verwaltungshandeln zu verstehen, welches sich zu streng an den eigenen Zuständigkeiten und Aufgaben im Arbeitsgebiet orientiert und damit agilen Ansätzen, z.B. der Offenheit und Aufnahmefähigkeit gegenüber externen Informationen, zu wenig Raum lässt.

im Wettbewerb um knappe Talente sogar vor größeren Herausforderungen stehen als der Privatsektor [ebd., S. 357].

In dem von *Peuthert und Schaebs* aufgestellten Modell soll die marktorientierte Qualifizierung von Steuerbeamten und ein gestrecktes Lernen mit Schwerpunkten ermöglicht und das vernetzte Denken mit Hilfe einer strukturierten Lernkurve gefördert werden [Peuthert & Schaebs, 2021b]. Dabei wird die typische Klassenstruktur in Präsenz aufgebrochen, um vor allem eine flexiblere Integration in die persönlichen Lebenssituationen der Beschäftigten zu erreichen und die verlässlichen Personalplanungshorizonte nicht zu vernachlässigen. Die Ausbildung wird mehrstufig, konsekutiv und modular organisiert, um zugleich auch Fachkräften von außerhalb der Verwaltung einen Quereinstieg zu ermöglichen und spätere Fluktuationen zu begrenzen. Die Ausbildungsinhalte auf den verschiedenen Stufen führen dazu, dass die dringend notwendigen Digital- und Zukunftskompetenzen im Sinne weiterer Soft Skills erworben werden können. Gleichzeitig wird das wissenschaftliche Arbeiten (Kapitel 5.2.2, S. 147) durch eine entsprechende Methodik trainiert und gewinnt mit zunehmender Qualifizierung an Relevanz.

Die Ausbildung im gehobenen Steuerverwaltungsdienst wird grundsätzlich in die typische Bologna-Struktur überführt. Diese ist vom StBAG zwar nicht ausdrücklich vorgesehen, es gibt aber auch keine Hinweise darauf, dass die Bundesländer eine solche Modularisierung nicht vornehmen könnten [WD, 2021b, S. 10]. Im Gegenteil, die Hochschule Ludwigsburg kann bereits auf langjährige, positive Erfahrungen verweisen [Peuthert & Schaebs, 2021b, S. 419]. Um eine Qualifizierung über die verschiedenen Laufbahnen hinweg dauerhaft, durchlässig und nachhaltig verwirklichen zu können, bedarf es einer modularen, konsekutiven Struktur der Ausbildungswege. Dadurch kann die Wissensvermittlung gestreckt werden, was wiederum sicherstellt, dass die notwendigen steuerrechtlichen Kompetenzen dann erworben werden, wenn sie gebraucht werden. Dies ist sowohl aus Sicht der Lernenden als auch der Steuerverwaltungen von Vorteil, denn es gilt als Schlüssel, um dem technologischen und gesellschaftlichen Wandel durch die Digitalisierung zu begegnen [Bräutigam & Schindler, 2021, S. 137]. In dem von *Peuthert und Schaebs* vorgestellten Modell bauen die verschiedenen Ausbildungsgänge aufeinander auf und bedingen sich gegenseitig, sofern die Qualifizierungen intern durchlaufen werden, und es differenziert dabei zwischen direktem Einstieg und Quereinstieg. Allgemein sehen die meisten verwaltungsinternen Studiengänge den Zugang bzw. Quereinstieg für Externe nicht vor, was den Transfer aktuell zu stark beeinträchtigt [Jennemann, 2020, S. 168]. In § 4 Absatz 3 StBAG ist die Anrechnung von förderlichen Studienzeiten auf den Vorbereitungsdienst zwar gesetzlich normiert. In der Praxis aber kommt diesen Regelungen aktuell kaum Bedeutung zu.

Das Ausbildungskonzept würde vier verschiedene Abschlüsse umfassen, nämlich „Finanzwirt:in", „Finanzfachwirt:in", „Bachelor" und „Master". Daneben sind zwei Qualifizierungsstufen, die „Verwendungsspezialisierung" und die „besondere Qualifizierung" vorgesehen. Ergänzend erfolgt eine kontinuierliche „Führungskräfteentwicklung". Die einzelnen Module des zu vermittelnden Steuerrechts, gleich ob in Theorie, Übungen oder in Verbindung mit digitalen Komponenten und der Sozial- bzw. Führungskompetenz lassen sich unterteilen in: Grundlagenmodule, Aufbaumodule und Qualifizierungsmodule, die zugleich sämtliche sozialwissenschaftlichen Komponenten in sich aufnehmen. Gemeinsam verbinden sie zeitgemäße Wege der Rekrutierung unterschiedlich ausgebildeter Nachwuchskräfte mit Elementen der Personalentwicklung. Dabei gilt es, abgestimmte Entwicklungs- und Fördermaßnahmen für alle Beschäftigten mit den aktuellen und zukünftigen Aufgaben innerhalb der Steuerverwaltung in Einklang zu bringen [Peters et al., 2009, S. 1]. Der Wechsel von einer zur nächsten Stufe ist abhängig von den individuellen Fähigkeiten, Möglichkeiten und Wünschen der Bediensteten, aber auch von verwaltungsinternen Strukturen.

Die Abbildung 5.1 zeigt die Qualifizierungsstufen „Finanzwirt:in", „Finanzfachwirt:in" und „Bachelor". Die Vermittlung von theoretischem Wissen im Bereich der Besteuerung ist anspruchsvoll und zeitaufwändig. Dabei ist zu beachten, dass die Lernenden regelmäßig den für sie größten

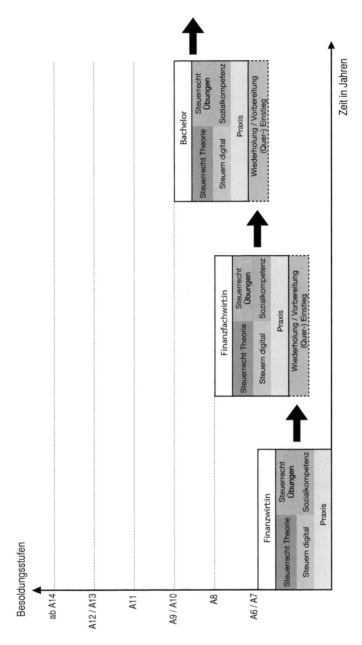

Abbildung 5.1: Qualifizierungsstufen I [Peuthert & Schaebs, 2021b]

Erfolg erzielen, wenn sie die zu lernenden Inhalte auf unterschiedliche Weise abrufen können [Greiner et al., 2019, S. 287]. Positiv wirkt es sich auch aus, wenn die Wissensvermittlung und -vertiefung so in das persönliche Lebensumfeld der Lernenden integriert werden kann, dass die Lerninhalte nicht aufgrund persönlicher Einschränkungen, z. B. durch die Betreuung von Kindern oder die Pflege von Angehörigen, vernachlässigt werden müssen, weil es an Flexibilität mangelt. Vor allem letzterem kann durch einen modularisierten Aufbau der Ausbildung bzw. des Studiums entgegengewirkt werden [Buß, 2019], denn die Lernenden können die für sie obligatorischen und fakultativen Kurse individuell belegen, sofern sie zeitlich flexibel angeboten werden. Dies wirkt sich positiv auf die Lebenswelt der Berufstätigen und gleichzeitig auf ihren Wissenserwerb und damit auf ihre Prüfungsleistungen aus [Pekrun, 2018, S. 223 f.].

Die Brücke zwischen fundierter Lehre und flexibler Einschreibung kann wie folgt geschlagen werden: Die theoretische Lehre (Modul „Steuerrecht Theorie") wird vorzugsweise von erfahrenen Dozenten, auch in größeren Lerngruppen, idealerweise in hybrider Form, d.h. in Präsenz und digital per Livestream oder als Audio-/Videodatei, übernommen. Vertiefende Übungen (Modul „Steuerrecht Übungen") finden möglichst in Kleingruppen statt und werden vor allem von Dozenten mit hohem Praxisbezug geleitet. In diesen Lehrveranstaltungen können die Studierenden virtuell oder persönlich unter Nutzung der zur Verfügung stehenden IT an interdisziplinären Fallstudien mitarbeiten. Gerade diese interdisziplinären Studien schließen die Lücke zwischen der singulären Wissensvermittlung in den einzelnen Steuerbereichen und begegnen etwaigen Vorbehalten gegen eine Modularisierung der Kernfächer, da so der modulübergreifende Wissenserwerb und -nachweis erhalten bleibt. Die Stundenpläne der Pflichtveranstaltungen können für vollzeitäquivalente und teilzeitliche Beschäftigungsmodelle variabel festgelegt werden.

Das Modul „Steuern Digital" umfasst einerseits die Vermittlung des Verständnisses für den Zusammenhang zwischen Steuerrecht und den eingesetzten digitalen Anwendungen, d.h. der programmgesteuerten Verarbeitung steuerrelevanter Informationen sowie die Fähigkeit, programmgesteuerte Hinweise richtig zu interpretieren und Ergebnisse zu filtern. Andererseits sollen die Beschäftigten kontinuierlich ermutigt werden, zukünftigen Entwicklungen gegenüber aufgeschlossen zu sein bzw. diese selbst voranzutreiben. Ziel muss es sein, prozesshaftes Denken und einen kreativen Transfer erlernbar zu machen [Ramm & Wähnert, 2021, S. 279].

Im Rahmen des Moduls „Sozialkompetenz" wird den Beschäftigten zunächst vermittelt, welche Möglichkeiten sie haben, ihre eigene Arbeitsorganisation zielgerichtet zu optimieren. Dabei lernen die Dienstkräfte, wie sie ihr berufsübergreifendes Handeln kollektiv ausrichten und die Einhaltung von Steuervorschriften fördern oder fordern können [OECD, 2020b]. Mit zunehmender Personalverantwortung entwickeln die zu qualifizierenden Mitarbeiter auch ihre Führungskompetenzen, wobei dies mit der Vermittlung von Fähigkeiten einhergeht, die erforderlich sind, um Prozessstrukturen weiterentwickeln und Führungsverantwortung übernehmen zu können.

Die einzelnen Module des zu vermittelnden Steuerrechts, sei es in der Theorie, Praxis oder in Verbindung mit digitalen Komponenten sowie Sozial- und Führungskompetenzen, lassen sich unterteilen in: Basismodule, Aufbaumodule und Qualifizierungsmodule, die auch alle sozialwissenschaftlichen Komponenten beinhalten. In einigen Modellstufen müssen darüber hinaus auch wirtschaftswissenschaftliche Inhalte (Modul „WiWi") erlernt werden. Da deren Ausgestaltung auf unterschiedlichen bzw. spezifischen Zielsetzungen beruht, werden sie in den jeweiligen Stufen näher beschrieben. Praktische Ausbildungen (Modul „Praxis") können die einzelnen Ausbildungsstufen ergänzen. Sie gewährleisten die Umsetzung des erworbenen theoretischen Wissens in die praktische Fallarbeit und vermitteln darüber hinaus die Funktionsweise der jeweiligen Struktureinheit der Steuerverwaltung.

Der erste berufsqualifizierende Abschluss von Steuerbeamten trägt den Titel „Finanzwirt:in" und kann nach einer Regelausbildungszeit von etwa zwei Jahren erworben werden. Die Gesamtheit der einzelnen Module vermittelt einen grundlegenden Überblick mit steuerrechtlichen Kenntnissen, einem digitalen Verständnis und sozialen Kompetenzen. Der Zugang zur Ausbildung steht Bewerbern offen, die mindestens einen mittleren Schulabschluss haben. Verfügen die Auszubildenden bereits über anderweitig erworbene Qualifikationen, z.B. aus einem anderen Ausbildungsgang, ist eine Anrechnung einzelner Leistungsnachweise bei Gleichwertigkeit grundsätzlich möglich. Dies kann die Attraktivität der Ausbildung für wechselwillige Bewerber, insbesondere aus verwandten Berufen, erhöhen.

Die Komplexität der zu vermittelnden steuerrechtlichen Themen kann im Hinblick auf die zweite Ausbildungsqualifikation „Finanzfachwirt:in" etwas reduziert werden, insbesondere um digitale Ausbildungsinhalte zu stärken. Sollte dies geschehen, würde es zu keinem Kompetenzverlust beim zukünftigen Nachwuchs kommen, da durch die Umsetzung der konsekutiven Strukturen nicht mehr die Notwendigkeit besteht, das als notwendig erachtete theoretische Wissen für eine ganze Laufbahn in Gänze erlernen zu müssen. Im Gegenteil, die vorgeschlagene Streckung der Lehre schafft die Möglichkeit, theoretisches Wissen dann zu erwerben, wenn es in der Praxis relevant ist. Gleichzeitig erreichen die Lernenden durch den kontinuierlichen Lernprozess einen deutlich höheren Wissenszuwachs und sind so innerhalb ihres Wissensstandes besser vorbereitet.

Der Abschluss „Finanzfachwirt:in" ergänzt den ersten Abschluss und erweitert gleichzeitig die Vielfalt der Ausbildung. Durch die Umsetzung können mehrere der zuvor beschriebenen aktuellen und zukünftig zu erwartenden Entwicklungen berücksichtigt werden. Dieses Ausbildungselement steht allen Mitarbeitern mit dem Abschluss „Finanzwirt:in" offen. Es ist sogar ratsam, dass der Arbeitgeber dies als Voraussetzung für die Übertragung höherwertiger Tätigkeiten und für eine Beförderung verlangt. Gleichzeitig besteht die Möglichkeit, neuen Auszubildenden den Zugang zu ermöglichen, die mindestens einen höheren Schulabschluss haben. Denkbar ist auch, so genannte Quereinsteiger, d.h. Personen, die bereits eine steuerliche oder kaufmännische Ausbildung (z.B. Steuerfachangestellte) erfolgreich absolviert haben, für das Programm zu gewinnen. Dem eigentlichen

Ausbildungsblock, der der grundsätzlich beschriebenen Struktur folgt und auf die Vermittlung von erweiterten Grundkenntnissen abzielt, geht eine Vorbereitungsqualifikation voraus, die sicherstellen soll, dass alle Teilnehmer nahezu identische Startbedingungen haben. Im Einzelnen bedeutet dies, dass Finanzwirte - je nachdem, wie viel Zeit seit ihrem ersten Abschluss vergangen ist - ihre Grundkenntnisse auffrischen, Quereinsteiger bestehende Ausbildungslücken schließen und neue Auszubildende zunächst qualifiziert werden können, um dann gemeinsam die Ausbildung zu durchlaufen. Die Auffrischungs- und Qualifizierungskurse werden maßgeschneidert für die jeweiligen Zielgruppen angeboten. Darüber hinaus sollte bei gleichwertigen Vorqualifikationen immer die Möglichkeit der Anrechnung einzelner Module bestehen.

Den Kern der Ausbildung in der Steuerverwaltung bildet der Bachelor-Abschluss. Die Studierenden erwerben - vorbehaltlich weiterer Qualifizierungsmaßnahmen - die Fähigkeit, auf ihre gesamte berufliche Laufbahn im Hinblick auf alle zukünftigen mehr oder weniger spezialisierten Verwendungen vorbereitet zu sein. Er richtet sich in erster Linie an Abiturienten und soll Nachwuchskräfte befähigen, die wesentlichen Aufgaben des Verwaltungshandelns möglichst selbständig zu erledigen. Das Niveau soll ständig an die heutigen oder zukünftig zu erwartenden Arbeitsprozesse angepasst werden [Peuthert et al., 2021], optimalerweise durch eine Rückkopplung aus der Praxis und Erkenntnisse einer ausgeprägten Steuerverwaltungswissenschaft (Kapitel 6.3, S. 186). Die geplante Dauer des Lehrgangs beträgt 36 Monate und soll damit im Vergleich zur jetzigen Ausbildungsdauer nicht verlängert werden. Vielmehr ist eine Reduktion der Lehrinhalte erforderlich, da die Stärkung digitaler Kompetenzen integraler Bestandteil der Ausbildung werden muss. Der Verzicht auf die Vermittlung von fachtheoretischen Kenntnissen im Bereich Steuern zugunsten digitaler Komponenten ist gerechtfertigt, da die zunächst unberücksichtigten Lehrinhalte dann Gegenstand von Weiterqualifizierungen sind, die bei Bedarf nachgeholt werden. Vertieftes Grundwissen im Bereich der Besteuerung muss jedoch erworben werden. Gleichzeitig wird durch die Reduzierung der Komplexität des Bachelorstudiums die Abschlussquote erhöht, so dass möglicherweise zusätzliches Personal generiert werden kann, das nur eine längere Qualifikationszeit benötigt, um für weitere Tätigkeiten in Frage zu kommen. Auch die Grundlagen der Wirtschaftswissenschaften (Modul „WiWi") sollten Teil dieses ersten Studiums sein. Ein Grundverständnis für wirtschaftliche Zusammenhänge ist und bleibt in der Steuerverwaltung unerlässlich.

Zusammenfassend muss der Zugang zur Stufe Bachelor allen Fachkräften mit der Qualifikation „Finanzfachwirt:in" und darüber hinaus auch Bewerbern mit Abitur sowie Quereinsteigern, wie z.B. Steuerfachwirten, offenstehen. Auch hier muss die Gruppe der Studierenden durch unterschiedliche Wiederholungs- und Vorbereitungskurse auf ein annähernd gleiches Ausgangsniveau gebracht werden. Dabei ist zu berücksichtigen, dass einzelne Qualifikationsnachweise der Studierenden aus zuvor erfolgreich absolvierten Ausbildungs- und Qualifizierungsmaßnahmen grundsätzlich angerechnet werden können. Ein mögliches Risiko einer Minderqualifikation ergibt sich daraus nicht, wenn die Abschlussprüfungen von allen gleichermaßen abgelegt werden müssen.

Die Abbildung 5.2 zeigt als Fortsetzung der bisherigen Struktur neben dem Masterabschluss zwei weitere Qualifizierungsstufen - die „Verwendungsspezialisierung" und die „besondere Qualifizierung". Ergänzend erfolgt eine kontinuierliche „Führungskräfteentwicklung". Dabei steht das Modul „Verwendungsspezialisierung" in erster Linie allen Absolventen des beschriebenen Bachelorstudiengangs offen und ist eine notwendige Voraussetzung für die Weiterqualifizierung der Mitarbeiter. Das hier zu vermittelnde Wissen ergibt sich zum einen aus den im ersten Studiengang zugunsten digitaler Inhalte weggelassenen Fachthemen. Zum anderen werden weiterführende Aspekte eingeführt, die kontextbezogen sind und die Mitarbeiter bisher nur durch Weiterbildung für spezialisierte Tätigkeiten mit höherem Komplexitätsgrad qualifiziert haben (z.B. Ausbildung neuer Außenprüfer).

Das bedeutet, dass im Rahmen der „Verwendungsqualifizierung" theoretische und praktische Kenntnisse und Fertigkeiten vermittelt wer-

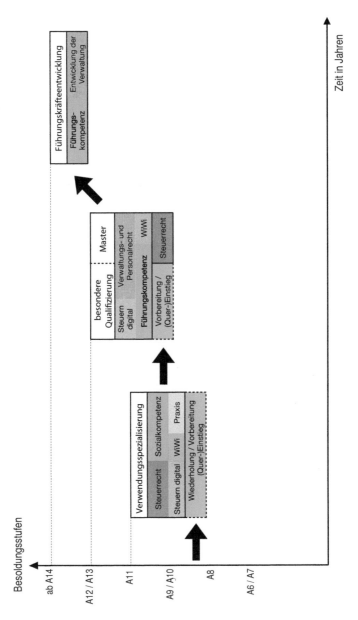

Abbildung 5.2: Qualifizierungsstufen II [Peuthert & Schaebs, 2021b]

den, die für das zukünftige Tätigkeitsfeld der zu qualifizierenden Mitarbeiter förderlich sind. In Betracht kommen grundsätzlich folgende Beschäftigtengruppen:

- Sachbearbeiter in Insolvenzsachen,

- Sachbearbeiter in einer Rechtsbehelfsstelle,

- Ausbilder sowie

- sonstige Beschäftigte in Gebieten mit besonderem Schwierigkeitsgrad.

Zu diesem Personenkreis werden in Zukunft auch verstärkt Mitarbeiter gehören, die an der Auswertung und Weiterentwicklung von IT-Anwendungen mitwirken. Eine nicht zu unterschätzende Gruppe sind darüber hinaus die Außenprüfer, die zum ersten Mal ihre Tätigkeit in den Prüfdiensten aufnehmen. Gerade für sie umfasst die „Verwendungsspezialisierung" vertiefte Kenntnisse über steuerliche, privat- und gesellschaftsrechtliche und betriebswirtschaftliche Kennzahlen und Zusammenhänge sowie IT-Lehreinheiten zur Datenanalyse [Giezek & Wähnert, 2019] und zur sozial- und kommunikationswissenschaftlichen Aufbereitung und Schulung [Blaufus et al., 2022].

Die Regeldauer dieser „Verwendungsspezialisierung" beträgt 12 Monate. Sie kann für einzelne Gruppen verlängert werden. Dabei sind insbesondere Prüfer zu berücksichtigen, die über einen längeren Zeitraum sukzessive geschult werden sollen [Peuthert, 2017, S. 123]. Für den Fall, dass Beschäftigte zwischen den Fachbereichen wechseln, kann die dafür notwendige Qualifizierung durch die Teilnahme an Kursen zu einem späteren Zeitpunkt erfolgen. Diese sind ausschließlich Gegenstand der Zielqualifizierung und wurden daher von der wechselwilligen Person in ihrer ursprünglichen Fachrichtung noch nicht besucht. Die Dauer der Wechselausbildung kann dann deutlich weniger als 12 Monate betragen.

Neben der konsekutiven Qualifizierung gibt es auch die Möglichkeit des Quereinstiegs für gleichwertig ausgebildete und berufserfahrene

Personen, die in der Steuerverwaltung arbeiten wollen, aber für den Zugang über das grundständige Studium überqualifiziert sind. Zum Beispiel, weil sie bereits einen gleichwertigen akademischen Abschluss (Europäischer Qualifikationsrahmen (EQR): Stufe 6, z.B. B.A., B.Sc., LL.B. etc.) erworben haben und über Berufserfahrung in verwandten Bereichen verfügen. Dies betrifft u.a. eine Tätigkeit in der Steuerabteilung eines Unternehmens oder in Steuerberatungs- und Wirtschaftsprüfungsgesellschaften. Eine solche Öffnung des Zugangs kann Arbeitskräfte anziehen, die sonst nicht oder nur schwer zu finden wären. Daraus ergibt sich nicht nur eine größere Auswahl an potenziellen Mitarbeitern, sondern auch eine größere Vielfalt an Erfahrungen innerhalb der Mitarbeiterstruktur. Die Notwendigkeit solcher Einstiegspunkte wird auch von *Bentley* gesehen, der gleichzeitig darauf hinweist, dass die Steuerverwaltung auf Wissen und technische Spezialisten angewiesen sei [Bentley, 2021, S. 368].

Den Qualifizierungsmaßnahmen geht ein Wiederholungsmodul für fortlaufende Kursteilnehmer oder ein Vorbereitungsmodul für Quereinsteiger voraus. Dort werden die für die Weiterbildung notwendigen Grundlagen auf ein gleichwertiges Niveau gebracht. Dieser Aspekt ist von besonderer Bedeutung, da zwischen den einzelnen Ausbildungsstufen unterschiedliche Zeiten der Berufspraxis liegen können und auch Zeiten ohne Beschäftigung (Elternzeit, Sabbatical, Arbeitssuche) relevant sind.

Ob und inwieweit der erfolgreiche Abschluss der „Verwendungsspezialisierung" an einen Leistungsnachweis geknüpft werden sollte, lässt sich nicht pauschal beantworten. Während einzelne Module auch ohne Prüfung zur Qualifizierung beitragen, kann es bei bestimmten Qualifizierungsmaßnahmen sinnvoll sein, dass die Teilnehmenden ihre erworbene Qualifikation auch im Hinblick auf ihre künftige Beschäftigung nachweisen können. Letzteres eröffnet die Möglichkeit der Anrechnung und erleichtert die Qualifizierung in längeren Zeitabschnitten (Teilzeit, Unterbrechung durch Krankheit oder Elternzeit).

Das Modul „besondere Qualifizierung" umfasst verschiedene Unterrichtsfächer, die ebenfalls modular aufgebaut sind. Es dient der Weiterbildung von Sachbearbeitern für herausragende berufliche Positionen, soll Sachbearbeiter auf Tätigkeiten als Sachgebietsleiter vorbereiten und darüber hinaus erfahrenen Sachbearbeitern die Möglichkeit eröffnen, einen höheren akademischen Abschluss zu erreichen. Zudem umfasst dieser Komplex die Einarbeitung von Neueinsteigern, die bereits über einen höheren akademischen Abschluss (EQR: Stufe 7, z.B. M.A., M.Sc., LL.M., MBA, etc.) verfügen. Alle genannten Zwecke erfordern unterschiedliche Rahmenbedingungen und werden daher einzeln dargestellt.

Zur Zielgruppe für die „besondere Qualifizierung" gehören Sachbearbeiter, die in einem Hauptsachgebiet eine größere Verantwortung übernehmen wollen, sowie Dozenten, die an Hochschulen künftige Steuerbeamte aus- und weiterbilden sollen. Neben vertieften steuerrechtlichen und betriebswirtschaftlichen Kenntnissen, über die diese Personen bereits in hohem Maße verfügen, müssen sie spezielle didaktische und digitale Kompetenzen erwerben. Eine zweite Gruppe besteht aus herausragenden und leitenden Konzernprüfern. Sie haben im Vergleich zu anderen Prüfern höhere administrative Kontrollfunktionen zu übernehmen und benötigen für ihre Leitungstätigkeit verstärkte Sozialkompetenzen. Daneben gibt es spezialisierte Außenprüfer, die andere Prüfende bei der Bearbeitung vor allem komplexer Sachverhalte entlasten können. Hierfür benötigen sie je nach Spezialisierung eine vertiefte Aus- und Weiterbildung, die auch modular angeboten werden kann. Beispiele für solche speziellen Prüfer sind:

- Außenprüfer für Auslandsbeziehungen mit Kompetenzen im internationalen Steuerrecht und Fremdsprachenkenntnissen,

- Außenprüfer für Unternehmensbewertung mit betriebswirtschaftlichem Fachwissen,

- Außenprüfer für Umwandlungen mit umfassenden Kenntnissen im Umwandlungs(steuer)recht oder

- Außenprüfer für Datenzugriff mit umfangreichen Kompetenzen im Umgang mit Daten (Datenverarbeitung und -analyse).

Der erfolgreiche Abschluss dieser Qualifizierung ermöglicht den Beschäftigten eine Beförderung und damit die Möglichkeit zur Weiterqualifizierung und zum Aufstieg. Gleichzeitig können in diesem Bereich hochqualifizierte Quereinsteiger angesprochen und auf eine Tätigkeit in der Steuerverwaltung vorbereitet werden. In Betracht kommen hier insbesondere steuerlich relevante Berufe wie Steuerberater, Bilanzbuchhalter, vereidigte Buchprüfer oder Wirtschaftsprüfer. Im Rahmen der konsekutiven Ausbildung könnten aber auch neue Führungskräfte (Sachgebietsleiter), die nicht über einen Abschluss oder eine gleichwertige Qualifikation für den direkten Zugang zum höheren Dienst verfügen, aus dem Pool der berufsspezifischen Sachbearbeiter rekrutiert werden. Der Schwerpunkt liegt dabei auf der Vermittlung von personal- und dienstrechtlichen Kenntnissen sowie von Führungskompetenzen.

Erfahrene Sachgebietsleiter, die sich bereits im Rahmen der „Verwendungsspezialisierung" weitergebildet und Führungsaufgaben innerhalb der Steuerverwaltung übernommen haben, können (nach einer individuell bestimmbaren Zeit) den Aufstieg über die „besondere Qualifizierung" erreichen. Dabei handelt es sich um das Modul „Master", zum Beispiel in Form eines Master of Laws - Tax Administration (LL.M.), welches prüfungspflichtig ist. Auf dieser Ebene sollen dann die Wissenselemente des Personal- und Dienstrechts nach wissenschaftlichen Methoden vergrößert und die Führungskompetenz weiter gestärkt werden. Neben den verwaltungs- und rechtswissenschaftlichen Modulen sollen auch die wirtschaftswissenschaftlichen Kenntnisse vertieft werden, wobei der Schwerpunkt auf ökonomischen Themen liegt. Verfügen die Teilnehmer der Qualifizierungsmaßnahme bereits über anrechenbare Vorleistungen, sollen diese bei Gleichwertigkeit ebenfalls angerechnet werden. Die Details können je nach Bedarf geregelt werden.

Eingebettet in die „besondere Qualifizierung" ist auch das Onboarding neuer Führungskräfte, die in der Steuerverwaltung zum ersten Mal in dieser Funktion beginnen. Dabei handelt es sich häufig um Hochschulabsolventen der Rechts-, Wirtschafts-, Finanz- und Sozialwissenschaften.

Für ihre Tätigkeit in der Steuerverwaltung müssen überblicksartig grundlegende und vertiefte Kenntnisse des Steuerrechts und Führungskompetenzen erworben werden. Während sich die fachliche Kompetenz aus der akademischen Vorbildung ergibt, sind Themen des Personalmanagements nur sporadisch Bestandteil der akademischen Ausbildung in den genannten Studienrichtungen, so dass es zwingend erforderlich ist, die notwendigen Kompetenzen in diesem Bereich zu schaffen. Gleiches wird in Zukunft verstärkt für die digitalen Bereiche der Steuerverwaltung gelten, da die zunehmende Digitalisierung der Arbeitsprozesse direkten Einfluss auf die Führungsaufgaben hat. Je nach Vorbildung ist es dann sinnvoll, einzelne verwaltungswissenschaftliche, rechtliche oder wirtschaftliche Module des konsekutiven Mastermoduls (LL.M.) anzubieten, um alle Führungskräfte mit ausreichenden interdisziplinären Kompetenzen auszustatten.

Im Zuge des Moduls „Führungskräfteentwicklung" sollen Beschäftigte als Führungskräfte qualifiziert und die Entwicklung von Führungskompetenzen gefördert werden. Denn mit der Übernahme von mehr Verantwortung und Führungsaufgaben wächst die Notwendigkeit, die eigenen Führungskompetenzen stetig zu entwickeln. Da dieser Prozess einerseits nachhaltig sein und andererseits regelmäßig begleitet werden sollte, muss dieses Modul für einige Führungskräfte verpflichtend sein. Darüber hinaus sollten die Bildungseinrichtungen Teilnahmeplätze für eine fakultative, auf die jeweiligen Führungsebenen zugeschnittene Nachfrage bereitstellen. Eine besondere Herausforderung für Führungskräfte ergibt sich auch aufgrund der digitalen Transformation der Arbeitsprozesse. Die betroffenen Mitarbeiter müssen immer wieder und in vielen Fällen für die Veränderungen gewonnen werden. Dies kann jedoch nur gelingen, wenn nicht nur die Notwendigkeit eines Veränderungsprozesses, sondern auch der Mehrwert für den einzelnen Nutzer, transparent kommuniziert werden kann. Damit steigen die Anforderungen an die Führungskräfte. Zu den wesentlichen Fähigkeiten und Eigenschaften, die von Managern erwartet werden, gehören Innovationsfähigkeit, Kreativität und Zukunftsorientierung. Gleichzeitig führt dies zu einer antipräzisen Planbarkeit, da bisherige oder aktuelle Strukturprozesse und IT-Verfahren möglicherweise nicht mehr den zukünftigen Anforderungen entsprechen. Folglich müssen die Beschäftigungsstrukturen frühzeitig darauf vorbereitet und entsprechend weiterentwickelt werden [Kohl, 2021, S. 388]. Als ein kontinuierlicher Prozess, der in unterschiedlicher Intensität auf allen Ebenen des Verwaltungshandelns stattfindet, muss er aktiv begleitet werden. Insbesondere Führungskräfte, die aufgefordert sind, Entwicklungen mitzugestalten und eine wesentliche Verantwortung für eine erfolgreiche Zukunft zu übernehmen, benötigen eine kontinuierliche Unterstützung in Form von vielfältigen Fortbildungs- und Austauschmöglichkeiten [Heller, 2021]. Dies sollte auch interdisziplinär und außerhalb der eigenen Verwaltung möglich sein.

Entscheidend wird bei solch einer umfassenden Reform die Orientierung an den notwendigen Grundkompetenzen und den Gegebenheiten am allgemeinen Arbeitsmarkt sein, um einen Quereinstieg für Fachkräfte von außerhalb der Verwaltung zu ermöglichen und spätere Fluktuationsbewegungen begrenzen zu können. Die Bologna-konforme Modularisierung würde eine Vergleichbarkeit für den Transfer zwischen der Verwaltung und Privatwirtschaft schaffen. Der Anrechnung von förderlichen Vorkenntnissen nach § 4 Absatz 3 StBAG könnte hierdurch wesentlich mehr Bedeutung zukommen. Der Erwerb von Wissen und weiterführenden Kompetenzen kann bedarfsorientiert und über ein gestrecktes Lernen mit Schwerpunkten erfolgen, sodass auch das vernetzte, fächerübergreifende Denken, die Selbstorganisation und das anwendungsbezogene und situative Lernen im Team gefördert werden.

Um den enormen Herausforderungen begegnen zu können, sollten Bund und Länder in die Diskussion zur gänzlichen Neuordnung der Steuerbeamtenausbildung zeitnah einsteigen. Das von *Peuthert und Schaebs* vorgestellte und hier beschriebene Konzept stellt eine ganzheitliche Grundlage dar, um mit allen Akteuren konsensfähig die erforderliche Einheitlichkeit der Ausbildung und Besteuerung im Bundesgebiet zukunftsfähig verwirklichen zu können.

Kapitel 6

Steuerdatenforschung und Steuerverwaltungs- wissenschaft[21]

Für die Etablierung einer kompetenten Steuerdatenforschung drängt die Zeit, wenn Deutschland in Bezug auf Steuerdaten bereits als „Entwicklungsland" [Greive & Hildebrand, 2021] bezeichnet wird. Denn nahezu alle Bereiche des täglichen Lebens erleben mehr oder weniger einen digitalen Wandel. Besonders der Handel und viele Arten von Dienstleistungen werden zunehmend digital abgewickelt. Das stellt die Steuerverwaltungen vor neue Herausforderungen, nach innen wie nach außen. Eine Vielzahl von Rechtsnormen wurde geändert oder neu verabschiedet, um dieser Entwicklung Rechnung zu tragen. Einzelsteuergesetze und die Abgabenordnung wurden entsprechend angepasst.[22] Der Datenaustausch

---

[21]Teile dieses Abschnitts wurden bereits veröffentlicht in Peuthert et al. [2021], Peuthert & Schaebs [2021a] sowie Peuthert & Schaebs [2022], siehe hierzu auch die Übersicht der Publikationen am Ende dieser Arbeit (Anhang D).

[22]BT-Drs. 18/7457 und 18/8434 zum Gesetz zur Modernisierung des Besteuerungsverfahrens, BGBl. I 2016, 1679.

auf EU-Ebene ist erweitert und um Auskunftspflichten für bestimmte Unternehmen sowie Betreiber elektronischer Plattformen ergänzt worden.[23] Daher wird der Umfang der von der Steuerverwaltung neben den Steuerfestsetzungen zu verarbeitenden Daten künftig exponentiell anwachsen. Die dabei zu verarbeitenden Massendaten werden die Finanzbehörden vor erhebliche Herausforderungen stellen [Peuthert et al., 2021]. Ohne hinreichende technische Unterstützung werden sie diese Aufgabe nicht bewältigen können. Vielmehr werden die Steuerverwaltungen das ihnen künftig zur Verfügung stehende Personal durch elektronische Systeme von Routineaufgaben entlasten müssen, um es zielgerichtet dort einzusetzen, wo Technik (noch) nicht unterstützen kann oder aus rechtlichen Gründen nicht eingesetzt werden darf. Zugleich müssten Arbeitsprozesse vollständig neu konzipiert werden, um den Anforderungen an Quantität [Deutscher Bundestag, 2020h] und Qualität [Mellinghoff, 2019, S. 294] eines gesetzmäßigen Steuervollzugs und den sich wandelnden Gegebenheiten bei der Personalgewinnung [Leppek & Stenz, 2018, S. 106 f.] und der Personalqualifizierung [Peuthert & Schaebs, 2021b] gerecht werden zu können. *Peuthert und Schaebs* haben sich in Einzelbeiträgen ausführlich mit den Notwendigkeiten und Möglichkeiten einer Steuerdatenforschung in Deutschland auseinandergesetzt [Peuthert & Schaebs, 2021a]. Nachfolgend werden hierzu entsprechende Handlungsempfehlungen gegeben.

6.1 Notwendigkeit einer ausgeprägten Steuerdatenforschung

Die Steuerverwaltungen der Länder verwalten Steuern, die auch dem Bund zustehen. Sie setzen hierzu u.a. Risikomanagementsysteme ein.

---

[23]BT-Drs. 18/9536 und 18/10506 zum BEPS-Umsetzungsgesetz, BGBl. I 2016, 3000; BT-Drs. 19/29763 und 19/30474 zum Gesetz zur Errichtung und Führung eines Registers über Unternehmensbasisdaten und zur Einführung einer bundeseinheitlichen Wirtschaftsnummer für Unternehmen und zur Änderung weiterer Gesetze, BGBl. I 2021, 2506; BT-Drs. 19/4455 und 19/5595 zum Gesetz zur Vermeidung von Umsatzsteuerausfällen beim Handel mit Waren im Internet und zur Änderung weiterer steuerlicher Vorschriften, BGBl. I 2018, 2338.

Diese sind regelmäßig hinsichtlich ihrer Zielerfüllung zu überprüfen (§ 88 Absatz 5 Satz 3 Nummer 4 AO). Das heißt, die Finanzbehörden müssen in diesem Zusammenhang kontinuierlich prüfen, ob sie ihre regelbasierten Systeme hinreichend verbessern können oder sogar um neue Technologien wie KI oder ML erweitern sollten [Maier, 2017, S. 615 f.; Seer, 2016], und wie sie ihre Beschäftigten entsprechend beabsichtigen zu qualifizieren. Zugleich bedarf es struktureller Anpassungen, um Fehlerszenarien vorzubeugen bzw. Folgenabschätzungen vornehmen zu können [Martini et al., 2021, S. 2 f.]. Anhand einer wissenschaftlich fundierten Forschung an den Daten aus unterschiedlichen Besteuerungsverfahren, bestenfalls ergänzt um kontextbezogene Erhebungen [Blaufus et al., 2022] und experimentell aufgebaute Studien, sollten Vorschläge zur Verbesserung der Systeme und zum Einsatz neuer Verfahren erarbeitet werden. Relevante Untersuchungsfelder sind aktuell neben der Wirksamkeit von RMS-basierten Routinen u.a. Fragen zur Fallauswahl, Effektivität und Schwerpunktsetzung in Außenprüfungen, zur Wirkungsweise neuer Verfahren sowie zu Aus- und Fortbildungsmaßnahmen, aber auch zur Wirkungsanalyse von Verwaltungsstrukturveränderungen. Die Ergebnisse vieler dieser Untersuchungen könnten überdies, ggf. im Vergleich mit fortführenden Untersuchungen, zur Gesetzesfolgenabschätzung herangezogen werden. Denn aus ihnen kann abgeleitet werden, inwieweit die Ziele des Gesetzgebers tatsächlich erreicht und welche Mittel dazu aufgewendet werden. Hier ergeben sich für die Steuerverwaltungen von Bund und Ländern stets auch mehrere eigene Motive.

Vor allem dürfte es im ureigenen Interesse der Steuerverwaltungen von Bund und Ländern liegen, die anstehenden internen strukturellen Änderungen und Anpassungsprozesse wissenschaftlich begleitet voranzubringen, um notwendige Entscheidungen auf Basis einer bestmöglichen Datenlage zu fundieren. Gleichwohl sehen sie sich bislang und auch künftig mit der Frage konfrontiert, wie sie sich durch hochqualifiziertes Fachpersonal unterstützen lassen können. Problematisch ist vor allem auch, dass besonders qualifizierte IT-Kräfte, Datenanalysten und empirisch ausgerichtete Forscher vorwiegend extern gewonnen werden müssen. Die Verwaltungen stehen also in einem direkten Wettbewerb zu anderen Arbeitgebern, die zumeist bessere Bezahlungen gewähren können. Dies bestätigt auch die Befragung der Bundesländer zu den Neueinstellungen seit dem Jahr 2017 (siehe Kapitel 3.5.2, S. 72).

6.2 Rechtliche Voraussetzungen und Möglichkeiten für Forschungen mit Steuerdaten

Eine Forschung an den Steuerdaten muss den verschiedenen rechtlichen Anforderungen Stand halten. Zugleich sind der Zugang zu den Daten, die Forschungsstelle und die Bereitstellung für die Allgemeinheit zu regeln. Hierzu werden die wichtigsten Determinanten nachfolgend nachgestellt.

6.2.1 Rechtliche Voraussetzungen

Zu dem Verhältnis zwischen der DSGVO, dem BDSG und der AO hat der Wissenschaftliche Dienst des Deutschen Bundestages bereits in einem Gutachten umfassend Stellung genommen [WD, 2021d]. Die generelle Anwendbarkeit der DSGVO für Steuerverfahren muss, selbst wenn das BMF und der Gesetzgeber davon ausgehen, auch wegen nicht ableitbarer gesetzlicher Vorgaben, als ungeklärt betrachtet werden [ebd., S. 6]. Die „sehr unübersichtliche" Parallelität der Vorschriften von DSGVO und AO hat der Gesetzgeber durch nationales Recht mit den Öffnungsklauseln in den § 29 b und § 29 c AO zu konkretisieren versucht [ebd., S. 7]. Grundsätzlich gilt dabei, dass sich sämtliche Vorgaben der DSGVO sowie der Regelungen aus § 29 b AO (Verarbeitung), § 29 c AO (Weiterverarbeitung) und § 30 AO (Steuergeheimnis) nur auf personenbezogene bzw. geschützte Daten beziehen, nicht aber auf anonymisierte Daten [ebd., S. 20]. Allerdings scheint es für diverse Fragestellungen, vor allem in verwaltungsinternen Untersuchungen, darauf anzukommen, personenbezogene statt vollständig anonymisierter Daten zu verwenden, weil gerade ein Matching verschiede-

ner Datenbestände unabdingbar ist, um überhaupt die Voraussetzungen
für eine Aussagekraft und Erkenntnisgewinne zu schaffen [ebd., S. 20].

6.2.1.1 Datenzugang

Die in den Besteuerungsverfahren erhobenen Daten dürfen nur innerhalb der engen Grenzen des Steuergeheimnisses anderen gegenüber offenbart oder zu anderen Zwecken, als zu denen sie ursprünglich erhoben
wurden, verwendet werden. Dabei ist die Verarbeitung bzw. Weiterverarbeitung von der Offenbarung begrifflich abzugrenzen, bevor die Zulässigkeit einer Weiterverarbeitung und Offenbarung zu Forschungszwecken
betrachtet werden können. Die für die Forschung notwendige Ermächtigung könnte in § 29 c AO bestehen. Denn diese Vorschrift gestattet u.a.
die Weiterverarbeitung von personenbezogenen Daten durch Finanzbehörden für die Entwicklung, Überprüfung oder Änderung automatisierter Verfahren (§ 29 c Absatz 1 Nummer 4 AO), die Gesetzesfolgenabschätzung
(§ 29 c Absatz 1 Nummer 5 AO) sowie die Wahrnehmung von Aufsichts-,
Steuerungs- und Disziplinarbefugnissen (§ 29 c Absatz 1 Nummer 6 AO).

Die „Forschung" ist hier bisher jedoch nicht ausdrücklich aufgeführt.
In seinem Gutachten empfiehlt der Wissenschaftliche Beirat beim BMF
u.a. die Aufnahme des Begriffs „Forschung" als Rechtfertigungsgrund für
die Verarbeitung personenbezogener Daten durch Finanzbehörden gemäß
§ 29 c Absatz 1 Satz 5 AO, eine durch Rechtsgrundlage über § 21 Absatz
6 FVG hinausgehende Pflicht zur Weitergabe von Steuerdaten seitens der
Landesfinanzbehörden an das beabsichtigte Forschungsdatenzentrum so-
wie die Aufnahme einer Rechtsgrundlage im Gesetz über Steuerstatistiken
(StStatG) für die Verknüpfung mit anderen Forschungsdatenzentren [W.B.
BMF, 2020, S. 26]. Diese Hinweise verdeutlichen die aktuell unzureichende
Rechtslage für die Weiterverarbeitung von Daten aus den verschiedenen
Besteuerungsverfahren zu Forschungszwecken.

Die vorherige Bundesregierung betonte, dass schon eine unabhängige Forschung über die bestehenden Datenzugänge bei den Forschungs-

datenzentren des Statistischen Bundesamtes und der statistischen Ämter der Länder zu formal anonymisierten sowie faktisch anonymisierten Daten aus den Besteuerungsverfahren möglich und das Steuer- und Statistikgeheimnis ausreichend gewahrt seien [Deutscher Bundestag, 2021j, S. 1]. Gleichzeitig werden die für Bund und Länder zur empirischen Forschung an Daten des Besteuerungsverfahrens bestehenden Ermächtigungsnormen, besonders im Kontext einer eigenständigen Forschung durch die Länder, als ausreichend angesehen [ebd., S. 3]. Zu nicht anonymisierten Daten liegt indes keine Aussage vor. Damit bleibt zu konstatieren, dass bei der Untersuchung bestimmte Forschungsfragen ausgeschlossen werden. Mithin kann die Verfügbarkeit der benannten, bereits verfügbaren Daten nicht gleichgesetzt werden mit dem weitaus größeren Datenbestand am Ursprung.

Im Ergebnis vertritt auch der Wissenschaftliche Dienst des Deutschen Bundestages die Auffassung, dass die Forschung mit personenbezogenen Steuerdaten nicht auf § 29 b AO gestützt werden könne, weil sie als Weiterverarbeitung zu verstehen sei, die eine eigenständige Rechtsgrundlage voraussetze. Mehr noch, da die Forschung in § 29 c AO nicht enthalten sei, müsse die allgemeine Forschung mit personenbezogenen Steuerdaten als unzulässig angesehen werden [WD, 2021d, S. 17]. Zugleich wird darauf hingewiesen, dass neben den Vorschriften aus § 29 c AO bei einer Offenbarung durch Amtsträger immer auch zwingend das Steuergeheimnis beachtet werden müsse [ebd., S. 7]. Nach der AO sind Amtsträger nicht nur (Finanz-)Beamte und Richter sowie in einem sonstigen öffentlichrechtlichen Amtsverhältnis stehende Personen (§ 7 Nummer 1 und 2 AO). Sondern Amtsträger ist auch, wer dazu bestellt ist, bei einer Behörde oder bei einer sonstigen Stelle oder in deren Auftrag Aufgaben der öffentlichen Verwaltung wahrzunehmen (§ 7 Nummer 3 AO). Im Gegensatz zu den ersten beiden Gruppen kommt es bei den Amtsträgern aufgrund von Bestellung und Auftrag nicht auf den Status an, sondern auf die ausgeübte Tätigkeit [Drüen, 2020]. Trotzdem sei die AO in Bezug auf eine Offenbarung viel enger auszulegen als die DSGVO, wodurch die Offenbarung personenbezogener Daten für Forschungszwecke trotz einer Privilegierung im Unionsrecht auf keinen Offenbarungstatbestand aus § 30 Absatz 4 AO gestützt werden könne [WD, 2021d, S. 18]. Folglich wird eine Forschung durch wissenschaftliches Personal an einem Institut oder auch bei Kooperationen sehr strenge Maßstäbe erfüllen müssen, wenn sie nicht sogar erst umfassender gesetzlicher Regelungen bedarf. Aber auch schon für die Offenbarung solcher personenbezogener Steuerdaten zu Forschungszwecken an eine Einrichtung auf Bundesebene fehle es aktuell an einem Offenbarungstatbestand [ebd., S. 20].

Darüber hinaus teilt der Wissenschaftliche Dienst des Deutschen Bundestages die Auffassung des Wissenschaftlichen Beirats beim BMF, dass es einer Ergänzung in § 21 Absatz 6 FVG zur Weitergabe von Steuerdaten seitens der Landesfinanzbehörden an das beabsichtigte Forschungsdatenzentrum bedürfe, sofern personenbezogene Steuerdaten übermittelt werden sollen [WD, 2021d, S. 21]. Dies gilt auch für die Regelungen im StStatG, weil es hier ebenfalls an einer ausdrücklichen Offenbarungsklausel als Ausnahme vom Steuergeheimnis für eine weitergehende Forschung fehle [ebd., S. 23].

Sämtliche Forschungsvorhaben bedingen in jedem Fall immer besondere Datenschutzkonzepte, die regeln, welche Daten zur Umsetzung eines jeden einzelnen Forschungsvorhabens herangezogen und wie die verwendeten Daten vor unbefugtem Zugriff geschützt werden können. In Anbetracht der im Gutachten des Wissenschaftlichen Beirats beim BMF geforderten Anpassungen zu den Ermächtigungsgrundlagen und der übereinstimmenden Auffassung des Wissenschaftlichen Dienstes des Deutschen Bundestages müssen einschlägige Rechtsgrundlagen durch den Gesetzgeber zeitnah geschaffen werden. Eine Forschung an ausschließlich anonymisierten bzw. synthetischen Daten könnte die Qualität der Ergebnisse, vor allem für verwaltungsinterne Forschungszwecke, zu stark mindern und dem Anspruch der Wissenschaft dann ggf. nicht ausreichend gerecht werden.

6.2.1.2 Bereitstellung der Daten für die Allgemeinheit

Dem Wissenschaftlichen Beirat beim BMF ist das gesamtgesell-schaftliche Interesse an den Steuerdaten durchaus bewusst, wenn er als Zweckempfehlung für ein neu zu errichtendes Forschungsdatenzentrum für Steuern in seinem Gutachten „die Bereitstellung von anonymisierten Einzeldaten auf Basis der Steuerstatistiken" [W.B. BMF, 2020, S. 26] vorsieht. Verschiedene Zugangswege, „die Verknüpfung mit anderen Forschungsdatenzentren" und potenzielle Antragssteller werden beschrieben. So sollen „Wissenschaftler und Forschungseinrichtungen, sowie Einrichtungen des Bundes, der Länder und der Kommunen" antragsberechtigt sein. Gleichberechtigte Stakeholder-Interessen bei Datenanforderungen von Seiten der Steuerpolitik als auch von der Wissenschaft werden vom Beirat explizit eingefordert. Damit wird weder der Zugang noch die Beauftragung auf staatliche Einrichtungen bzw. Staatsinteressen beschränkt. Wenn Bund und Länder die Finanzierung übernehmen sollen, ist das berechtigte und ureigene Interesse der Finanzverwaltung an einer Verbesserung der Besteuerungsverfahren, der Gesetzesfolgenabschätzung und der Evaluierung von strukturellen Anpassungs- und Änderungsprozessen zu akzeptieren [Peuthert & Schaebs, 2021a].

Im Unterabschnitt VIII. Zukunftsinvestitionen und nachhaltige Finanzen des Koalitionsvertrags 2021-2025 haben die Vertragsparteien vereinbart, dass sie „[d]as geplante Steuerforschungsinstitut [...] nutzen [werden], um eine aktuelle und bessere Datenlage etwa für die Evaluierung von Steuerregelungen - auch im Hinblick auf ihre Belastungswirkung - oder die entgangenen Steuereinnahmen aufgrund Steuerhinterziehung und Steuergestaltung [...]", zu erreichen [SPD, 2021, S. 132]. Auf den ersten Blick bleibt die Bundesregierung damit hinter den Forderungen des Wissenschaftlichen Beirats beim BMF zurück, weil die hier genannte Zielstellung lediglich Fiskal- und Regierungsinteressen in den Mittelpunkt stellt. Gleichwohl bedeutet dies nicht, dass die Bundesregierung die Belange weiterer Stakeholder und deren Zugang zu den Steuerdaten ausblenden wird. Im Koalitionsvertrag ist nämlich allgemein auch festgehalten, dass „[d]as ungenutzte [Forschungsdaten-]Potenzial [...] effektiver für innovative Ideen" abgerufen und der „Zugang zu Forschungsdaten für öffentliche und private Forschung [...] mit einem Forschungsdatengesetz verbesser[t] sowie vereinfach[t]" werden soll. Daneben wollen die Koalitionäre „Forschungsklauseln" einführen und die „Datenteilung von vollständig anonymisierten und nicht personenbezogenen Daten für Forschung im öffentlichen Interesse" möglich machen [SPD, 2021, S. 18].

Der Finanzverwaltung kann grundsätzlich auch nicht vorgeworfen werden, dass sie den Fokus beim Aufbau und der Finanzierung eines Forschungszentrums für Steuerdaten zunächst deutlich auf Verwaltungsinteressen legt. In der Bundesrepublik existieren bisher zu wenige Lehrstühle an den Universitäten, die sich vorrangig mit Verwaltungsaspekten und deren Optimierung beschäftigen, sodass eine Wissenschaftskompetenz aus Sicht der Finanzverwaltung erst eigeninitiativ geschaffen werden muss. Die Forschungsaktivitäten und -prioritäten der aus Bundes- und Landesmitteln finanzierten Professoren und Mitarbeiter am geplanten Forschungsinstitut würden sich insoweit dann auch im Sinne ihrer Auftraggeber ausrichten müssen. Sowohl die Institution als auch das Personal sind keine Ergänzung der bestehenden Hochschullandschaft[24], sondern bei Ansiedelung im Geschäftsbereich des BMF zunächst als organisatorischer Teil der deutschen Steuerverwaltung zu verstehen.

Unbestritten bleibt in diesem Kontext das legitime Interesse der Allgemeinheit, mithin der Steuerbürger und Unternehmen einschließlich der Beraterschaft, an den erhobenen bzw. analysierten Steuerdaten. Hier sollte aber beachtet werden, dass die Regierung zwar den Zugang zu den Steuerdaten ermöglichen, nicht aber jegliche Forschungsaktivitäten vollumfänglich übernehmen muss. Diverse Lehrstühle an den Universitäten verfügen ohnehin über eine weitaus ziel- und passgenauere wissenschaftliche Expertise. Der Rückgriff auf Ressourcen des geplanten Forschungszentrums müsste sich deshalb eher auf den Zugang zu anonymisierten Einzeldaten

---

[24]Der tertiäre Bildungsbereich bzw. das Hochschulsystem sind in Deutschland den Landeshoheitsrechten zugeordnet, weswegen weitere Kooperationen zwischen Bund und Ländern auch besonderer Staatsverträge bedürften.

im Sinne der Vorschläge des Wissenschaftlichen Beirats bzw. auf abgeschlossene Auswertungen beschränken. Ein umfassendes Mitsprache- bzw. Planungsrecht für Steuerpflichtige oder externe Wissenschaftler würde die Handlungsfähigkeit des Instituts möglicherweise zu stark beeinträchtigen und die Nutzbarmachung der Vorteile des Gesamtvorhabens für die Allgemeinheit am Ende sogar konterkarieren.

6.2.2　Zentrale vs. dezentrale Forschungskonzentration

Das BMF hat angekündigt, ein Institut für empirische Steuerforschung (IfeSt)[25] gründen zu wollen und hierfür Gelder in den Haushalt einzustellen. Nach Angaben des BMF soll das Institut zwei Kernaufgaben verantworten: Zur „Verbesserung der Dateninfrastruktur für die Wissenschaft im Steuerbereich" werde beabsichtigt, die „datenschutzkonforme Verknüpfung von Datensätzen, Erstellung synthetischer Datensätze und Nutzung von Verfahren der künstlichen Intelligenz (KI)" zu befördern und zudem die „evidenzbasierte Forschung im Bereich der Steuerpolitik [durch] eine engere Verzahnung der Wissenschaft mit Politik und Verwaltung" voranzutreiben [Deutscher Bundestag, 2021e, S. 2]. Wissenschaftliche Mitarbeiter, Forschungsprofessuren und stipendien, Graduiertenprogramme, Gastwissenschaftler, Drittmittel und Kooperationen mit Universitäten sollen sicherstellen, dass das Institut hierfür umfassend ausgestattet ist, vor allem auch, um dem Anspruch der Förderung einer „qualitativ hochwertige[n] und international sichtbare[n] empirische[n] Forschung für das gesamte Bundesge[b]iet in Deutschland im Bereich der Steuerpolitik" [Deutscher Bundestag, 2021j, S. 2] gerecht werden zu können. Der Standort des geplanten Instituts ist indes noch unklar, eine räumliche Nähe zu Legislative und Exekutive auf Bundesebene, Kosteneffizienz, mögliche Synergieeffekte, aber auch die enge Verzahnung mit den Hauptdatenproduzenten de-

---

[25]Die in den Medien gebrauchte Bezeichnung war Institut für empirische Steuerforschung (IfeS). Diese dürfte sich angesichts des bestehenden Instituts für empirische Sozialforschung (IfeS) nicht durchsetzen, so dass im Folgenden die Abkürzung IfeSt verwendet wird.

terminieren die Entscheidung [Deutscher Bundestag, 2021e, S. 3]. Zugleich fordert die erste Landesfinanzministerin bereits die Ansiedelung auf Ebene eines Bundeslandes [Schmidt, 2021d]. Im Kontext der geplanten Neugründung des IfeSt stellt sich deshalb die Frage, ob die Diskussion zu den denkbaren Varianten einer empirischen Forschung und Evaluierung von Daten aus den Besteuerungsverfahren umfassend geführt und die Gründungsbestrebungen vom BMF mit den Ländern im Detail abgestimmt wurden. Hierzu sollen nachfolgend alternative Möglichkeiten zur Steuerdatenforschung aufgezeigt werden. Der Fokus liegt auf staatlichen Modellen, weil die ausschließlich private Forschung und auch Private-Public-Partnerships (PPP)[26] hinsichtlich der Daten aus den Besteuerungsverfahren aufgrund der gängigen Datenschutzvorschriften und im Besonderem aufgrund des Steuergeheimnisses nach § 30 AO für die Steuerverwaltungen von Bund und Ländern nicht von Bedeutung sein können. Gleichzeitig wird in der Analyse der parallele Aufbau von jeweils eigenen Forschungszentren durch alle Bundesländer auf Ebene ihrer Landesoberbehörden bzw. obersten Landesbehörden vernachlässigt, da dies zu ineffizienten Doppelstrukturen und immensen Personal- und Sachzuwendungen führen würde.

6.2.2.1 Forschung auf Bundes- oder Landesebene

Im FVG ist vorgesehen, dass Bund und Länder zur Verbesserung und Erleichterung des Vollzugs von Steuergesetzen und im Interesse einer Gleichmäßigkeit der Besteuerung zusammenarbeiten (u.a. § 21 a FVG). Ferner ist zumindest für die mitverwalteten Bundessteuern die Datenweitergabe an den Bund bereits gesetzlich normiert (§ 21 a Absatz 6 FVG). Eine Übertragung von Teilaufgaben der Landeshoheitsverwaltungen und der damit verbundenen Wahrnehmung von zentralen Forschungsaufgaben auf Ebene des Bundes wäre denkbar und möglicherweise als Teilkompetenzübertragung auch grundgesetzkonform regelbar [vgl. Schaebs et al., 2021, S. 415 ff.]. Mindestens aber wäre auch eine (begleitende) Forschung

---

[26] Bei PPP-Kooperationen arbeiten öffentliche Einrichtungen und die Privatwirtschaft mit dem Ziel zusammen, staatliche Leistungen aus der bisherigen Eigenrealisierung über eine Auftragsvergabe außerhalb des öffentlichen Dienstes zu erbringen.

auf Landesebene in Betracht zu ziehen. Das erfordert indes, dass die Länder nicht in eine (ab)wartende Haltung verfallen, sondern proaktiv ergänzende Forschungsaktivitäten anregen, begleiten, also forcieren und deren Ergebnissen gegenüber aufgeschlossen sind. Sämtliche der nachfolgend dargestellten Möglichkeiten werden auf ihre Sinnhaftigkeit hin analysiert und bedürften zur rechtlichen Absicherung stets besonderer Ermächtigungsgrundlagen [W.B. BMF, 2020].

6.2.2.1.1   Bundeszentralamt für Steuern (BZSt)

Als Bundesoberbehörde sind, wie im Kapitel 4.1 (S. 87) beschrieben, dem BZSt schon heute zahlreiche länderübergreifende Aufgaben übertragen. Es steht daher außer Frage, dass eine Erweiterung von § 5 FVG um eine empirische Steuerdatenforschung die Aufgaben des BZSt prinzipiell erweitern könnte. Eine Ansiedlung von zentralen Forschungsaktivitäten beim BZSt erscheint auch angesichts der dort bereits vorhandenen steuerrechtlichen Erfahrungen sinnvoll. Denn nicht zuletzt nehmen die grenzüberschreitenden Geschäftsaktivitäten von Unternehmen und Auslandssachverhalte immer mehr zu. Zudem besteht eine ausgeprägte Expertise und die Mitwirkung des Zentralamts bei vielen Außenprüfungen der Länder ist ohnehin gesetzlich vorgesehen. Hinsichtlich der vorhandenen Daten der Besteuerungsverfahren von Bund und Länder ergeben sich hier Zugriffsvorteile, weil eine gewisse Nähe zur Datenquelle und zum jeweiligen Besteuerungsverfahren besteht. Gleichzeitig verfügt das BZSt jedenfalls bisher über keinerlei Forschungsstrukturen bzw. keine ausgeprägte wissenschaftliche Methoden- bzw. Fachkompetenz. Das Verwaltungspersonal wird in ähnlicher Weise wie in den Ländern an den Fachhochschulen für Finanzen ausgebildet oder extern gewonnen. Die Errichtung eines Forschungsclusters würde erheblicher finanzieller Mittel und Personalressourcen bedürfen und wäre vom Aufwand her vergleichbar mit einer Neugründung und Ansiedelung beim BMF. Die Kostenerstattung zwischen den Haushalten von Bund und Ländern erfordert zusätzliche Regelungen.

6.2.2.1.2 Bundesfinanzakademie (BFA)

Die Bundesfinanzakademie (BFA) existiert seit dem Jahr 1951 und setzt „zur einheitlichen Ausbildung (Artikel 108 Grundgesetz) der Führungskräfte der Steuerverwaltung sowie derjenigen Steuerbeamtinnen und -beamten, für welche die Bund-Länder-übergreifende Zusammenarbeit und der Erfahrungsaustausch besonders bedeutsam sind (z.B. Außenprüfung, Steuerfahndung)" einen verfassungsmäßigen Auftrag um [BMF, 2021, S. 76]. An der BFA unterrichten aktuell 16 hauptamtliche Lehrkräfte und ca. 800 Gastdozenten aus der Praxis in Präsenz- und Online-Seminaren. Im Vordergrund der Veranstaltungen steht neben der Berufsqualifizierung für Führungskräfte in der Steuerverwaltung auch der „länderübergreifende Austausch und die Möglichkeit zur Bildung von bundesweiten Netzwerken" [ebd., S. 78]. Dieser Kernauftrag des GG wurde in der Vergangenheit bereits um weitere Verantwortlichkeiten wie die steuerfachliche Fortbildung und die Veranstaltung wissenschaftlicher und fachlicher Tagungen ergänzt. Auch die Kooperationen mit anderen Bildungseinrichtungen wurden intensiviert [ebd., S. 78 f.]. Gleichwohl bedeutet dies nicht, dass die BFA ohne weitere gesetzliche Regelungen im Bereich der Steuerdatenforschung aktiv werden könnte. Weder eine Interpretation des aktuellen grundgesetzlichen Auftrags noch die bloße personelle und finanzielle Ausstattung würden die BFA hierzu befähigen. Insbesondere die wissenschaftliche Expertise müsste völlig neu aufgebaut werden, weil die derzeitige Zielrichtung tendenziell in Richtung der Berufspraktiker geht und dementsprechend die Lehrkräfte und Dozenten über geringere wissenschaftliche Kompetenzen als an bestehenden Wissenschaftseinrichtungen verfügen. Die BFA scheint deshalb eher für Koordinierungs- und Schulungsaufgaben (Kapitel 5.2.2, S. 147), begleitende Aufgaben bei der Steuerdatenforschung im Sinne einer spezifischen Führungskräftequalifizierung sowie zur Ausrichtung von Fachtagungen in diesen Bereichen in Frage zu kommen.

6.2.2.1.3   Verwaltungsuniversität Speyer

Die Universität für Verwaltungswissenschaften in Speyer nimmt unter den deutschen Universitäten eine Sonderstellung ein. Sie ist keine Institution eines einzelnen Landes, sondern eine föderale Bildungseinrichtung, die von Bund und Ländern nach einem Staatsvertrag finanziert wird. Die französische Besatzungsmacht gründete 1947 diese heute führende Universität für Verwaltungswissenschaften nach Vorbild der École nationale d'administration (ENA). Das Landesgesetz über die Deutsche Universität für Verwaltungswissenschaften Speyer (DUVwG) definiert die „Pflege und Entwicklung" der Verwaltungswissenschaften „durch Forschung, Lehre und Studium" als Kernaufgaben. In dieser Hinsicht hat sich die Universität nicht nur in der verwaltungswissenschaftlichen Lehre und Forschung hervorgetan, sondern sie hat auch bereits in verschiedenen Projekten ihre wissenschaftliche Expertise bundesweit bewiesen. Zum Beispiel sollen aktuell mit dem vom IT-Planungsrat 2019 beschlossenen Forschungs-, Entwicklungs- und Umsetzungsprojekt „Qualifica Digitales" die Qualifizierungsnotwendigkeiten im Kontext einer zunehmend digitalisierten Verwaltung u. a. in Zusammenarbeit mit dem Deutschen Forschungsinstitut für öffentliche Verwaltung Speyer erforscht werden. Dieses Großprojekt verdeutlicht, dass die für eine empirische Forschung an den Daten der Besteuerungsverfahren notwendigen Strukturen und Personalressourcen grundsätzlich vorhanden wären. Gleichzeitig bestehen bereits wertvolle Erfahrungen von Bund und Ländern bei der gemeinsamen Koordination, Finanzierung und Durchführung von Forschungsinitiativen. Es müssten aber ein entsprechender Lehrstuhl und die steuerrechtliche Fachkompetenz für die empirische Steuerdatenforschung an der Universität erst geschaffen werden. Die Kostenerstattung könnte im Rahmen des bestehenden Staatsvertrags relativ einfach geregelt werden.

6.2.2.1.4 Institut für empirische Steuerforschung (IfeSt)

Obwohl die vom Wissenschaftlichen Beirat beim BMF empfohlenen Rechtsgrundlagen noch nicht geschaffen wurden, verkündete das BMF, dass es den Vorschlägen mit einem Forschungsdatenzentrum für Steuern auf Bundesebene nachkommen wolle und hat damit die Diskussion über die optimale Variante zur empirischen Forschung und Evaluierung von Daten aus den Besteuerungsverfahren von Bund und Ländern einseitig geprägt. Grundsätzlich ist der Vorstoß im Sinne der fortschreitenden Digitalisierung und der zunehmenden Datenmenge längst überfällig und daher zu begrüßen. Möglicherweise entstehen bei einer zentralisierten Forschung gegenüber anderen Modellen neben einer Kompetenzballung auch Synergie- und Skaleneffekte, die wiederum zu Kosteneinsparungen führen können. In diesem Zusammenhang muss aber hinterfragt werden, ob es zwingend einer so kostenintensiven Neugründungsinitiative bedarf oder ob die Bundesregierung nicht auch gemeinsam mit den Ländern Kooperationen mit Universitäten oder Verwaltungsfachhochschulen forcieren könnte.

Die Finanzierung soll durch Bund und Länder gesichert sein. Das kann für zielführend und sinnvoll erachtet werden, wenn sich alle die Ausgaben für diese Mammutaufgabe teilen. Gleichzeitig könnte die Erforschung und Evaluierung von Daten aus den Besteuerungsverfahren der Länder beim Bund zu weit entfernt von der Quelle der Daten sein, sodass die individuellen Gegebenheiten nur durch eine Erforschung und Evaluierung der Daten in den Ländern abgebildet werden könnten [Deutscher Bundestag, 2021j, S. 3 f.].

Die geplante Ansiedelung des IfeSt beim BMF wirft auch die Fragen auf, ob vorrangig lediglich der Zugang für externe Forschende verbessert werden und ob die verwaltungsseitige Forschung dem Steuerbereich, also der Erforschung und Evaluation von Steuerdaten und den sich hier ergebenden neuen Herausforderungen im Bereich BigData, zugutekommen soll oder nicht auch anderen Bereichen des BMF dienen wird. Zudem könnte der Einfluss der Landessteuerverwaltungen beispielsweise auf Forschungsinitiativen und Prioritäten gegenüber dem BMF nachrangig sein bzw. vernachlässigt werden. Bei diesem vom BMF favorisierten Modell bleibt insbesondere unklar, wie der Zugang für die Bundesländer zu steuerlichen Daten, die die Zuständigkeit des eigenen Landes betreffen, aber durch den Bund (z.B. durch das BZSt im Rahmen von DAC 6[27] / DAC 7, Joint Audits, CbCR[28]) verwaltet und möglicherweise dann evaluiert und erforscht werden, dauerhaft gewährleistet sein soll. Solange nämlich die Steuerverwaltung zu den grundgesetzlich garantierten Hoheitsrechten der Länder zählt, besteht auch ein originäres Interesse an der Erforschung und Evaluierung ihrer Daten.

6.2.2.1.5　Fachhochschulen für Finanzen

Die Ausbildung von Bediensteten in der Steuerverwaltung wurde in den siebziger Jahren (1976) durch die Einführung von Studien des gehobenen Dienstes an Beamtenfachhochschulen reformiert. Die elf FHF in Trägerschaft eines oder mehrerer Länder sind überwiegend als eine nicht rechtsfähige Einrichtung in den Geschäftsbereich des jeweiligen Finanzministeriums eingegliedert und ein umfassendes Selbstbestimmungs- bzw. Satzungsrecht ist mitunter nicht vorgesehen. Bedienstete der Fachhochschule sowie alle Studierenden sind in der Regel Angehörige der Steuerverwaltung und somit Personen, die nach § 30 AO zur Wahrung des Steuergeheimnisses verpflichtet sind.

Aktuell steht an den FHF deutlich die Vorbereitung auf eine praktische Tätigkeit innerhalb der Steuerverwaltung im Vordergrund. Der Tätigkeitsschwerpunkt der Lehrkräfte liegt in den meisten Bildungseinrichtungen nicht im Bereich der Forschung. Eine gewisse wissenschaftliche Kompetenz ist im Grunde dennoch vorhanden, weil Lehrkräfte vereinzelt publizieren oder an Tagungen teilnehmen, bzw. könnte im Sinne der Steu-

---

[27]Gesetz zur Einführung einer Pflicht zur Mitteilung grenzüberschreitender Steuergestaltungen, BGBl. I 2019, S. 2875.

[28]Country-by-Country Reporting; §§ 138 a, 117 c AO und § 5 Absatz 1 Nummer 5 a FVG.

erdatenforschung herausgebildet werden. Inwieweit Studierende bei der Forschung und Evaluierung im Wege der schriftlich anzufertigenden Hausarbeiten i.S.v. § 18 Absatz 9 StBAPO eingebunden werden können, bleibt angesichts der persönlichen Fähigkeiten und Komplexität der übrigen Lehrinhalte abzuwarten. Zugleich bedürfte es einer vertieften Koordinierung und Schulung über alle Einrichtungen hinweg (siehe Kapitel 5.2.2, S. 147).

Mithin spricht für dieses Modell die verwaltungsinterne Abwicklung der Forschung und Evaluation und die potenziell geringeren Risiken für eine Verletzung von Datenschutzbestimmungen und Vorschriften zum Steuergeheimnis, da Amtsträger auch zusätzlich noch disziplinarrechtliche Konsequenzen fürchten müssten. Auch kann die Landesregierung auf die Forschung unmittelbaren Einfluss ausüben und im Bedarfsfall nachsteuern. Nachteilig wirken sich die erst aufzubauende Wissenschaftskompetenz und die fehlenden Strukturen aus, wodurch sich Investitions- und Personalzusatzkosten, zeitliche Verzögerungen und ein größerer Qualifizierungsbedarf ergeben könnten.

6.2.2.1.6 Kooperationen mit Universitäten und Fachhochschulen

In Deutschland bestanden im Jahr 2019 insgesamt 394 Hochschulen, davon 240 in staatlicher Trägerschaft [HRK, 2019]. Insbesondere die über 100 Universitäten in der BRD verfügen aufgrund ihrer Lehr- und Forschungseinrichtungen über die erforderliche Expertise zur empirischen Forschung an Daten. Es bestehen bereits etablierte Forschungscluster für KI oder im Bereich BigData-Science, zum Teil auch in Form des PPP[29]. Insbesondere fachkundiges Personal und die erforderlichen Ressourcen im Bereich der IT müssten also nicht vollumfänglich neu rekrutiert bzw. angeschafft werden, sondern können spezifisch beauftragt werden. Ebenso bestehen umfangreiche Erfahrungen bei der Einwerbung von Drittmitteln

---

[29]Vgl. hierzu Deutsches Forschungszentrum für Künstliche Intelligenz (DFKI) als wirtschaftsnahe Forschungseinrichtung mit Standorten u.a. in Saarbrücken, Kaiserslautern, Bremen und Berlin.

und zur Orientierung der Forschung am Auftragsmarkt.

Gleichwohl fällt es der Finanzverwaltung schwer, aufgrund der rechtlichen Hürden und der beschriebenen Herausforderungen, solche Projekte anzustreben oder gar kontinuierlich durchzuführen. Als Beleg für eine erfolgreich bestehende Kooperation dieser Art kann das gemeinsame Vorhaben „TaDeA - Tax Defense Analytics" zwischen dem Landesamt für Steuern Niedersachsen und der Universität Oldenburg angesehen werden.[30] Die bestehende Vereinbarung ist öffentlich nicht einsehbar, sie läuft für den Zeitraum 01.12.2020 bis 31.12.2023. Es ist aber zu vermuten, dass das Landesamt für Steuern Niedersachsen die Kooperation umfassend rechtlich prüfen lassen und die Freigabe des Niedersächsischen Finanzministeriums eingeholt hat. Allgemein verpflichtet sich die Landessteuerverwaltung mit einem Kooperationsvertrag, das Projekt gemeinsam mit der Hochschule zu entwickeln, steuerrelevante Daten (Steuerdaten)[31] bereitzustellen und an die Hochschule zur Auswertung zu übertragen. Daneben könnte die Hochschule auch operative Daten selbst erheben. Zur wissenschaftlichen Untersuchung werden beide Datenbestände zusammengeführt. Außerdem sind die zur Umsetzung des Forschungsvorhabens notwendigen Aufgaben auf die Kooperationspartner zu verteilen. Insgesamt sollte aber die Kooperation dem Prinzip der Datensparsamkeit folgen.

Neben den Organisations- und Personalvorteilen ergeben sich vor allem Kostenersparnisse, weil die Forschungsstrukturen nicht separat von der Landessteuerverwaltung aufgebaut und dauerhaft vorgehalten werden müssten. Da auch jedes Bundesland über eine gewisse Anzahl von Universitäten verfügt, könnten Kooperationsprojekte ggf. sogar innerhalb der Landesgrenzen realisiert werden. Sollte dies mangels geeigneter Lehrstühle nicht möglich sein, wäre auch eine Zusammenarbeit über Landesgrenzen hinweg denkbar. Die entstehenden Kosten werden aus den Haushaltsansätzen der Steuerverwaltung erstattet. Nach den gängigen Datenschutzvor-

---

[30]TaDeA ist eine Forschungskooperation, bei der mithilfe von Datenanalysen und dem Einsatz von Data-Science-Methoden u.a. Umsatzsteuerbetrugsfälle und aggressive Steuervermeidungspraktiken aufgedeckt werden sollen; https://tadea-ol.de.

[31]Der Begriff Steuerdaten umfasst Daten, die der Besteuerung zugrunde gelegte werden, also z. B. den Gewinn gemäß § 4 Absatz 1 EStG und die E-Bilanzwerte.

schriften und der AO ergibt sich gleichwohl, dass nur inländische Hochschulen in Frage kommen und die Daten die BRD nicht verlassen dürfen.

Als ein möglicher Nachteil dieses Verfahrens könnte die potenzielle Abhängigkeit der Steuerverwaltung vom Umfang, der Geschwindigkeit, der Zielgenauigkeit und Effektivität der kooperativen Forschung angesehen werden. Die Einflussnahme dürfte sich jedoch an derjenigen von Drittmittelgebern oder anderen externen Auftraggebern im Forschungsbereich orientieren. Schon aufgrund des erheblichen Forschungsbedarfs der Steuerverwaltung in der Zukunft und des damit verbundenen Finanzvolumens dürften Hochschulen an einer Einwerbung, zufriedenstellenden Erfüllung und Umsetzung interessiert sein. Allerdings könnte es zu einem weiteren Nachteil führen, wenn die gleiche Forschung parallel in mehreren Einrichtungen stattfände und somit Ressourcen nicht effektiv eingesetzt würden.

6.2.2.2 Forschung in Bund-Länder-Modellen

Die Forschung an den Besteuerungsdaten von Bund und Ländern auf Ebene des Bundes durch ein neues Institut kann eine, nicht aber die einzige Möglichkeit darstellen. Vielmehr sollten die Länder auch eigene Forschungsmodelle in Erwägung ziehen [Peuthert, 2022, S. 39]. Wie zuvor dargestellt, wären mögliche Kooperationen mit Universitäten bzw. Fachhochschulen in der BRD, die Bildung von Forschungsclustern an den staatlichen FHF sowie die Bildung von Forschungsclustern auf Bundesebene, zum Beispiel an der föderal getragenen Universität für Verwaltungswissenschaften Speyer oder Forschungscluster an der BFA bzw. beim BZSt begleitend vorstellbar und werden in der Literatur „als Schlüssel zum Erfolg" [ebd., S. 40] angesehen.

In diesem Kontext erscheint es für die Steuerverwaltungen von Bund und Ländern pragmatisch und zugleich effizient, die vorhandenen Strukturen zu nutzen. Problematisch hieran ist allerdings der dann drohende, entfesselte Zugriff auf den Datenschatz der Länder und des Bundes. Das Dilemma besteht einerseits in der Nutzbarmachung empirischer Befunde für verwaltungsseitige Entscheidungen und der Erschließung besserer Möglichkeiten zur Weiterentwicklung der Verwaltung bezogen auf die Strukturen und auch die Besteuerungsverfahren. Anderseits ergibt sich aufgrund des notwendigerweise verbundenen größeren Datenzugangs für wissenschaftliches Personal ein gewisses Risiko der Preisgabe von konsequent zu schützenden Daten sowie die Notwendigkeit zur Konkretisierung von Erlaubnistatbeständen für Amtsträger, die die Daten bereitzustellen bzw. die Datenbestände aufzubereiten und damit den Schutz zu gewährleisten haben. Angesichts der Unwägbarkeiten ist es nicht verwunderlich, dass sich die gesamte Finanzverwaltung schwertut, trotz einer als geboten einzustufenden Notwendigkeit, derartige kooperative Projekte anzustreben oder gar kontinuierlich durchzuführen.

6.3   Begründung einer Steuerverwaltungswissenschaft

Eine Steuerverwaltungswissenschaft ist gegenwärtig in Deutschland (noch) nicht existent, allerdings erscheint sie mehr als geeignet, den Bedürfnissen der Länder und des Bundes an einer wissenschaftlich fundierten Beratung über das bestehende Maß an verwaltungsinterner Gestaltungskompetenz hinaus Rechnung tragen zu können.

Wie *Peuthert* feststellt, steht bereits eine ausgeprägte, historisch gewachsene und hochgradig praxisrelevante Steuerwissenschaft zur Verfügung [Peuthert, 2022, S. 33 ff.]. Dennoch muss die Steuerverwaltung ihren Bedarf konkreter als bisher adressieren und damit Anreize setzen. Es kann angenommen werden, dass die bereits in der Verwaltungswissenschaft vereinten Wissenschaftsdisziplinen, soweit sich diese mit der öffentlichen Verwaltung befassen (namentlich u.a. die Staats- und Verwaltungsrechtswissenschaft, die Verwaltungssoziologie, die Sozialpsychologie, die Betriebs- und die Volkswirtschaftslehre sowie die Verwaltungsinformatik [Wind, 2006, S. 254]), mit einem spezifizierten Fokus auf die Steuerverwaltung Erkenntnisse hervorbringen können. Diese entsprechen entweder denen in anderen Verwaltungen und sind damit übertragbar oder weichen von diesen ab und erweitern damit die bestehende Verwaltungswissenschaft [Bohne, 2018, S. 23 f.]. Beide Varianten bereichern die Entscheidungsprozesse für die Steuerverwaltung als Ganzes und auch innerhalb dieser, wenn einzelne Interaktionssysteme Gegenstand der Analyse wären [ebd., S. 27].

Schon jetzt vereinen sich Ansätze unterschiedlicher wissenschaftlicher Disziplinen in der Steuerwissenschaft. Meyering & Müller-Thomczik [2020, S. 263] fassen unter Steuerwissenschaften die Finanzwissenschaft, die Betriebswirtschaftliche Steuerlehre und die Steuerrechtswissenschaft zusammen [so auch Bayer, 1997, S. 11; Peuthert, 2022, S. 33]. *Rose* benennt die Staats- bzw. Verfassungsrechtslehre noch als vierte Disziplin [Rose, 1976, S. 174; Rose, 2006, S. 131]. Die bestehende Steuerwissenschaft könnte um eine Steuerverwaltungswissenschaft mit spezifischen Forschungsansätzen erweitert werden. *Peuthert* hat hierzu die Unterschiede zwischen den einzelnen Wissenschaften umfassend beschrieben und eine Einordnung der potenziellen Steuerverwaltungswissenschaft vorgenommen [Peuthert, 2022, S. 34 ff.]. Die Abbildung 6.1 gibt einen groben Überblick. Demnach kann seiner Meinung nach zwischen einer Steuerrechtswissenschaft und Steuerwirtschaftswissenschaft differenziert werden, wobei sich Letztere weiter in die Betriebswirtschaftliche Steuerlehre und Finanzwissenschaft unterteilen lässt. Von seinen Annahmen ausgehend kann konstatiert werden, dass bislang vordringlich das Verhältnis zwischen Steuerbürger und Verwaltung untersucht wurde, nicht aber Interaktionen innerhalb der Steuerverwaltung. Hierbei geht es auch um Untersuchungen über Verhaltensänderungen sowie Wirkungen und Änderungen von Prozessen im Verwaltungsapparat selbst. Daher wird die Verhaltensökonomie ebenso einzubeziehen sein, da sie gerade in dem hier betonten Kontext einer verwaltungsbezogenen Forschungsinitiative inter- und intradisziplinär an Bedeutung gewinnt, wenn sich neben Volks- und Betriebswirten auch Verwaltungswissenschaftler der Steuerverwaltung vermehrt zuwenden. Doch tritt nach *Peuthert* neben die Formulierung von einem gewünschten Ver-

halten sogleich die Frage nach der Realisierbarkeit [Peuthert, 2022, S. 36].
Dies zu untersuchen, folgt aus der bereits von Neumark herausgestellten
Notwendigkeit, Steuerpolitik sei so zu gestalten, dass „ihre Maßnahmen
und die mit ihnen verfolgten Ziele [...] den institutionellen und fachlichen Kapazitäten der Veranlagungs-, Erhebungs- und Kontrollbehörden
[...] entsprechen, so daß sie effizient anwendbar und durchsetzbar sind"
[Neumark, 1970, S. 358]. Auch ergibt sich aus dem Grundsatz: „Sollen impliziert Können" [Albert, 1991, S. 91 f.], den *Braun* in empirisches Können
und ein nomologisches und praktisches Können unterteilt [Braun, 1975, S.
314], dass letztlich alle Akteure im Besteuerungsverfahren in die Untersuchung einbezogen werden müssen, also auch die Steuerverwaltung selbst
[vgl. Peuthert, 2022, S. 33; Schmiel, 2018, S. 155].

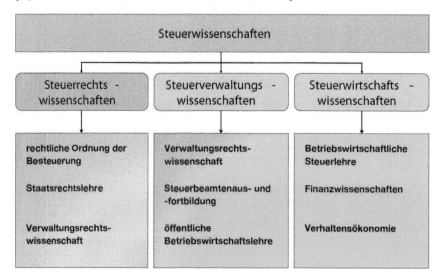

Abbildung 6.1: Disziplinen der Steuerwissenschaft [Peuthert & Schaebs,
2022]

Denn jede der Teildisziplinen hat eigene Erkenntnisobjekte und formuliert dementsprechend ihre Problemstellungen unterschiedlich. Multi-
disziplinäre Kombinationen könnten sogar geeignete Forschungsvorhaben
ergeben [Rose, 2006, S. 137 f.]. Grundsätzlich lässt sich auch kein Über-
/Unterordnungsverhältnis ableiten, da sich die Disziplinen gleichberechtigt

gegenüberstehen (zum Teil anders Schneeloch [2011, S. 437]). Gleichwohl
können in den einzelnen Wissenschaften unterschiedliche Betrachtungs-
ebenen immer auch interessengeleitet sein [Peuthert, 2022, S. 33]. *Richter* verdeutlicht dies am Beispiel der Zweckabhängigkeit der Bewertung
[Richter, 1942, S. 105]. Diese Aspekte transparent zu machen, steigert die
Möglichkeit, gesamtstaatliche Erkenntnisgewinne und somit auch wissenschaftliche Erkenntnisgewinne zu erreichen [Döring & Bortz, 2016, S. 4 ff.],
die zum Erkenntnisfortschritt in der betriebswirtschaftlichen Steuerlehre
führen können [Schmiel, 2006, S. 147 ff.]. Dabei verdeutlichen empirische
Forschungsergebnisse zur Implementierung neuer Techniken bereits, dass
der Erfolg der Reorganisation wesentlich davon abhängt, dass auch in die
Gestaltung der Arbeitsprozesse und die Qualifikation der Anwender investiert wird [Brinkmann & Wind, 1999, S. 83 ff.]. Das gilt vor allem, wenn
es um langfristige Weichenstellungen hinsichtlich der Entwicklung von Arbeit geht [Hirsch-Kreinsen, 2020, S. 85 ff.]. Die Steuerverwaltungswissenschaft wird sich daher in die Steuerwissenschaften eingliedern können und
müssen. Sie hat das Potenzial, sich mit spezifischen Fragen der Steuerverwaltung ausführlicher auseinandersetzen zu dürfen als dies in bisherigen
Disziplinen möglich war. Neben Fragen der optimalen Steuerbeamtenaus-
und -fortbildung, der Steuerdatenforschung sowie der Verwaltungsinformatik werden Gebiete der Verwaltungsrechtswissenschaft und öffentlichen
Betriebswirtschaftslehre tangiert. Im Folgenden werden, abgesehen von
den bereits aufgezeigten Ansätzen (Kapitel 4-6, ab S. 85), noch weitere
Forschungsfelder aufgezeigt.

6.3.1 Forschungsansätze im Kontext Steuerpflichtiger und Staat

In keinem der aktuell zugänglichen Digitalisierungskonzepten bzw.
-vorhaben der Bundesländer finden sich konkrete und weiterführende Aussagen der Landesregierungen zu strukturellen, personellen oder digitalen Veränderungen im Bereich der jeweiligen Landessteuerverwaltung. In
Einzelfällen wird lediglich auf das Gesamtvorhaben KONSENS verwiesen

[Peuthert & Schaebs, 2022, S. 969 f.]. Initiativen aus anderen Landes-hoheitsbereichen, zum Beispiel der Polizei, Justiz und dem Bildungsbe-reich, werden hingegen in den Strategien ausführlicher dargestellt. Fraglich bleibt, wodurch dieser Umstand begründet ist. Liegt es am KONSENS-Verbund, dass die Länder in eine abwartende, reaktive Haltung verfal-len und sich nahezu nicht trauen, etwaige Optimierungspotenziale in-nerhalb ihrer Landessteuerverwaltung freizusetzen bzw. zielgerichtet zu erforschen? Besteht die Erwartung, dass KONSENS als ursprünglicher Programmierverbund für die IT-Verfahren der Steuerverwaltung auch Er-kenntnisse für die übrigen Kernfragen im Zusammenhang mit der Digita-lisierung liefern kann? Welchen Einfluss hat in diesem Zusammenhang die dauerhafte Kritik des Bundesrechnungshofes an KONSENS (Kapitel 2.2.3, S. 26) und wie wirken Vergleiche der Presse zu anderen politischen Groß-projekten [Ramthun, 2022] auf die Glaubwürdigkeit administrativer Re-formbemühungen? Die Potenziale für eine Forschung zu Fragen der Steu-erverwaltung bestehen jedenfalls schon heute und für die Verwaltung er-geben sich Forschungs- und Gestaltungsspielräume, beispielsweise bei der Analyse bestehender Substitutionspotenziale von analogen Verwaltungs-prozessen, der Implementierung geeigneter Digitallösungen, der Einrich-tung von Digitallaboren und der Kooperation mit der Wissenschaft und unterschiedlichen Forschungseinrichtungen. Gleichzeitig könnten für die Verwaltung auch die Kundenzentriertheit und die Fähigkeit zur Selbst-organisation als Maßstäbe an Bedeutung gewinnen [Steuck, 2019, S. 13]. Dies dürfte in Hinblick auf die Herausforderungen bei der Digitalisierung der Steuerverwaltung und die Erwartungen der Bürger an einen funkti-onsfähigen, digitale(re)n Staat von großer Bedeutung sein.

In der von der OECD im Jahr 2014 veröffentlichten Empfehlung des Rates zu Strategien für eine digitale Verwaltung wird u.a. den Regierungen empfohlen, Verfahrensweisen für die digitale Verwaltung zu entwickeln und umzusetzen, mit denen eine datengesteuerte Kultur im öffentlichen Sek-tor geschaffen werden kann. Hierfür bedürfe es Rahmenbedingungen, die den Zugang zu, die Nutzung und die Wiederverwendung der zunehmen-den Menge an Nachweisen, Statistiken und Daten über Vorgänge, Prozesse und Ergebnisse ermöglichen, lenken und fördern [OECD, 2014, S. 5]. Allein dieser Einzelaspekt führt zu der Frage, ob und wie die Steuerverwaltung gedenkt, diesem Ansinnen entsprechen zu können. Genügt eine Bündelung der technologischen Entwicklungskompetenzen innerhalb des KONSENS-Verbundes oder braucht es ergänzender Initiativen? Auch wenn die Empfehlung nicht rechtsverbindlich ist, bringt sie die Erwartung mit sich, dass die Mitglieder der OECD ihr Bestes tun, um sie umzusetzen. Dabei ist, wie *Bentley* zutreffend herausstellt, von besonderer Bedeutung, wie der digitale Wandel vollzogen wird. Ein falsch angegangener Wandel, sei es in Bezug auf die Technologie oder die Einschätzung über die Fähigkeiten der Menschen, die sie bedienen, führt in der Regel zu einem Vertrauensverlust [Bentley, 2020, S. 356], und zwar auf beiden Seiten: bei den Steuerbürgern und bei den Verwaltungsangehörigen. Es kann dann angesichts der Risiken nicht ausreichend sein, allein auf verwaltungsinternes Know-How zu setzen. Bereits die gesellschaftliche Verpflichtung der Verwaltung erfordert die Einholung zusätzlicher Expertise und eine wissenschaftliche Begleitung. Die Verwaltung muss nicht zwingend fertige Lösungen einkaufen. Es geht vielmehr darum, die Chance zu eröffnen, Entscheidungen in Kenntnis möglichst vieler relevanter Handlungsmöglichkeiten treffen zu können.

6.3.2 Forschungsansätze im Kontext interner Verwaltungsprozesse

Die organisatorische Ausgestaltung der digitalen Transformation der Finanzämter und weiterer Behörden bleibt eine der Aufgaben der Leitungen der Landesfinanzverwaltungen. Obgleich der Regelungen im KONSENS-G sind die Länder verpflichtet, ihre nach Artikel 108 Absätze 1 bis 3 GG vorgesehenen Zuständigkeiten wahrzunehmen. Zu diesem Kernbereich der Steuerverwaltungskompetenz zählen u.a. Entscheidungen zur Landeseigenverwaltung der Landessteuern, mithin der Steuerfestsetzung und -erhebung, der Außenprüfung und im Bereich der Rechtsbehelfe [WD, 2020a, S. 5]. Die Wahrnehmungskompetenz der Länder umfasst neben Planungen von Personalverschiebungen und der Umbildung von Behördenstrukturen auch Fragen zur Besoldung, Versorgung und zum Laufbahnrecht [WD, 2018, S. 5 f.].

Wenn eine oberste Landesbehörde ihre vorbeschriebenen Verwaltungskompetenzen optimal wahrnehmen will, ist sie gut beraten, wissenschaftlich fundierte Ratschläge einzuholen. Neben einer klaren Agenda könnten ganzheitliche, integrierte und nutzerorientierte Ansätze durch eine gezielte Forschung für die Veränderung bzw. die Anpassung der Steuerverwaltung von morgen gefunden werden. Neben den vorbeschriebenen verwaltungsinternen Anpassungsprozessen könnte auch der Wissenstransfer in der Steuerverwaltung ein nützliches Forschungsfeld darstellen. Durch den demografischen Wandel und die zunehmende Anzahl an Pensionierungen wird viel Wissen der Bediensteten verloren gehen, wenn es nicht gelingt, einen effektiven Wissenstransfer zu organisieren. Dabei wird es entscheidend darauf ankommen, ob für die Wissensdokumentation ein generelles Bewusstsein geschaffen wird, es Anreizsysteme gibt sowie die Voraussetzungen (z.B. Dokumentationssoftware im Sinne von Confluence-Lösungen, der Einsatz von KI zum Auslesen von Informationen oder zum Abgleich von Soll-Ist-Zuständen) gegeben sind. Die Steuerverwaltungswissenschaftler könnten hierbei erforschen, an welchen relevanten Positionen Wissenstransfer stattfinden muss, welche Prozesse, Beziehungen und Informationen festgehalten und analysiert werden müssen. Auch der Sensibilisierung und Schulung von Führungskräften kommt eine Schlüsselrolle zu, weil der Wissenstransfer eine kontinuierliche Aufgabe darstellt und unterstützende Kompetenzen in der Mitarbeiterführung einfordert. Dies dürfte vor allem notwendig werden, wenn in der Belegschaft Ängste entstehen, aufgrund der Wissensweitergabe entbehrlich werden zu können. Darüber hinaus könnten die Erkenntnisse auch zu einer kontinuierlichen Verbesserung der Inhalte der Personalqualifizierung (Kapitel 5, S. 139) beitragen.

Kapitel 7

Zusammenfassende Beantwortung und Ausblick

Die vorstehend beschriebenen Inhalte ergeben die nachfolgende zusammengefasste Beantwortung der Forschungsfragen:

Hinsichtlich der **Forschungsfrage 1** konnte gezeigt werden, dass die Steuerverwaltung in Deutschland aus historischen Gründen dezentral organisiert ist. Es konnte verdeutlicht werden, dass Deutschland damit in der EU eine Sonderstellung einnimmt. Gleichwohl ist es beispielsweise Österreich gelungen, trotz des föderalen Staatsaufbaus, die Steuerverwaltung zu zentralisieren. Die Herausforderungen in Hinblick auf die Digitalisierung und die damit verbundenen Veränderungen bestehen insbesondere darin, dass eine Neuordnung für die BRD nicht ohne weiteres möglich sein wird, weil verfassungsrechtliche Vorgaben die Etablierung zentralisierter Steuerungsmodelle erschweren. So hängt das Bestehen der Länder u.a. von der Möglichkeit ab, ihre Haushalte mindestens auch durch originäre Einnahmen speisen zu können. Inwieweit dieses nötige Finanzaufkommen zwingend über eine völlig individuelle Landessteuerverwaltung gesichert werden muss, bedarf genauerer rechtlicher Untersuchungen und könnte Gegenstand einer künftigen Föderalismusdebatte zwischen Bund und Ländern sein.

Bezogen auf die Zusammenarbeit der Länder konnten die Herausforderungen anhand der Entwicklungen der Programmierverbünde und den aktuellen KONSENS-Verbund dargestellt werden. Dabei wurde deutlich, dass die föderalen Kooperationsmodelle in der Vergangenheit erheblicher finanzieller Ressourcen bedurften und auch zukünftig einen hohen Finanzierungs- und Abstimmungsbedarf haben werden. Hier könnten detaillierte Vergleichsberechnungen zwischen den Gesamtkosten aller Steuerverwaltungen einschließlich der KONSENS-Tätigkeiten und den bundeseigenen Verwaltungen wie der Deutschen Rentenversicherung Bund bzw. der BA einen wertvollen Forschungsbeitrag leisten. Dann wird sich möglicherweise die Frage stellen, inwieweit sich die BRD ineffiziente, durch den geteilten Staatsaufbau erzwungene Strukturen dauerhaft leisten sollte. Die bisherige Zusammenarbeit der Steuerverwaltungen im Bereich der IT war mehrfach Gegenstand mahnender Berichte des Bundesrechnungshofes und bedarf daher weiterer Beobachtungen. In Bezug auf die Leistungen nach dem OZG kann zum aktuellen Zeitpunkt jedenfalls nicht damit gerechnet werden, dass es gelingen wird, alle Leistungen aus dem Themenfeld Steuern & Zoll sowie steuerliche Leistungen aus verwandten Themenfeldern fristgerecht bis zum 31.12.2022 fertigzustellen. Vielmehr ist zu vermuten, dass wie im KONSENS-Verbund einzelne Umsetzungsarbeiten weit über den ursprünglichen Zeitplan andauern werden.

Die Einordnung der deutschen Steuerverwaltung in einen europäischen Kontext konnte Antworten auf die Forschungsfrage zum Digitalisierungsfortschritt im Vergleich zu anderen Ländern der EU liefern. Dabei wurde der föderale Staatsaufbau als ein potenzielles Hemmnis für den digitalen Fortschritt identifiziert, wie die Betrachtung des DESI unter Einbeziehung der Leistungsfähigkeit der Volkswirtschaften ergeben hat. Allerdings ist die Aussagekraft des DESI für die Steuerverwaltung begrenzt, da der Index nur die öffentliche Verwaltung im Allgemeinen analysiert und sich nicht direkt auf die Steuerverwaltungen bezieht. Diesem Problem wurde versucht Rechnung zu tragen, indem ein angepasster DESI Verwendung fand. Es konnte verdeutlicht werden, dass Deutschland im Falle des angepassten Index unter Einbeziehung der Leistungsfähigkeit am schlechtesten abschneidet. Inwieweit dies jedoch ausschließlich auf die dezentralen Strukturen zurückzuführen ist, konnte nicht abschließend geklärt werden. Die Einflussfaktoren sind zu komplex, als dass eine Monokausalität angenommen werden könnte. Die im Rahmen dieser Arbeit durchgeführte Untersuchung ist insoweit nur eingeschränkt interpretierbar und sollte mit aktuellen Werten einer weiteren Prüfung unterzogen werden. In Folgeuntersuchungen könnten auch andere dezentrale Steuerverwaltungen außerhalb der EU und weitergehende Indexe, z.B. der I-DESI, berücksichtigt werden, um die Ergebnisse und den hier festgestellten Trend überprüfen zu können.

Die Beantwortung der **Forschungsfrage 2** konnte durch die Fortschrittsbeschreibung zur digitalen Transformation der deutschen Steuerverwaltung als Auswertung einer gleichartigen Befragung von 11 Landesfinanzministerien mit 15 Fragen zu diversen Digitalisierungsbemühungen der einzelnen Bundesländer erfolgen. Entsprechende Daten hierzu sind auch aufgrund der Aktualität schwer aus der vorhandenen Literatur zu entnehmen bzw. aus den Digitalisierungsstrategien von anderen Verwaltungsbereichen abzuleiten. Die so gewonnenen Ergebnisse liefern deshalb einen hilfreichen Überblick zu den verschiedenen Aspekten der digitalen Transformation und die durchgeführte Umfrage ist insoweit einzigartig, weil sie einen Weg aufzeigt, wie mittelbar über Mitglieder der Landesparlamente vergleichbare Informationen für das Bundesgebiet gewonnen werden können. Allerdings wird solch eine aufwendige Erhebung nicht zum Standard-Instrument werden können, da beispielsweise quantitative Angaben so unterschiedlich ausfielen, dass sich hieraus keine einheitliche Datenbasis zum Vergleich bilden ließ. Es bedürfte daher einer noch viel präziseren Fragestellung und Angabe von Vergleichsmaßstäben, wobei noch stärkere Vorgaben die frei gewählten Abgeordneten in den Landesparlamenten möglicherweise in ihrer Mandatsausübung zu stark einschränken und die Bereitschaft zur Zusammenarbeit negativ beeinflussen könnten.

Auch wurde der Erkenntnisgewinn durch das Verfahren tendenziell beeinträchtigt, weil offizielle Antwortentwürfe von Regierungen zum Teil nicht detailliert genug ausfallen und grundsätzlich nur den Sachstand bis zum Zeitpunkt ihrer Ausfertigung umfassen. Dennoch spiegeln die gewonnenen Auskünfte die Unterschiede und Gemeinsamkeiten der befragten Steuerverwaltungen detailliert und gegenüberstellend wider. Zugleich konnte über die Kategorisierung der Fragen eine Brücke zu den Reformansätzen und Handlungsempfehlungen im zweiten Teil der Arbeit gebildet werden. Die Ergebnisse aus den Ländern ergänzten u.a. die vorhandenen Antworten der Bundesregierungen aus parlamentarischen Drucksachen, zeigten aber auch, dass Bereiche wie die Steuerdatenforschung und Steuerverwaltungswissenschaft bisher von den politischen Akteuren bei der digitalen Transformation überhaupt nicht betrachtet werden.

Im Rahmen der Befragung wurden der konkrete Personaleinsatz und die Personalqualifizierung nicht beleuchtet, weil hier zu viele unterschiedliche Einflussfaktoren in den Ländern bestehen, z.B. unterschiedliche Zuschnitte der Finanzämter, abweichende Aufgabenübertragungen sowie Differenzen in der Zusammensetzung der verwalteten Steuerpflichtigen wie Steuerbürger, Unternehmen/Konzerne, gemeinnützige Körperschaften. Gleichwohl wurde die Thematik bei den Reformansätzen aufgegriffen und es konnten Handlungsempfehlungen zur Optimierung des Personalmanagements und der Aus- und Fortbildung gegeben werden.

Die **Forschungsfrage 3** wurde durch die Darstellung verschiedener Reformbedürfnisse und Handlungsempfehlungen in den Kapiteln 4 bis 6 beantwortet. Mit dem Modell zur Bündelung der Digitalkompetenzen auf Bundesebene wurde ein Versuch unternommen, abseits von KONSENS und der bisherigen Debatte zu einer Bundessteuerverwaltung, einen alternativen Weg zur Beschleunigung der Digitalisierungsvorhaben in der Steuerverwaltung aufzuzeigen. Dabei konnte einerseits dargestellt werden, weshalb die Länder den Bund nicht einfach mit der Verwaltung aller Steuern beauftragen können („Landesauftragsverwaltung" als Umkehrschluss zur Bundesauftragsverwaltung), und andererseits, wie sich die Steuerung der Digitalisierung als Teilbereich grundgesetzkonform auf eine Bundesbehörde übertragen ließe. Diese Ursprungsidee des Autors wurde vom Wissenschaftlichen Dienst des Deutschen Bundestages gutachterlich bewertet und für rechtlich zulässig befunden. Zugleich wurde die vorherige Bundesregierung zu dieser Option befragt. Das Modell ist in seiner Diskussion im Mehr-Ebenen-System der BRD damit grundsätzlich eine prüfungswürdige Möglichkeit für Verlagerungen von Steuerungsaufgaben aus den Ländern an den Bund. Dies konnte auch anhand der einheitlichen Organisation von Ausbildungsstätten für Steuerbeamte bzw. im Bereich der Steuerdatenforschung in Aussicht gestellt werden. Es beinhaltet jedoch eine besondere politische Brisanz für die Machtverteilung zwischen Bund und Ländern, weshalb vorerst nicht damit zu rechnen ist, dass sich die Politik einer Diskussion hierüber stellen wird.

Die Änderungen der äußeren Organisationsstruktur der Steuerbehörden obliegt aktuell der jeweiligen Gebietskörperschaft. Die digitale Transformation wird hier in Hinblick auf Umfang, Intensität und Geschwindigkeit der Veränderungen sehr unterschiedlich priorisiert und verfolgt. Wie beschrieben, bestehen Handlungsspielräume bei der Etablierung agiler Organisationsstrukturen, weil agile Prinzipien die Verwaltung in die Lage versetzen könnten, besser auf künftige Herausforderungen wie grenzüberschreitende und internationale Sachverhalte, komplexe Unternehmensstrukturen sowie die Besteuerung digitaler Geschäftsmodelle zu reagieren. Bei der Neuorganisation der Finanzämter und der Einrichtung von virtuellen Sachgebieten wurde allerdings vernachlässigt, die negativen Auswirkungen von beispielsweise Telearbeit und einer Führung auf Distanz sowie die damit möglicherweise verbundene Veränderung der Arbeitskultur zu untersuchen. Dies sollte Gegenstand eines weiteren Forschungsprojekts, ggf. im Rahmen der Steuerverwaltungswissenschaft, sein. Danach könnte auch die Praxistauglichkeit der vorgeschlagenen Empfehlungen beurteilt werden.

In der Arbeit wurden Vorschläge für die Teilung in Front- und Backoffices und die Optimierung des Versorgungsgrades von Finanzämtern als

Maßnahmen zur Veränderung der Aufbau- und Ablauforganisation in der Steuerverwaltung formuliert. Das Potenzial zur Reduzierung der Zahl der Behörden durch eine Verschlankung der Strukturen ließ sich anhand der Fläche und der Einwohnerzahl am Beispiel von acht Bundesländern aufzeigen. Diese Analyse kann auch auf andere Länder übertragen werden. Zugleich wurden Möglichkeiten und Grenzen für diese Herangehensweise beschrieben. Die dargestellten Werte für die Reduzierung der Anzahl der Finanzämter basieren auf einer theoretischen Berechnungsmethode. Bei der Umsetzung müssten die lokalen Besonderheiten berücksichtigt werden, was in dieser Betrachtung noch nicht erfolgt ist. Die Parameter wären vor einer Umsetzung entsprechend anzupassen.

Die innere Organisationsstruktur der Steuerverwaltung sollte durch digitale Besteuerungsverfahren, standardisierte Daten und automatisierungsfreundliche Steuergesetze geprägt sein. Die Weiterentwicklung im Bereich der Informations- und Kommunikationstechnik und die Erfahrungen der innovativeren Privatwirtschaft sind für die Verwaltung zwingend nutzbar zu machen. Beschrieben wurden konkrete Anwendungen, wie der automatisierte Abgleich von Informationen aus Registern und zwischen Steuerdaten, die Erstellung von Live-Konzernverzeichnissen, das digitale Steuerkonto und Einsatzbereiche für die weitere Nutzung von KI sowie die hieraus resultierenden Effizienzpotenziale, insbesondere im Bereich der optimierten Fallauswahl und der Steuerfallbearbeitung. Sie sollten aus Sicht der Gesellschaft in Bezug auf den sparsamen Umgang mit Steuergeldern vollumfänglich ausgeschöpft werden. Dabei muss die oberste Priorität auf der Schaffung weiterer einheitlicher Schnittstellen und standardisierter Datenstrukturen liegen, weil sie die Grundlage für die vollumfängliche Automation darstellen.

Parallel hierzu bedarf es einer zukunftsfähigen Personalqualifizierung in der Steuerverwaltung. Wie gezeigt werden konnte, gelingt dies am ehesten mit einem konsekutiven und zugleich modularen Modell. Dabei liegt der Schlüssel in der Modularität und der kompetenzorientierten Wissensvermittlung, die ein „gestrecktes Lernen" und Transfers über Querein-

stiege zulassen. Die traditionelle Steuerbeamtenausbildung sollte vom Gesetzgeber zunächst in eine modulare Ausbildungsstruktur überführt werden, um anschließend weitere konsekutive Ausbildungsblöcke erarbeiten
und verankern zu können. Dabei ist auf ein konsensfähiges Ausbildungskonzept zwischen Bund und Ländern hinzuarbeiten oder die - potenziell konfliktträchtigere - Übertragung der Ausbildungsorganisation von den
Ländern an den Bund zu fokussieren. Im Weiteren sollte die Kompetenzori-
entierung über die gesamte berufliche Laufbahn hinweg von den Ländern
durch das beschriebene Personalmanagement verstetigt werden.

Im Rahmen dieser Arbeit konnten die Notwendigkeiten, rechtlichen
Voraussetzungen und Möglichkeiten für eine Forschung an Steuerdaten in
der BRD veranschaulicht werden. Die aktuelle Regierung räumt dem geplanten Steuerforschungsinstitut im Koalitionsvertrag zwar einen eigenen
Passus ein, bis heute fehlen aber jegliche konkrete Handlungsschritte zum
Aufbau eines solchen Kompetenzzentrums. Will Deutschland hier nicht
den Anschluss verlieren, braucht es dringend stärkerer Impulse und einen
intensiven Austausch zur Findung der optimalen Forschungsstelle(n) mit
Akteuren aus Politik, Verwaltung, Privatwirtschaft und vor allem der Wissenschaft.

Schon heute bestehen Forschungs- und Optimierungspotenziale für
jede Steuerverwaltung unabhängig vom KONSENS-Verbund und diese
sollten dringend unter Einbindung der Wissenschaft genutzt werden. Bisherige Forschungsteildisziplinen stellen das Funktionieren der Steuerverwaltung in Hinblick auf den demographischen Wandel, die Digitalisierung
und weitere zukünftige Herausforderungen nicht ausreichend in den Fokus.
Um den speziellen Bedürfnissen der Steuerverwaltung Rechnung zu tragen,
könnte die Begründung einer ausgeprägten Steuerverwaltungswissenschaft
in Deutschland ein sinnvoller Lösungsweg sein.

Der **Ausblick** auf die möglichen Entwicklungen zeigt folgenden
Trend: Eine wirksame Steuerverwaltung kann angesichts des raschen Wandels und des Aufkommens ständig neuer Geschäftsmodelle und Arbeitsweisen sowie der Zunahme von grenzüberschreitenden Sachverhalten als

kritischer Erfolgsfaktor gesehen werden. Dabei muss sie innovativen Unternehmen auf Augenhöhe begegnen, mehr noch in einer digitalen Welt mit den Steuerzahlern Schritt halten können. Die Digitalisierung nimmt keine Rücksicht auf staatliche Organisationsformen wie den Föderalismus. Die Geschwindigkeit, mit der sich Auswirkungen auf Arbeits- und Geschäftsprozesse ergeben, gilt für zentrale und dezentrale Steuerverwaltungen gleichermaßen. Die digitale Verwaltung kann allerdings nicht bundesstaatlich den Ländern und Kommunen verordnet werden. Im Mehrebenen-System der BRD wird von allen staatlichen Akteuren eine intensive Abstimmung eingefordert. Es bedarf deshalb eines umfassenden politischen Willens, der zwar im Koalitionsvertrag für die Jahre 2021-2025 erkennbar ist, aber nunmehr vollzogen werden müsste. Dabei werden digitale Grundsatzentscheidungen nicht ohne Widerstände auskommen.

Die vorherige Bundesregierung betont, dass „[d]er digitale Wandel [...] von einem kulturellen Wandel geprägt [sei]" und die Steuerverwaltung dies „in ihrer digitalen Transformation beachten und die Menschen mitnehmen" müsse. Dabei seien „[v]erfassungsrechtliche Grenzen unseres Rechtsstaates [...] zu beachten, und der Mensch [dürfe] nicht zum reinen Objekt einer digitalen Welt werden" [Deutscher Bundestag, 2021a, S. 8]. Dies ist grundsätzlich so zu bestätigen. Davon ausgehend wird der Erfolg aber entscheidend davon abhängen, dass alle beschriebenen Veränderungsprozesse und -ansätze im Sinne eines Change Managements begleitet und nach ihrer Umsetzung durch die Steuerverwaltungen evaluiert und angepasst werden. Eine digitale Transformation kann nur gelingen, wenn sie sowohl von den Mitarbeitern in der Verwaltung als auch von den Bürgern und Unternehmen akzeptiert wird. Sonst bestünde die Gefahr, dass die Digitalisierung nicht als Unterstützung, sondern als Belastung empfunden wird. Entscheidungen zur digitalen Transformation müssen vor allem transparent und nachvollziehbar kommuniziert sowie aktiv und inklusiv begleitet werden.

Oberndörfer stellt fest, dass bei der digitalen Transformation in der Verwaltung derzeit Welten aufeinanderprallen, wenn konservative Beamte den digitalen Bürgern und Unternehmen gegenüberstehen. Gleichzeitig mangele es der Verwaltung an „Expertise in Sachen Innovation und Customer Journey" [Oberndörfer, 2021, S. 19]. Ob 2022 deshalb wirklich das vom KONSENS-Verbund verkündete „Jahr der Verwaltungsdigitalisierung" [KONSENS, 2021a, S. 18] werden wird, muss sich noch zeigen. Ein Blick in die Digitalstrategien der Bundesländer zeigt, dass eine klare Agenda zur Transformation der Finanzbehörden noch nicht enthalten ist, obwohl die Umsetzung einer digitalen, datengesteuerten Steuerverwaltung und eines in digitaler Hinsicht effektiven und vertrauenswürdigen öffentlichen Dienstes für alle von besonderer Bedeutung wäre [Peuthert & Schaebs, 2022]. Die handelnden Akteure wären daher gut beraten, sich der beschriebenen Herausforderungen in der Steuerverwaltung, über die Vorhaben aus dem aktuellen Koalitionsvertrag hinaus, umgehend anzunehmen.

Literaturverzeichnis

ACHILLES, G. (2019). AEAO zu § 146 a - Manipulationsschutz für elektronische Aufzeichnungssysteme auf der Zielgerade? *DER BETRIEB*, Heft 35, S. 1920–1929.

AINSWORTH, R. T., SHACT, A. B. (2016). Blockchain Technology Might Solve VAT Fraud. *Tax Notes International*, 83(13), S. 1165–1174.

ALBERT, H. (1991). *Traktat der Vernunft*, 5. Auflage. Mohr Siebeck, Tübingen.

AUKSZTOL, J., CHOMUSZKO, M. (2020). A data control framework for SAF-T reporting: A process-based approach. *Journal of Entrepreneurship, Management and Innovation*, 16(1), S. 13–40.

BAUM, M. (2015). Einsatz von Risikomanagementsystemen im 'vollautomatischen' Besteuerungsverfahren. *NWB*, S. 2580–2584.

BAUM, M. (2016). Modernisierung des Besteuerungsverfahrens (Teil 1) - Untersuchungsgrundsatz, Risikomanagement, Steuererklärungen und 'vollautomatische' Bescheide. *NWB*, S. 2636–2645.

BAYER, H. W. (1997). *Steuerlehre. Steuerverfassung - Steuergesetz - Steuergericht*. De Gruyter, Berlin.

BAYERISCHES STAATSMINISTERIUM FÜR DIGITALES (2021). *Gerlach und Füracker: Mit NESSI Digitale Steuerdaten sicher nutzen und verwalten / Steuerverwaltung startet Pilotprojekt zu Self-Sovereign-Identity*. Verfügbar unter https://www.stmd.bayern.de/gerlach-und-fueracker-mit-nessidigitale-steuerdaten-sicher-nutzen-und-verwalten-steuerverwaltung-startetpilotprojekt-zu-self-sovereign-identity/, zuletzt abgerufen am 28.05.2022.

BENKE, A., MÜLLER, R., HOUY, C., FETTKE, P. (2021). Blockchain-basierte Betriebsprüfung am Beispiel der deutschen Finanzverwaltung. Blockchain-Based Tax Audit in the Context of the German Fiscal Administration. *HMD Praxis der Wirtschaftsinformatik*, 58, S. 1213–1229.

BENTLEY, D. (2020). Digital tax administration: transforming the workforce to deliver. *eJournal of Tax Research*, 18(2), S. 353–381.

BENTLEY, D. (2021). *Tax Officer 2030: The Exercise of Discretion and Artificial Intelligence.*

BERG, A. (2021). *Ein Jahr Corona: Wie hat die Pandemie unseren Alltag digitalisiert?* bitkom. Verfügbar unter https://www.bitkom.org/sites/default/files/2021-03/bitkom-charts-ein-jahr-corona-10-03-2021_final.pdf, zuletzt abgerufen am 28.05.2022.

BERNHARDT, W. (2018). Digitalisierung im Spannungsfeld der grundgesetzlichen Kompetenzträger. In: BÄR, C., GRÄDLER, T., MAYR, R. (Hrsg.). *Digitalisierung im Spannungsfeld von Politik, Wirtschaft, Wissenschaft und Recht*, S. 1–24. Springer Gabler, Berlin, Heidelberg.

BLAUFUS, K., LORENZ, D., MILDE, M., PEUTHERT, B., SCHWÄBE, A. N. (2022). Negotiating with the tax auditor: Determinants of tax auditors' negotiation strategy choice and the effect on firms' tax adjustments. *Accounting, Organizations and Society*, 97.

BMBF (2019). *Digitale Zukunft: Lernen. Forschen. Wissen. Die Digitalstrategie des BMBF.* Bundesministerium für Bildung und Forschung. Verfügbar unter https://www.bildung-forschung.digital/digitalezukunft/shareddocs/Downloads/files/ bmbf_digitalstrategie.pdf?__blob=publicationFile&v=1, zuletzt abgerufen am 03.04.2022.

BMF (2004). *Effizienz und Effektivität in der Steuerverwaltung - Positionspapier des Bundesministeriums der Finanzen.* Bundesministerium der Finanzen, Arbeitsgruppe Finanzbeziehungen der Kommission von Bundestag und Bundesrat zur Modernisierung der bundesstaatlichen Ordnung. Verfügbar unter https://www.bundesrat.de/DE/plenum/themen/foekoI/bundesstaatskommission/unterlagen/AU-066.pdf?__blob=publicationFile&v=1, zuletzt abgerufen am 03.04.2022.

BMF (2017). *Verbindliche Anwendung eines einheitlichen Standarddatensatzes als Schnittstelle zum elektronischen Lohnkonto; Digitale LohnSchnittstelle (DLS).* Verfügbar unter https://www.bundesfinanzministerium.de/Content/DE/Downloads/BMF_Schreiben/Steuerarten/Lohnsteuer/2017-05-26-Digitale-Lohn-Schnittstelle. pdf?__blob=publicationFile&v=3, zuletzt abgerufen am 28.05.2022.

BMF (2018). *Die Steuerverwaltung in Deutschland. Ausgabe 2018.* Bundesministerium der Finanzen. Verfügbar unter https://www.bundesfinanzministerium.de/Content/DE/Downloads/Broschueren_Bestellservice/2018-03-16-die-steuerverwaltung-in-deutschland.pdf?__blob=publicationFile&v=7, zuletzt abgerufen am 03.04.2022.

BMF (2020). *Referentenentwurf des Bundesministeriums der Finanzen. Entwurf eines Jahressteuergesetzes 2020 (JStG 2020-RefE 2020).* Verfügbar unter https://www.bundesfinanzministerium.de/Content/DE/Gesetzestexte/Gesetze_Gesetzesvorhaben/Abteilungen/Abteilung_IV/19_Legislaturperiode/Gesetze_Verordnungen/2020-12-28-JStG-2020/1-Referentenentwurf.pdf?__blob=publicationFile&v=2, zuletzt abgerufen am 28.05.2022.

BMF (2021). *70 Jahre Bundesfinanzakademie.* Bundesministerium der Finanzen, Monatsbericht des BMF - Februar 2021. Verfügbar unter https://www.bundesfinanzministerium.de/Monatsberichte/2021/02/Inhalte/Kapitel-3-Analysen/3-6-70-jahre-bundesfinanzakademie-pdf.pdf?__blob=publicationFile&v=3.BMF, zuletzt abgerufen am 03.04.2022.

BMFF (o.J.). *Unsere Apps.* Bundesministerium für Finanzen Österreich. Verfügbar unter https://www.bmf.gv.at/services/apps.html, zuletzt abgerufen am 03.04.2022.

BMJV (2020). *Entwurf eines Gesetzes zum Ausbau des elektronischen Rechtsverkehrs mit den Gerichten und zur Änderung weiterer prozessrechtlicher Vorschriften.* Bundesministerium der Justiz und Verbraucherschutz, Gesetzentwurf der Bundesregierung. Verfügbar unter https://www.bmj.de/SharedDocs/Gesetzgebungsverfahren/Dokumente/RegE_Ausbau-ERVV.pdf, zuletzt abgerufen am 03.04.2022.

BMWi (2021). *Digitalisierung in Deutschland - Lehren aus der Corona-Krise.* Gutachten des Wissenschaftlichen Beirats beim Bundesministerium für Wirtschaft und Energie (BMWi). Verfügbar unter https://www.bmwi.de/Redaktion/DE/Publikationen/Ministerium/Veroeffentlichung-Wissenschaftlicher-Beirat/gutachten-digitalisierung-in-deutschland.pdf?__blob=publicationFile&v=4, zuletzt abgerufen am 03.04.2022.

BOGUMIL, J., GERBER, S., KUHLMANN, S., SCHWAB, C. (2019). *Bürgerämter in Deutschland - Organisationswandel und digitale Transformation.* Nomos, Baden-Baden.

BOHNE, E. (2018). Methodische Grundlagen der Verwaltungswissenschaft. In: *Verwaltungswissenschaft*, S. 23–61. Springer VS.

BRAUN, G. E. (1975). Sollen impliziert Können und der entscheidungstheoretische Kontext: Zur Logik des Realisierbarkeitspostulates und seiner Anwendung. *Zeitschrift für allgemeine Wissenschaftstheorie / Journal for General Philosophy of Science*, 6(2), S. 311–330.

BRÄUTIGAM, S., SCHINDLER, F. (2021). Zukunft des agilen Lernens in der wissenschaftlichen Weiterbildung. In: LONGMUSS, J., KORGE, G., BAUER, A., HÖHNE, B. (Hrsg.). *Agiles Lernen im Unternehmen.* Springer Vieweg, Berlin / Heidelberg.

BRH (2006). *Probleme beim Vollzug der Steuergesetze*, Schriftenreihe des Bundesbeauftragten für Wirtschaftlichkeit in der Verwaltung (Band 13). W. Kohlhammer, Stuttgart.

BRH (2018a). *Aktueller Stand und Fortschritte des Zusammenwirkens von Bund und Ländern nach § 20 Absatz 2 Finanzverwaltungsgesetz*. Bundesrechnungshof, Gz.: VIII 4 - 2017 - 1195/1. Verfügbar unter https://www.bundesrechnungshof.de/ de/veroeffentlichungen/produkte/beratungsberichte/2018/ 2018-bericht-aktuellerstand-und-fortschritte-des-zusammenwirkens-von-bund-und-laendern-nach-20absatz-2-finanzverwaltungsgesetz, zuletzt abgerufen am 03.04.2022.

BRH (2018b). *Aktueller Stand und Fortschritte des Zusammenwirkens von Bund und Ländern nach § 20 Absatz 2 Finanzverwaltungsgesetz - Fortführung*. Bundesrechnungshof, Gz.: VIII 4 - 2017 - 1195/2. Verfügbar unter https:// www.bundesrechnungshof.de/de/veroeffentlichungen/produkte/beratungsberichte/ 2018/2018-bericht-aktueller-stand-und-fortschritte-des-zusammenwirkens-von-bundund-laendern-nach-20-absatz-2-finanzverwaltungsgesetz-fortfuehrung, zuletzt abgerufen am 03.04.2022.

BRH (2019). *Bericht an den Haushaltsausschuss des Deutschen Bundestages nach § 88 Abs. 2 BHO zum aktuellen Stand und zu den Fortschritten des Zusammenwirkens von Bund und Ländern im Vorhaben KONSENS*. Bundesrechnungshof, Gz. VIII 1 - 2017 - 1195/3. Verfügbar unter https://www.bundesrechnungshof.de/de/veroeffentlichungen/produkte/beratungsberichte/2019/2019-bericht-aktueller-stand-und-fortschritte-des-zusammenwirkensvon-bund-und-laendern-im-vorhaben-konsens/@@download/langfassung_pdf, zuletzt abgerufen am 03.04.2022.

BRH (2020). *Bericht an den Rechnungsprüfungsausschuss des Haushaltsausschusses des Deutschen Bundestages nach § 88 Abs. 2 BHO über erneute Verzögerungen bei der Ablösung der Kernverfahren im Vorhaben KONSENS*. Bundesrechnungshof, Gz. VIII 1 - 2020 - 0557. Verfügbar unter https://www.bundesrechnungshof.de/de/veroeffentlichungen/produkte/beratungsberichte/2020/erneute-verzoegerungen-bei-der-abloesung-der-kernverfahren-imvorhaben-konsens, zuletzt abgerufen am 03.04.2022.

BRH (2021). *Bericht an den Haushaltsausschuss des Deutschen Bundestages nach § 88 Abs. 2 BHO zum aktuellen Stand und zu den Fortschritten des Zusammenwirkens von Bund und Ländern im Vorhaben KONSENS*. Bundesrechnungshof, Gz. VIII 1 - 2021 - 0693. Verfügbar unter https://www. bundesrechnungshof.de/de/veroeffentlichungen/produkte/beratungsberichte/2021/ aktueller-stand-und-fortschritte-des-zusamenwirkens-von-bund-und-laendern-imvorhaben-konsens/, zuletzt abgerufen am 22.07.2022.

BRINKMANN, H., WIND, M. (1999). *Teleadministration: Online-Dienste im öffentlichen Sektor der Zukunft, Modernisierung des öffentlichen Sektors*, 14. Edition Sigma, Berlin.

BUSS, I. (2019). The relevance of study programme structures for flexible learning: an empirical analysis. *ZFHE*, 14(3), S. 303–321.

BZST (2022). *Aufgaben.* Bundeszentralamt für Steuern. Verfügbar unter https://www.bzst.de/DE/DasBZSt/Aufgaben/aufgaben_node.html, zuletzt abgerufen am 03.04.2022.

DANIELMEYER, G. (2021a). Blockchain in der Steuerwelt. Können Gesetzgebung, Finanzverwaltung und Wirtschaft eine funktionierende Kette bilden? *beck.digitax*, 2/2021, S. 93–100.

DANIELMEYER, G. (2021b). Die digitale Betriebsprüfung im Jahr 2021 - mit dem digitalen Datenabdruck zur Anomalieerkennung. *Rethinking Tax*, 3/2021, S. 39–45.

DEUTSCHER BUNDESTAG (2016). *Entwurf eines Gesetzes zur Modernisierung des Besteuerungsverfahrens*, Drucksache 18/7457. Verfügbar unter https://dserver. bundestag.de/btd/18/074/1807457.pdf, zuletzt abgerufen am 03.04.2022.

DEUTSCHER BUNDESTAG (2020a). *Auswirkungen der COVID-19-Situation auf das Personal im Geschäftsbereich des Bundesministeriums der Finanzen*, Drucksache 19/24339. Verfügbar unter https:// dserver.bundestag.de/btd/19/243/1924339.pdf, zuletzt abgerufen am 03.04.2022.

DEUTSCHER BUNDESTAG (2020b). *Auswirkungen der E-Government-Entwicklungen auf die Steuerverwaltungen*, Drucksache 19/25396. Verfügbar unter https://dserver. bundestag.de/btd/19/253/1925396.pdf, zuletzt abgerufen am 03.04.2022.

DEUTSCHER BUNDESTAG (2020c). *Digitale Finanzämter im gesamten Bundesgebiet*, Drucksache 19/21383. Verfügbar unter https://dip21.bundestag.de/dip21/btd/19/213/1921383.pdf, zuletzt abgerufen am 03.04.2022.

DEUTSCHER BUNDESTAG (2020d). *Einführung von einheitlichen Schnittstellen für den Export von Steuerdaten*, Drucksache 19/21296. Verfügbar unter https://dserver. bundestag.de/ btd/19/212/1921296.pdf, zuletzt abgerufen am 03.04.2022.

DEUTSCHER BUNDESTAG (2020e). *Gefahren von Sprachsteuerungen und anderen Diensten in der Steuerverwaltung*, Drucksache 19/24549. Verfügbar unter https:// dip21.bundestag.de/dip21/btd/19/245/1924549.pdf, zuletzt abgerufen am 03.04.2022.

DEUTSCHER BUNDESTAG (2020f). *Reform der Ausbildung der Bediensteten in der Steuerverwaltung*, Drucksache 19/23217. Verfügbar unter https://dserver. bundestag.de/btd/19/232/1923217.pdf, zuletzt abgerufen am 03.04.2022.

DEUTSCHER BUNDESTAG (2020g). *Sachstand zur Digitalisierung der Steuerverwaltung*, Drucksache 19/19733. Verfügbar unter https://dserver.bundestag.de/ btd/19/197/1919733.pdf, zuletzt abgerufen am 03.04.2022.

DEUTSCHER BUNDESTAG (2020h). *Statistiken und Datenerhebungen des Bundesministeriums der Finanzen*, Drucksache 19/20534. Verfügbar unter https://dserver. bundestag.de/btd/19/205/1920534.pdf, zuletzt abgerufen am 28.05.2022.

DEUTSCHER BUNDESTAG (2021a). *Automationsfreundliche und digitaltaugliche Steuergesetze*, Drucksache 19/28391. Verfügbar unter https://dserver.bundestag.de/ btd/19/283/1928391.pdf, zuletzt abgerufen am 03.04.2022.

DEUTSCHER BUNDESTAG (2021b). *Dauerhafte Flexibilisierung und Digitalisierung der Ausbildung innerhalb der Steuerverwaltung*, Drucksache 19/28577. Verfügbar unter https://dserver.bundestag.de/btd/19/285/1928577.pdf, zuletzt abgerufen am 03.04.2022.

DEUTSCHER BUNDESTAG (2021c). *Fallauswahl im Rahmen der Außenprüfung durch die Finanzbehörden*, Drucksache 19/29616. Verfügbar unter https://dserver. bundestag.de/btd/19/296/1929616.pdf, zuletzt abgerufen am 03.04.2022.

DEUTSCHER BUNDESTAG (2021d). *Fortentwicklung des KONSENS-Verbunds und Integration ins Bundeszentralamt für Steuern zur Beschleunigung der Digitalisierung in der Steuerverwaltung*, Drucksache 19/30138. Verfügbar unter https://dserver.bundestag.de/btd/19/301/1930138.pdf, zuletzt abgerufen am 03.04.2022.

DEUTSCHER BUNDESTAG (2021e). *Gründung eines Instituts für empirische Steuerforschung*, Drucksache 19/31668. Verfügbar unter https://dserver.bundestag.de/ btd/19/316/1931668.pdf, zuletzt abgerufen am 03.04.2022.

DEUTSCHER BUNDESTAG (2021f). *Künstliche Intelligenz in der Finanzverwaltung*, Drucksache 19/29429. Verfügbar unter https://dserver.bundestag.de/ btd/19/294/1929429.pdf, zuletzt abgerufen am 03.04.2022.

DEUTSCHER BUNDESTAG (2021g). *Mängel bei der Gestaltung und Verständlichkeit im Elster-Verfahren und von Steuerverwaltungsakten*, Drucksache 19/27758. Verfügbar unter https://dserver.bundestag.de/btd/19/277/1927758.pdf, zuletzt abgerufen am 03.04.2022.

DEUTSCHER BUNDESTAG (2021h). *Missstände bei der Verarbeitung von Steuerdaten*, Drucksache 19/26800. Verfügbar unter https://dserver.bundestag.de/btd/19/268/1926800.pdf, zuletzt abgerufen am 03.04.2022.

DEUTSCHER BUNDESTAG (2021i). *Probleme bei der Vereinheitlichung der Finanzbuchhaltungsschnittstelle zum Export von Steuerdaten*, Drucksache 19/29612. Verfügbar unter https://dserver.bundestag.de/btd/19/296/1929612.pdf, zuletzt abgerufen am 03.04.2022.

DEUTSCHER BUNDESTAG (2021j). *Verarbeitung personenbezogener Daten durch Finanzbehörden zu anderen Zwecken und Gründung eines Instituts für empirische Steuerforschung*, Drucksache 19/32286. Verfügbar unter https://dserver.bundestag.de/btd/19/322/1932286.pdf, zuletzt abgerufen am 03.04.2022.

DEUTSCHER BUNDESTAG (2022). *Digitalisierungskosten bei steuergesetzlichen Vorhaben darlegen*, Drucksache 20/1015. Verfügbar unter https://dserver.bundestag.de/btd/20/010/2001015.pdf, zuletzt abgerufen am 28.05.2022.

DIGITAL@BW (2022). *Zentraler digitaler Bürgerservice in den Finanzämtern*. Ministerium des Inneren, für Digitalisierung und Kommunen Baden-Württemberg. Verfügbar unter: https://www.digital-bw.de/-/zendib, zuletzt abgerufen am 28.05.2022.

DOLL, R., WALTER, J. (2020). Digitalisierung der Finanzverwaltung und Steuerfunktion - Wohin geht die Reise? *beck.digitax*, 1/2020, S. 2–6.

DÖRING, N., BORTZ, J. (2016). *Forschungsmethoden und Evaluation in den Sozial- und Humanwissenschaften*, 5. Auflage. Springer, Berlin.

DRÜEN, K. (2020). § 7 AO Rz. 12. In: *AO/FGO Kommentar*. ottoschmidt, Köln.

EGNER, T. (2018). *Digitale Geschäftsmodelle in der Steuerberatung*. Springer Gabler, Wiesbaden.

EISMANN, G. (2016). Einheitliche Digitale LohnSchnittstelle (DLS). *DER BETRIEB*, Beilage 04 zu Heft 47, S. 23–27.

EISMAYR, R., KIRSCH, A. (2016). Globale Entwicklungen bei der Automation von Besteuerungsprozessen. *DER BETRIEB*, Beilage 04 zu Heft 47, S. 40–44.

ELSTER (2022). *ElsterSmart - die ELSTER-App*. Verfügbar unter: https://www.elster.de/eportal/infoseite/elstersmart, zuletzt abgerufen am 28.05.2022.

ERNST & YOUNG (2017). *Tax authorities are going digital*. Verfügbar unter https://assets.ey.com/content/dam/ey-sites/ey-com/en_gl/topics/digital/ey-tax-authorities-are-going-digital.pdf, zuletzt abgerufen am 28.05.2022.

EUROPÄISCHE KOMMISSION (2017). *Leitlinien zu Stichprobenverfahren für Prüf-behörden. Programmplanungszeiträume 2007-2013 und 2014-2020.* Verfügbar unter https://ec.europa.eu/regional_policy/ sources/docgener/informat/2014/ guidance_sampling_method_de.pdf, zuletzt abgerufen am 28.05.2022.

EUROPÄISCHE KOMMISSION (2020). *Digital Economy and Society Index 2020.* Verfügbar unter https://ec.europa.eu/digital-single-market/en/desi, zuletzt abgerufen am 28.05.2022.

FMK (2004). *Effizienz und Effektivität in der Steuerverwaltung - Positionspapier der Finanzminister(innen) der Länder.* Verfügbar unter https://www.bundesrat.de/ DE/plenum/themen/foekoI/bundesstaatskommission/unterlagen/AU-066.pdf?__ blob=publicationFile&v=1, zuletzt abgerufen am 28.05.2022.

FRAUNHOFER FOKUS (2020). *Automatisierung bringt die Verwaltung weiter.* Verfügbar unter https://www.fokus.fraunhofer.de/de/dps/news/autokon_2020, zuletzt abgerufen am 28.05.2022.

FREISTAAT SACHSEN (2020). *Ergebnisse der Bürgerbefragung der Finanzämter 2019/2020.* Verfügbar unter https://buergerbeteiligung.sachsen.de/portal/ download/datei/1355692_0/200409+B?rgerbefragung+Ergebnisse+TL.pdf, zuletzt abgerufen am 28.05.2022.

FRIEDENSBERGER, M. (2002). Die Rolle der Finanzverwaltung bei der Vertreibung, Verfolgung und Vernichtung der deutschen Juden. In: FRIEDENSBERGER, M., GÖSSEL, K., SCHÖNKNECHT, E. (Hrsg.). *Die Reichsfinanzverwaltung im Nationalsozialismus.* Edition Temmen, Bremen.

GIEZEK, B. (2011). *Monetary Unit Sampling. Der Einsatz statistischer Verfahren im Rahmen der Jahresabschlussprüfung.* Gabler, Wiesbaden.

GIEZEK, B. (2019). Künstliche Intelligenz vs. Anwendergelenkten Softwareeinsatz - Ist KI generell leistungsfähiger oder nur besser zu verkaufen? *DER BETRIEB,* Heft 31, S. 1707–1711.

GIEZEK, B., WÄHNERT, A. (2019). Künstliche Intelligenz vs. Anwendergelenkten Softwareeinsatz. *DER BETRIEB,* Heft 31, S. 1707–1711.

GILCH, H., BEISE, A. S., KREMPKOW, R., MÜLLER, M., STRATMANN, F., WANNEMACHER, K. (2019). Digitalisierung der Hochschulen: Ergebnisse einer Schwerpunktstudie für die Expertenkommission Forschung und Innovation. Studien zum deutschen Innovationssystem 14-2019, Expertenkommission Forschung und Innovation (EFI), Berlin.

GREINER, F., KÄMPFE, N., WEBER-LIEL, D., KRACKE, B., DIETRICH, J. (2019). Flexibles Lernen in der Hochschule mit Digitalen Differenzierungsmatrizen. *ZFHE*, 14(3), S. 287–302.

GREIVE, M., HILDEBRAND, J. (2021). Traum für Ökonomen: Finanzministerium gründet Steuer-Forschungsinstitut. *Handelsblatt Online.* Verfügbar unter https://www.handelsblatt.com/politik/deutschland/steuerpolitik-traum-fuer-oekonomen-finanzministerium-gruendet-steuer-forschungsinstitut/27311062.html, zuletzt abgerufen am 28.05.2022.

GUCKELBERGER, A. (2019). *Öffentliche Verwaltung im Zeitalter der Digitalisierung. Analysen und Strategien zur Verbesserung des E-Governments aus rechtlicher Sicht.* Nomos, Baden-Baden.

HELLER, P. (2022). *Risikomanagementsysteme im Steuerverfahrensrecht. Der Gestaltungsanspruch des Rechts gegenüber digitalen Instrumenten der Finanzbehörden zur automatisierten Bearbeitung von Steuerfällen.* Berliner Wissenschafts-Verlag, Berlin.

HELLER, R. F. (2021). Geleitwort. In: *70 Jahre Bundesfinanzakademie - Festschrift*, Köln. Verlag Dr. Otto Schmidt KG.

HENSELMANN, K., SEEBECK, A., GRÜMMER, J. (2021). *Zielführende Betriebsprüfungen durch Nutzung von 'Alternative Data'?* ZBW-Leibniz Information Centre for Economics, Kiel Hamburg.

HERRMANN, D., HÜNEKE, K., ROHRBERG, A. (2012). *Führung auf Distanz - Mit virtuellen Teams zum Erfolg*, 2. Auflage. Springer Gabler, Wiesbaden.

HESSE, J. J., GÖTZ, A., SCHUBERT, S. (2007). *Reform der Hoheitsverwaltung: Das Beispiel der Finanzverwaltung in Baden-Württemberg.* Nomos Verlagsgesellschaft, Baden-Baden.

HESSISCHES MINISTERIUM DER FINANZEN (2021). *1200 Arbeitsplätze aufs Land und zukunftsfeste Strukturen - Finanzminister Boddenberg stellt weitere Reformrunde vor.* Verfügbar unter https://finanzen.hessen.de/Presse/1200-Arbeitsplaetze-aufs-Land-und-zukunftsfeste-Strukturen, zuletzt abgerufen am 28.05.2022.

HEUN, W., THIELE, A. (2018). Grundgesetz Artikel 108 Rn. 24. In: DREIER, H. (Hrsg.). *Grundgesetz Kommentar*, 3. Auflage, Tübingen. Verlag Mohr Siebeck.

HIRSCH-KREINSEN, H. (2020). *Digitale Transformation von Arbeit - Entwicklungstrends und Gestaltungsansätze.* Kohlhammer, Stuttgart.

HRK (2019). *Hochschulrektorenkonferenz: Hochschulen in Zahlen 2019.* Verfügbar unter https://www.hrk.de/fileadmin/redaktion/hrk/02-Dokumente/02-06- Hochschulsystem/ Statistik/2019-05-16_Final_fuer_Homepage_2019_D.pdf, zuletzt abgerufen am 28.05.2022.

HUMMEL, L. (2020). Sachverhaltsermittlung im Besteuerungsverfahren unter Einsatz digitaler Methoden. Einige grundsätzliche Überlegungen. *beck.digitax 2020*, S. 60–65.

IDST (o.J.). *Über uns*. Verfügbar unter https://idst.tax/ueber-uns/, zuletzt abgerufen am 03.04.2022.

IT-SYSTEMHAUS (2019). *Das IT-Systemhaus stellt sich vor*. Verfügbar unter https:// www.arbeitsagentur.de/datei/dok_ba146497.pdf, zuletzt abgerufen am 28.05.2022.

JENNEMANN, K. (2020). Die Perspektive der Hochschulen für Finanzen und Steuern. In: STEMBER, J. (Hrsg.). *Hochschulen für den öffentlichen Dienst*, Baden-Baden. Nomos Verlagsgesellschaft.

KATTENBECK, D. (1985). Grußwort des Vorsitzenden der Bayrischen Finanzgewerkschaft. In: *Festschrift 50 Jahre Steuerbeamten-Ausbildung in Herrsching: 1935-1985*, Herne/Berlin. Verlag Neue Wirtschafts-Briefe GmbH.

KIRSCH, A., SCHÄPERCLAUS, J. (2018). Tax-Compliance-Management-Systeme in der Betriebsprüfung. *DER BETRIEB*, Beilage 02 zu Heft 41, S. 17–21.

KMK (2019). *Empfehlungen zur Digitalisierung in der Hochschullehre*. Kultusministerkonferenz. Verfügbar unter https://www.kmk.org/fileadmin/veroeffentlichungen _beschluesse/2019/2019_03_14-Digitalisierung-Hochschullehre.pdf, zuletzt abgerufen am 28.05.2022.

KOCH, B. (2022). Wirtschaftsfreundliches Meldesystem zur elektronischen Rechnungs- und Steuerdatenübermittlung - Win-Win für Fiskus und Unternehmen. *Rethinking Tax*, 2/2022, S. 50–54.

KOHL, O. (2021). Gestaltung der Führungslehre der Zukunft - Eine Herausforderung nicht nur im digitalen Umfeld. In: *70 Jahre Bundesfinanzakademie - Festschrift*, Köln. Verlag Dr. Otto Schmidt.

KONSENS (2020). Neue Chancen - Wie der Wandel das föderale Vorhaben KONSENS prägt. Heft 3, KONSENS magazin - Zukunft digital. Verfügbar unter https://www.steuer-it-konsens.de/wp-content/uploads/2020/12/201126_Konsens_ Magazin_2020_web.pdf, zuletzt abgerufen am 28.05.2022.

KONSENS (2021a). Erfolg - Wie die Steuerverwaltung neue Technologien für den Fortschritt einsetzt. Heft 4, KONSENS magazin - Zukunft digital. Verfügbar unter https://www.steuer-it-konsens.de/wp-content/uploads/2021/11/KONSENS_ Magazin_2021_Web.pdf, zuletzt abgerufen am 28.05.2022.

KONSENS (2021b). *Koordinierte neue Software-Entwicklung für die Steuerverwaltung - Informationsbroschüre*. Verfügbar unter https://www.steuer-it-konsens.de/wp-content/uploads/2021/11/KONSENS_Infobroschuere_Web.pdf, zuletzt abgerufen am 28.05.2022.

Kowallik, A. (2018). Technologie-Lösungen zur Automation von Betriebsprüfungen. *DER BETRIEB*, Beilage 02 zu Heft 41, S. 26–30.

Kowallik, A. (2020a). Integrierte Online-Plattformen der deutschsprachigen Finanzverwaltungen. Status quo, FinanzOnline und das neue deutsche Unternehmensportal. *beck.digitax 2020*, S. 154–156.

Kowallik, A. (2020b). Nutzung von Cloud-Plattformen im Besteuerungsprozess und -verfahren - Treiber, Trends und Ausblick auf das Unternehmensportal (Mein UP). *DER BETRIEB*, Heft 34, S. 1760–1765.

Kowallik, A. (2020c). Zukunftsausrichtung des deutschen Besteuerungsverfahrens durch Schnittstellen und Datenmodelle. *DER BETRIEB*, Heft 43, S. 2266–2268.

Kowallik, A. (2021). Wichtiger Meilenstein beim Onlinezugang zu Verwaltungsleistungen durch das neue einheitliche Unternehmenskonto. *DER BETRIEB*, Heft 44, S. 2594–2596.

Kowallik, A. (2022a). Datenaustauschplattformen der Steuerverwaltungen für Prüfungsanfragen in Außenprüfungen. *DER BETRIEB*, Heft 16, S. 975–976.

Kowallik, A. (2022b). Stand der Digitalisierung der deutschen Steuerverwaltung. *DER BETRIEB*, Heft 12, S. 691–694.

Kuckartz, U. (2018). *Qualitative Inhaltsanalyse. Methoden, Praxis, Computerunterstützung*, 4. Auflage. Beltz Juventa, Weinheim.

Kulicke, F. (2020). Digitalisierung der Daseinsvorsorge in Mittelzentren: Status quo und Entwicklungsperspektiven in Rheinland-Pfalz. In: Sailer, U. (Hrsg.). *Trierer Arbeitsberichte zur Stadt- und Wirtschaftsgeographie 6, Kultur-und Regionalgeographie, Fachbereich VI*. Universität Trier.

Langenberg, A. (1948). *Die heutige Finanzverwaltung in den einzelnen Ländern und das geltende Steuerrecht unter Berücksichtigung der Kontrollratsgesetze und der neuen Steuerreform des Juni 1948*. Verlag Rheinisch-Pfälzisches Verwaltungsblatt, Neuwied.

Lenz, J., Witte, A., Saebisch, S. (2021). Ansätze zur Bewältigung der Corona-Wirtschaftskrise. Policy Paper. Free The Economy, Friedrich-Naumann-Stiftung für die Freiheit.

Leppek, S., Stenz, J. M. (2018). Die Fortentwicklung des Laufbahnrechts des Bundes von 2009 bis heute. *Recht im Amt*, 65(2018), S. 101–108.

LEVESQUE, V. (2018). Agile Arbeitsformen im nicht-agilen Umfeld. In: BARTONITZ, M., LEVESQUE, V., MICHL, T., STEINBRECHER, W., VONHOF, C. (Hrsg.). *Agile Verwaltung - Wie der öffentliche Dienst aus der Gegenwart die Zukunft entwickeln kann.* Springer Gabler, Wiesbaden.

LEVESQUE, V., MICHL, T. (2018). Agilität - die Zukunft der öffentlichen Verwaltung? In: BARTONITZ, M., LEVESQUE, V., MICHL, T., STEINBRECHER, W., VONHOF, C. (Hrsg.). *Agile Verwaltung - Wie der öffentliche Dienst aus der Gegenwart die Zukunft entwickeln kann.* Springer Gabler, Wiesbaden.

LEVESQUE, V., VONHOF, C. (2018). Komplexität, VUKA und andere Schlagworte - was verbirgt sich dahinter? In: BARTONITZ, M., LEVESQUE, V., MICHL, T., STEINBRECHER, W., VONHOF, C. (Hrsg.). *Agile Verwaltung - Wie der öffentliche Dienst aus der Gegenwart die Zukunft entwickeln kann.* Springer Gabler, Wiesbaden.

LIEDGENS, G. (2022). Der Koalitionsvertrag der 'Ampel' aus taxtech-Sicht - Teil I. *Rethinking Tax*, 1/2022, S. 58–61.

LIEKENBROCK, B., DANIELMEYER, G. (2022). X-PIDER - Erfahrungen mit dem Web-Roboter der Finanzverwaltung. *Rethinking Tax*, 6/2020, S. 24–25.

LIEKENBROCK, B., MÜLLER, R. (2022). Mit der Blockchain 'mehr Fortschritt wagen' bei dem angekündigten Meldesystem für Rechnungsverkehr. *Rethinking Tax*, 2/2022, S. 61–69.

LOHMANN, B. (2018). Die digitale Verwaltung. In: HILL, H., KUGELMANN, D., MARTINI, M. (Hrsg.). *Digitalisierung in Recht, Politik und Verwaltung.* Nomos, Baden-Baden.

LORITZ, K. (2018). Die Digitalisierung - Nur Hilfsmittel zur Steuererhebung oder (r)evolutionäre Entwicklung auch für das deutsche Steuersystem? In: BÄR, C., GRÄDLER, T., MAYR, R. (Hrsg.). *Digitalisierung im Spannungsfeld von Politik, Wirtschaft, Wissenschaft und Recht.* Springer Gabler.

MAIER, M. (2017). Verfassungsrechtliche Aspekte der Digitalisierung des Besteuerungsverfahrens. *Juristen Zeitung*, Heft 12, S. 614–619.

MARTINEZ-VAZQUEZ, J., TIMOFEEV, A. (2005). Choosing between Centralized and Decentralized Models of Tax Administration. In: *International Center for Public Policy, Andrew Young School of Policy Studies*, Paper Nr. 06-49, Georgia State University.

MARTINI, M., RUSCHEMEIER, H., HAIN, J. (2021). Staatshaftung für automatisierte Verwaltungsentscheidungen: Künstliche Intelligenz als Herausforderung für das Recht der staatlichen Ersatzleistungen. *Verwaltungsarchiv*, S. 1–31.

MAYRING, P. (2015). *Qualitative Inhaltsanalyse. Grundlagen und Techniken*, 12. Auflage. Beltz Verlag, Weinheim/Basel.

MELLINGHOFF, R. (2019). Gerichtliche Kontrolle des digitalen Gesetzesvollzugs. In: HEY, J. (Hrsg.). *Digitalisierung im Steuerrecht*, Band 42, S. 287–312. DStJG, Köln.

MEYERING, S., MÜLLER-THOMCZIK, S. (2020). 100 Jahre Betriebswirtschaftliche Steuerlehre - Eine Analyse zentraler Kritikpunkte an analytisch-normativer Forschung. *Steuer und Wirtschaft - StuW*, 97(3), S. 263–275.

MICHL, T., STEINBRECHER, W. (2018). Wozu kann unsere Gesellschaft eine 'agile Verwaltung' brauchen? In: BARTONITZ, M., LEVESQUE, V., MICHL, T., STEINBRECHER, W., VONHOF, C. (Hrsg.). *Agile Verwaltung - Wie der öffentliche Dienst aus der Gegenwart die Zukunft entwickeln kann*. Springer Gabler, Wiesbaden.

MINISTERIUM FÜR FINANZEN BADEN-WÜRTTEMBERG (2018). *Die Zukunft moderner Steuerverwaltung*. Verfügbar unter https://fm.baden-wuerttemberg.de/de/haushalt-finanzen/steuern/finanzamt-der-zukunft/, zuletzt abgerufen am 28.05.2022.

MINISTERIUM FÜR FINANZEN BADEN-WÜRTTEMBERG (2022). *Steuerchatbot*. Verfügbar unter https://steuerchatbot.digital-bw.de, zuletzt abgerufen am 28.05.2022.

MINISTERIUM FÜR FINANZEN UND EUROPA SAARLAND (2021). *Digitales Finanzministerium: Neues Projekt dient der Einsparung von Steuergeldern und ist weiterer Baustein einer modernen Finanz- und Steuerverwaltung im Saarland*. Verfügbar unter https://www.saarland.de/mfe/DE/aktuelles/aktuelle-meldungen/medieninfo/2021/pm_2021-07-13-Digitales-Finanzministerium.html, zuletzt abgerufen am 28.05.2022.

MINISTERIUM FÜR INNERES BADEN-WÜRTTEMBERG (2020). *2. Digitalisierungsbericht der Landesregierung Baden-Württemberg*. Verfügbar unter https://wm.baden-wuerttemberg.de/de/service/publikation/did/2-digitalisierungsbericht-der-landesregierung-baden-wuerttemberg/, zuletzt abgerufen am 28.05.2022.

MISGELD, M. (2019). Vom Onlinezugangsgesetz zum One-Stop-Government? Über die Entwicklungen eines kooperativ-föderalen E-Government. In: SCHÜNEMANN, W. J., KNEUER, M. (Hrsg.). *E-Government und Netzpolitik im europäischen Vergleich*. Nomos Verlagsgesellschaft, Baden-Baden.

MÖLLER, M. MATTHIAS, J., HAUSER, A. (2020). Auswirkung der Digitalisierung auf die erforderlichen Kompetenzen von Wirtschaftsprüfern und Steuerberatern. *beck.digitax 2020*, S. 112–116.

MÜLLER, R. (2020a). Automatisierte Verrechnungspreisbestimmung - Entwurf eines Echtzeit-Horizontal-Monitoring mit Hilfe einer öffentlichen Blockchain. *Wirtschaftsprüfung*, 20/2020, S. 1274–1280.

MÜLLER, R. (2020b). Der Einsatz von Standard Audit File in der Mehrwertsteuer - Eine europäische SAF-VAT Verordnung ist notwendig. *Umsatzsteuer-Rundschau*, 17/2020, S. 661–667.

MÜLLER, R. (2020c). Technische Ermittlungsinstrumente der Steuerfahndung im E-Commerce. Einsatzmöglichkeiten der Webcrawler Xpider und Xenon. *beck.digitax 2020*, S. 247–251.

MÜLLER, R. (2021). Das Blockchain-Framework Hyperledger im Steuerrecht. Entwicklung konkreter steuerlicher Blockchain-Anwendungen mit Hyperledger. *Rethinking Tax*, 5/2021, S. 11–17.

NEUMARK, F. (1970). *Grundsätze gerechter und ökonomisch rationaler Steuerpolitik.* Mohr, Tübingen.

NEXT:PUBLIC (2020). *Verwaltung in Krisenzeiten. Eine Bestandsaufnahme der Auswirkungen der Corona-Pandemie auf den öffentlichen Dienst.* Verfügbar unter https:// nextpublic.de/wp-content/uploads/2020/12/Studie_Verwaltung_in_ Krisenzeiten.pdf, zuletzt abgerufen am 28.05.2022.

NIEDERSÄCHSISCHES FINANZMINISTERIUM (2017). *ELSTER - Der „Zugvogel" des e-Government - Digitalisierung in der Steuerverwaltung - Pressefrühstück am 22.05.2017.*

NKR (2016). *Jahresbericht 2016.* Normenkontrollrat. Verfügbar unter https://www. normenkontrollrat.bund.de/resource/blob/267760/444052/cdf2763c2be98d3fd61b79 d744645144/2016-09-21-nkr-jahresbericht-2016-data.pdf?download=1, zuletzt abgerufen am 03.04.2022.

NKR (2018). *Deutschland: weniger Bürokratie, mehr Digitalisierung, bessere Gesetze. Einfach machen!* Normenkontrollrat, Jahresbericht 2018. Verfügbar unter https:// www.normenkontrollrat.bund.de/resource/blob/267760/1536236/1bed933ea006098 d6807ab48bd3c8574/2018-10-10-download-nkr-jahresbericht-2018-data.pdf?downlo ad=1, zuletzt abgerufen am 28.05.2022.

NKR (2020). *Monitor Digitale Verwaltung #4.* Normenkontrollrat. Verfügbar unter https://www.normenkontrollrat.bund.de/resource/blob/72494/1783152/14635b15fe 7f6902039abcd653de6c61/20200909-monitordigitaleverwaltung-4-data.pdf, zuletzt abgerufen am 28.05.2022.

OBERNDÖRFER, M. (2021). 2022 wird das Jahr der Verwaltungsdigitalisierung. In: *KONSENS magazin - Zukunft digital: Erfolg - Wie die Steuerverwaltung neue Technologien für den Fortschritt einsetzt*, S. 18–19.

OECD (2005). *Guidance Note: Guidance on Tax Compliance for Business and Accounting Software.* Verfügbar unter https://www.oecd.org/tax/administration/ 34910263.pdf, zuletzt abgerufen am 28.05.2022.

OECD (2006). *Tax Administration in OECD and Selected Non-OECD Countries: Comparative Information Series.* Verfügbar unter https://www.oecd.org/tax/forum-on-tax-administration/publications-and-products/comparative/CIS-2006.pdf, zuletzt abgerufen am 28.05.2022.

OECD (2010). *Forum on Tax Administration Guidance Note: Guidance for the Standard Audit File - Tax Version 2.0.* Verfügbar unter https://www.oecd.org/tax/ forum-on-tax-administration/ publications-and-products/45045602.pdf, zuletzt abgerufen am 28.05.2022.

OECD (2014). *Recommendation of the Council on Digital Government Strategies.* Verfügbar unter https://www.oecd.org/gov/digital-government/Recommendation-digital-government-strategies.pdf, zuletzt abgerufen am 28.05.2022.

OECD (2019). *Tax administration 2019: Comparative information on OECD and other advanced and emerging economies.* Verfügbar unter https://read.oecd-ilibrary.org/taxation/tax-administration-2019_74d162b6-en#page1, zuletzt abgerufen am 03.04.2022.

OECD (2020a). *Tax Administration 3.0: The Digital Transformation of Tax Administration.* Verfügbar unter https://www.oecd.org/tax/forum-on-tax-administration/ publications-and-products/tax-administration-3-0-the-digital-transformation-of-tax-administration.pdf, zuletzt abgerufen am 28.05.2022.

OECD (2020b). *The OECD Digital Government Policy Framework: Six dimensions of a Digital Government.* Verfügbar unter https://www.oecd-ilibrary.org/ docserver/f64fed2a-en.pdf?expires=1657622749&id=id&accname=guest&checksum =FC5402C396E151BDE614A6DE2DD4133A, zuletzt abgerufen am 28.05.2022.

OECD (2022). *Inventory of Tax Technology Initiatives (ITTI).* Verfügbar unter https://www.oecd.org/tax/forum-on-tax-administration/tax-technology-tools- and-digital-solutions/, zuletzt abgerufen am 28.05.2022.

OFD KARLSRUHE (2020). *Leistungsbilanz der Oberfinanzdirektion Karlsruhe und der Behörden ihres Zuständigkeitsbereichs 2019.* Oberfinanzdirektion Karlsruhe. Verfügbar unter https://fm.baden-wuerttemberg.de/fileadmin/redaktion/m-fm/ intern/Dateien_Downloads/Steuern/200813_Leistungsbilanz_2019_Internet.pdf, zuletzt abgerufen am 28.05.2022.

PEKRUN, R. (2018). Emotion, Lernen und Leistung. In: HUBER, M., KRAUSE, S. (Hrsg.). *Bildung und Emotion.* Springer VS, Wiesbaden.

PERSCHAU, O. (1998). *Die Schwächen der deutschen Finanzverfassung. Diskussionspapier 1998/11.* Wirtschaftswissenschaftliche Dokumentation der Technische Universität Berlin.

PETERS, C., LÖSCH, B., GRUNEWALD, B. (2009). Paradigmenwechsel im Laufbahnrecht des Bundes. *ZBR*, 1-2.

PETROSINO, N. (2019). Are You Ready for the Tax Technology? *International VAT Monitor 2019*, 30(2), S. 59–63.

PEUKER, E. (2015). Digitalisierung im Bundesstaat. Die Rolle des Föderalismus auf dem Weg zum digitalen Staat. In: HILL, H., SCHLIESKY, U. (Hrsg.). *Auf dem Weg zum Digitalen Staat - auch ein besserer Staat?* Nomos Verlagsgesellschaft.

PEUTHERT, B. (2017). *Mutual Relationships in Taxation Procedure: A Survey of Family Firms' Tax Compliance, Tax Auditors' Negotiation Strategy and Time Consumption*, Dissertation. Gottfried-Wilhelm-Leibniz-Universität, Hannover.

PEUTHERT, B. (2022). Empirische Forschung mit Steuerdaten: Gründung eines Instituts für empirische Steuerforschung (IfeS) und kooperative Projekte der Landessteuerverwaltungen. *beck.digitax*, 1/2022, S. 31–45.

PEUTHERT, B., SCHAEBS, D. S. (2021a). Forschung an den Steuerdaten von Bund und Ländern - Gründung eines Instituts für empirische Steuerforschung (IfeS). *DER BETRIEB*, Heft 45, S. 2650–2654.

PEUTHERT, B., SCHAEBS, D. S. (2021b). Paradigmenwechsel in der Aus- und Fortbildung von Steuerbeamten - Zeitgemäße Anforderungen, konsekutive Modularisierung und Konzepte zur Vermittlung von Digital- und Zukunftskompetenzen. *beck.digitax*, Teil I in 6/2021, Teil II in 1/2022, S. 415–421 (Teil I), S. 48–59 (Teil II).

PEUTHERT, B., SCHAEBS, D. S. (2022). Die Steuerverwaltung benötigt eine auf sie speziell ausgerichtete wissenschaftlich fundierte Forschung - Plädoyer für eine ausgeprägte Steuerverwaltungswissenschaft. *DER BETRIEB*, Heft 16, S. 969–975.

PEUTHERT, B., SCHMIDT, C., MÜLLER, R., SCHAEBS, D. S. (2021). Perspektiven für den künftigen Umfang und die Nutzung von digitalen Daten im Besteuerungsverfahren. *beck.digitax*, Teil I in Heft 4/2021; Teil II in Heft 5/2021, S. 236–242 (Teil I); S. 309–321 (Teil II).

RAMM, S., WÄHNERT, A. (2021). 'Summarische Risikprüfung' - aktuelle (Weiter-) Entwicklungen bei Prüfungsansätzen und in der Prüfungstechnik. In: *70 Jahre Bundesfinanzakademie.* Verlag Dr. Otto Schmidt, Köln.

RAMTHUN, C. (2022). Deutsche Finanzverwaltung: Wie der BER - nur schlimmer. *WirtschaftsWoche.* 12.01.2022.

RECHNUNGSHOF RHEINLAND-PFALZ (2019). *Jahresbericht 2019 Nr. 05 Struktur der Steuerverwaltung - Chancen zur Optimierung der Aufbau- und Ablauforganisation durch Digitalisierung.* Verfügbar unter https://rechnungshof.rlp.de/fileadmin/ rechnungshof/Jahresberichte/2019/Jahresbericht_2019_Nr._05_Struktur_der_ Steuerverwaltung.pdf, zuletzt abgerufen am 28.05.2022.

RICHTER, A. (1942). Die Bewertung von Minderheitsanteilen an Kapitalgesellschaften. *Der praktische Betriebswirt*, S. 105–110.

RISSE, R., GRIES, M. (2020). Der Einsatz von Blockchain-Technologie in der Steuer- und Zollfunktion. Entwicklung eines ersten Anwendungsfalls: Langzeit-Lieferantenerklärung. *beck.digitax*, 1/2020, S. 388–396.

ROSE, G. (1976). Steuerwissenschaften: Was heißt und zu welchem Ende studiert man Steuerwissenschaften? *DStZ (A)*, S. 174–181.

ROSE, G. (2006). *Steuerberatung und Wissenschaft. Aufsätze aus vier Jahrzehnten.* Erich Schmidt Verlag, Berlin.

SCHAEBS, D. S. (2020). Germany - Tail Light Position in Digitisation: An Analysis of a Decentralised Tax Administration Based on the Digital European Society Index. *Management*, 15(4), S. 309–323.

SCHAEBS, D. S. (2021). The Digital Transformation of Public Authorities: Creating an Agile Structure and Streamlining Government Presence Using the Example of Tax Offices. *Managing Global Transitions*, 19(4), S. 327–342.

SCHAEBS, D. S. (2022). E-Government for Smart Tax Authorities. *Electronic Government, an International Journal*, 18(4), S. 453–467.

SCHAEBS, D. S., HESSEL, K., BERNHARDT, W. (2021). Agenda für die Steuerverwaltung in Deutschland - Digitales Finanzamt 2030. *DER BETRIEB*, Heft 09, S. 412–422.

SCHÄPERCLAUS, J., HANKE, C. (2016). Datenträgerüberlassung: Z3-Zugriff im Rahmen der Betriebsprüfung. *DER BETRIEB*, Beilage 04 zu Heft 47, S. 17–22.

SCHMIDT, C. (2020a). Die digitalen Außenprüfungsmethoden der Finanzverwaltung - Ziele und Grenzen der neuen Prüfungstechnik. *Rethinking Tax*, 5/2020, S. 48–53.

SCHMIDT, C. (2020b). Die elektronischen Risikomanagementsysteme der Finanzverwaltungen Österreichs und Deutschlands im Vergleich. In: TÄGER (Hrsg.). *Den Wandel begleiten - IT-rechtlliche Herausforderung der Digitalisierung*, S. 1033–1054. OIWIR Verlag für Wirtschaft, Informatik und Recht, Edewecht.

SCHMIDT, C. (2020c). Können Algorithmen subsumieren? - Kritische Analyse der Schlüssigkeitsprüfung und Risikobewertung durch die Risikomanagementsysteme der deutschen Finanzverwaltung. *Rethinking Tax*, 6/2020, S. 17–23.

SCHMIDT, C. (2021a). *Das modernisierte Besteuerungsverfahren in Deutschland im Vergleich zu Österreich. Die verfassungsgemäße Fortentwicklung von E-Government als Herausforderung und Chance für die deutsche Finanzverwaltung.* Duncker & Humblot, Berlin.

SCHMIDT, C. (2021b). Die elektronischen Risikomanagementsysteme der deutschen Finanzverwaltung - Chancen und Herausforderungen der digitalen Transformation. In: BANGE, M. A. (Hrsg.). *Auf dem Weg zu einem modernen Rechtsstaat. Tagungsband Liberale Rechtstagung 2021*, S. 93–108.

SCHMIDT, C. (2021c). Steuervollzug in Zeiten der Digitalisierung - Kritische Bestandsaufnahme und Blick in die Zukunft - Teil III: Einsatz von künstlicher Intelligenz - Assistenz oder Konkurrenz in der Finanzverwaltung von morgen? *Rethinking Tax*, 6/2021, S. 67–78.

SCHMIDT, C. (2022). Quo vadis, Finanzverwaltung? Potenziale und Herausforderungen eines künftigen behördlichen KI-Einsatzes Teil I: Entscheidungsunterstützung im Rahmen der hybriden Fallbearbeitung. *Rethinking Tax*, 1/2022, S. 70–81.

SCHMIDT, H. (2021d). *Finanzministerin Taubert schlägt Ostdeutschland für neues 'Institut für empirische Steuerforschung (IfeS)' vor.* Verfügbar unter https://thib24. de/24528/finanzministerin-taubert-schlaegt-ostdeutschland-fuer-neues-institut-fuer -empirische-steuerforschung-ifes-vor/, zuletzt abgerufen am 28.05.2022.

SCHMIEL, U. (2006). Erkenntnisfortschritt in der Betriebswirtschaftlichen Steuerlehre. Ein methodologisches Konzept zur Herleitung von Muster-Hypothesen. In: ZELEWSKI, S. UND AKCA, N. (Hrsg.). *Fortschritt in den Wirtschaftswissenschaften.* Gabler Edition Wissenschaft, Wiesbaden.

SCHMIEL, U. (2018). Soll die Betriebswirtschaftslehre die Interessen anderer Akteure explizit berücksichtigen? *Journal for Markets and Ethics/Zeitschrift für Marktwirtschaft und Ethik*, 6(2), S. 155–169.

SCHNEELOCH, D. (2011). Gedanken zu einer normativen Betriebswirtschaftlichen Steuerlehre. In: NGUYEN, T. (Hrsg.). *Mensch und Markt.* Gabler Verlag, Wiesbaden.

SCHÜNEMANN, W. J. (2019). E-Government und Netzpolitik - eine konzeptionelle Einführung. In: SCHÜNEMANN, W. J., KNEUER, M. (Hrsg.). *E-Government und Netzpolitik im europäischen Vergleich*, 2. Auflage. Nomos Verlagsgesellschaft, Baden-Baden.

SEER, R. (2016). Modernisierung des Besteuerungsverfahrens. *Deutsche Steuer-Zeitung*, 16, S. 605–612.

SEER, R. (2018). Rn. 78. In: *Tipke/Lang Steuerrecht*. Verlag Dr. Otto Schmidt, Köln.

SEIDEL, W. (1985). Von der Reichssteuerschule zur Beamtenfachhochschule. In: *50 Jahre Steuerbeamten-Ausbildung in Herrsching*. Verlag Neue Wirtschafts-Briefe, Herne/Berlin.

SENATSVERWALTUNG FÜR FINANZEN (2005). *Entwicklung einheitlicher Software für das Besteuerungsverfahren*. Verfügbar unter https://www.parlament-berlin.de/ados/Haupt/vorgang/h15-3171-v.pdf, zuletzt abgerufen am 28.05.2022.

SENGER, E. A. (2009). *Die Reform der Finanzverwaltung in der Bundesrepublik Deutschland*. VS Verlag für Sozialwissenschaften, Wiesbaden.

SPD (2021). *Mehr Fortschritt wagen - Bündnis für Freiheit, Gerechtigkeit und Nachhaltigkeit. Koalitionsvertrag 2021-2025 zwischen der Sozialdemokratischen Partei Deutschlands, Bündnis 90 / Die Grünen und den Freien Demokraten (FDP)*. Verfügbar unter https://www.spd.de/fileadmin/Dokumente/Koalitionsvertrag/Koalitionsvertrag_2021-2025.pdf, zuletzt abgerufen am 28.05.2022.

SPILKER, B. (2022). Digitalisierung in der Finanzverwaltung Chancen und Grenzen. *FinanzRundschau*, 5/2022, S. 211–214.

STATISTA (2020). *Mobile Apps*. Statista-Dossier. Verfügbar unter https://de.statista.com/statistik/studie/id/11697/dokument/mobile-apps-statista-dossier/, zuletzt abgerufen am 28.05.2022.

STATISTISCHES BUNDESAMT (2019). *Lebenslagenbefragung 2019 - Bürgerinnen und Bürger*. Verfügbar unter https://www.amtlich-einfach.de/SharedDocs/Downloads/Ergebnisse_Buerger_2019.pdf?__blob=publicationFile&v=2, zuletzt abgerufen am 28.05.2022.

STATISTISCHES BUNDESAMT (2021). *Daten aus den Laufenden Wirtschaftsrechnungen (LWR) zur Ausstattung privater Haushalte mit Informationstechnik*. Verfügbar unter https://www.destatis.de/DE/Themen/Gesellschaft-Umwelt/Einkommen-Konsum-Lebensbedingungen/Ausstattung-Gebrauchsgueter/Tabellen/a-infotechnik-d-lwr.html, zuletzt abgerufen am 28.01.2022.

STEINMANN, T. (2021). Elektronischer Steuerbescheid floppt. *Capital*, 7/2021, S. 15.

STEMBER, J. (2020). Digitalisierung an den Hochschulen für den öffentlichen Dienst - Ergebnisse einer Umfrage und konzeptionelle Ansätze für eine Weiterentwicklung. In: *Hochschulen für den öffentlichen Dienst*, S. 285–320. Nomos Verlagsgesellschaft, Baden-Baden.

STEUCK, A. (2019). *Mit einer schwarmintelligenten Verwaltung agil und stabil in die Zukunft - Eine empirische Untersuchung am Beispiel der Bundesverwaltung.* Springer Gabler, Wiesbaden.

TADAT (o.J.). *Performance Assessment Reports.* Verfügbar unter https://www. tadat.org/performanceAssessmentReports, zuletzt abgerufen am 28.05.2022.

TENZER, F. (2019). *Prognose zur Anzahl der Smartphone-Nutzer in Deutschland bis 2023 [Data set].* Zitiert nach de.statista.com. Verfügbar unter https://de. statista.com/statistik/daten/studie/500579/umfrage/prognose-zur-anzahl-der-smar tphonenutzer-in-deutschland/, zuletzt abgerufen am 28.05.2022.

THE WORLD BANK (2020). *GDP per capita (constant 2010 US$). World Bank national accounts data, and OECD National Accounts data files.* Verfügbar unter https://data.worldbank.org/indicator/NY.GDP.PCAP.KD, zuletzt abgerufen am 28.05.2022.

VEHORN, C., AHMAD, E. (1997). Tax Administration. *Fiscal Federalism in Theory and Practice*, S. 108–134.

VON LUCKE, J. (2020). Change-Prozesse muss man ganzheitlich denken. *KONSENS magazin - Zukunft digital - Neue Chancen - Wie der Wandel das föderale Vorhaben KONSENS prägt*, Heft 3/2020, S. 18.

VONHOF, C. (2018). Bibliotheken und Agilität - Welten begegnen sich? In: BARTONITZ, M., LEVESQUE, V., MICHL, T., STEINBRECHER, W., VONHOF, C. (Hrsg.). *Agile Verwaltung - Wie der öffentliche Dienst aus der Gegenwart die Zukunft entwickeln kann*, S. 169–183. Springer Gabler, Wiesbaden.

W.B. BMF (2020). *Notwendigkeit, Potenzial und Ansatzpunkte einer Verbesserung der Dateninfrastruktur für die Steuerpolitik.* Wissenschaftlicher Beirat beim Bundesministerium der Finanzen, Gutachten 05/2020. Verfügbar unter https://www.bundesfinanzministerium.de/Content/DE/Downloads/Ministerium/ Wissenschaftlicher-Beirat/Gutachten/2020-10-30-gutachten-dateninfrastruktur-steuerpolitik.pdf?__blob=publicationFile&v=17, zuletzt abgerufen am 03.04.2022.

WD (2010). Zentralisierte und dezentralisierte Steuerverwaltung. WD 4 - 3000 - 024/10, Wissenschaftliche Dienste des Deutschen Bundestags. Verfügbar unter https://www.bundestag.de/resource/blob/412592/6a5d49fc4117a0294f57034152c 714cc/WD-4-024-10-pdf-data.pdf, zuletzt abgerufen am 28.05.2022.

WD (2018). Übersicht über das Laufbahnrecht des öffentlichen Dienstes. WD 6 - 3000 - 104/18, Wissenschaftliche Dienste des Deutschen Bundestags. Verfügbar unter https://www.bundestag.de/resource/blob/581064/9f24b51d335abf2c22c7bf7db97b9 1ea/WD-6-104-18-pdf-data.pdf, zuletzt abgerufen am 28.05.2022.

WD (2020a). Ausarbeitung zur föderalen Finanzverwaltung und Digitalisierung - Verfassungsrechtliche Rahmenbedingungen des Art. 108 Abs. 4 GG. WD 4 - 3000 - 131/20, Wissenschaftliche Dienste des Deutschen Bundestags. Verfügbar unter https://www.bundestag.de/resource/blob/816560/773cfede5db0bfff4c1fb6acc798c15 9/WD-4-131-20-pdf-data.pdf, zuletzt abgerufen am 28.05.2022.

WD (2020b). Verfassungsmäßigkeit einer einheitlichen Steuerverwaltung durch den Bund im Auftrag der Länder (Landesauftragsverwaltung). WD 4 - 3000 - 119/20, Wissenschaftliche Dienste des Deutschen Bundestags. Verfügbar unter https://www.bundestag.de/resource/blob/815864/d0b3d12cb47c240baec70b20ff681 218/WD-4-119-20-pdf-data.pdf, zuletzt abgerufen am 28.05.2022.

WD (2021a). Änderungen des Steuerbeamten-Ausbildungsgesetzes seit 1976. WD 8 - 3000 - 041/21, Wissenschaftliche Dienste des Deutschen Bundestags. Verfügbar unter https://www.bundestag.de/resource/blob/843336/03f037ea167339d021519c569bd55 bdb/WD-8-041-21-pdf-data.pdf, zuletzt abgerufen am 28.05.2022.

WD (2021b). Einzelfragen zur Ausbildung von Steuerbeamtinnen und Steuerbeamten. WD 4 - 3000 - 042/21, Wissenschaftliche Dienste des Deutschen Bundestags. Verfügbar unter https://www.bundestag.de/resource/blob/850670/ 9203c6bcee50c197d4e8b05bb5112bc9/WD-8-042-21-pdf-data.pdf, zuletzt abgerufen am 28.05.2022.

WD (2021c). Gleichförmigkeit der Steuerrechtsanwendung - Verfassungsrechtliche Anforderungen an die Steuerbeamtenausbildung. WD 4 - 3000 - 044/21, Wissenschaftliche Dienste des Deutschen Bundestags. Verfügbar unter https://www. bundestag.de/resource/blob/843232/f39c63406cb6cfd727ac72cc387092a5/WD-4- 044-21-pdf-data.pdf, zuletzt abgerufen am 28.05.2022.

WD (2021d). Zur Verwendung personenbezogener Steuerdaten zu Forschungszwecken - Fragen zur datenschutzrechtlichen Zulässigkeit der Weiterverarbeitung personenbezogener Daten zu Forschungszwecken nach der Datenschutzgrundverordnung und der Abgabenordnung. WD 4 - 3000 - 080/21, Wissenschaftliche Dienste des Deutschen Bundestags. Verfügbar unter https://www.bundestag.de/ resource/blob/866146/86c33ffdb06ab114d22cb8f731382844/WD-4-080-21-pdf- data.pdf, zuletzt abgerufen am 28.05.2022.

WEBER, M. (1985). *Wirtschaft und Gesellschaft. Grundriß der verstehenden Soziologie*, 5. Mohr, Tübingen.

WIND, M. (2006). Forschung ohne Fundament. *Verwaltung & Management*, 12/2006, Heft 5, S. 254–261.

WINDOFFER, A. (2018). Herausforderungen der Digitalisierung aus der Perspektive der öffentlichen Verwaltung. In: BÄR, C., GRÄDLER, T., MAYR, R. (Hrsg.). *Digitalisierung im Spannungsfeld von Politik, Wirtschaft, Wissenschaft und Recht.* Springer Gabler, Berlin/Heidelberg.

XU, X., PAUTASSO, C., ZHU, L., GRAMOLI, V., PONOMAREV, A., BINH TRAN, A., CHEN, S. (2016). The Blockchain as a Software Connector. In: *13th Working IEEE/IFIP Conference on Software Architecture (WICSA 2016)*, S. 182–191, Venedig.

ZANKER, C. (2019). *Ämter ohne Aktenordner? - E-Government & Gute Arbeit in der digitalisierten Verwaltung.* Die Friedrich-Ebert-Stiftung, Wiso Diskurs 06/2019. Verfügbar unter http://library.fes.de/pdf-files/wiso/15412.pdf, zuletzt abgerufen am 28.05.2022.

ZIEKOW, J., WINDOFFER, A. (2008). *Public Private Partnership. Struktur und Erfolgsbedingungen von Kooperationsarenen.* Nomos Verlagsgesellschaft, Baden-Baden.

ZIRKLER, M., SCHEIDEGGER, N., BARGETZI, A. I. (2020). *Führung auf Distanz - Eine Untersuchung zur Distanzführung während des coronabedingten Lockdowns 2020 an der ZHAW.* Züricher Hochschule für Angewandte Wissenschaften. Verfügbar unter https://digitalcollection.zhaw.ch/bitstream/11475/20775/3/2020_Zirkler-Scheidegger-Bargetzi_Fuehrung-auf-Distanz.pdf, zuletzt abgerufen am 28.05.2022.

Anhang

A Materialien zur Befragung „Digitalisierung in der Finanzverwaltung"

Die Befragung zur Digitalisierung in der Finanzverwaltung wurde in 11 Bundesländern durchgeführt. Die Antworten dazu wurden in 9 der 11 Bundesländer als Drucksache(n) veröffentlicht und kann der folgenden Tabelle A.1 (Abschnitt A.1) entnommen werden. Lediglich die Antworten der Bundesländer Nordrhein-Westfalen und Schleswig-Holstein wurden nicht veröffentlicht. Die Antworten sind daher in den Anhängen A.2 und A.3 enthalten.

A.1 Quellenübersicht

Bundesland	Quellen
Baden-Württemberg (BW)	Landtag von Baden-Württemberg, 16. Wahlperiode Drucksache 16/9403
Bayern (BY)	Bayerischer Landtag, 18. Wahlperiode Grundfragen: Drucksache 18/12160; Drucksache 18/12204 Weiterführende Fragen: Drucksache 18/13537; Drucksache 18/13538; Drucksache 18/13539

Bundesland	Quellen
Berlin (BE)	Abgeordnetenhaus Berlin, 18. Wahlperiode Grundfragen: Drucksache 18/25670 Weiterführende Fragen: Drucksache 18/25671; Drucksache 18/25672; Drucksache 18/25673
Bremen (HB)	Bremische Bürgerschaft, Landtag, 20. Wahlperiode Drucksache 20/774
Hessen (HE)	Hessischer Landtag, 20. Wahlperiode Drucksache 20/4414; Drucksache 20/4415
Hamburg (HH)	Bürgerschaft der Freien und Hansestadt Hamburg, 22. Wahlperiode Drucksache 22/2611
Niedersachsen (NI)	Niedersächsischer Landtag, 18. Wahlperiode Drucksache 18/8216
Nordrhein-Westfalen (NW)	Schreiben des Ministeriums vom 23.09.2021 (als Anlage im Folgenden beigefügt)
Rheinland-Pfalz (RP)	Landtag Rheinland-Pfalz, 17. Wahlperiode Drucksache 17/14653
Schleswig-Holstein (SH)	Schreiben der Ministerin vom 12.01.2021 (als Anlage im Folgenden beigefügt)
Thüringen (TH)	Thüringer Landtag, 7. Wahlperiode Drucksache 7/2947; Drucksache 7/2948

Tabelle A.1: Quellenübersicht zur Befragung

A.2 Antworten der Landesregierung von Nordrhein-Westfalen

Fragenkatalog Digitalisierung Finanzverwaltung

1. **Wie bewertet die Landesregierung den föderalen Aufbau der deutschen Steuerverwaltung in Hinblick auf die Fortschritte bei der Digitalisierung und im europäischen Vergleich?**

   Der Föderalismus in Deutschland ist ein geschichtlich gewachsenes und die Vielfältigkeit der Länder aufnehmendes wesentliches Strukturelement unseres Staates. Im Zuständigkeitsbereich der Steuerverwaltung von Bund und Ländern zeigt gerade das Beispiel KONSENS, dass es im Föderalismus gelingt, eine weitestgehend einheitliche Aufgabenwahrnehmung sicherzustellen und gleichzeitig eine differenzierte Zuweisung öffentlicher Leistung entsprechend den Besonderheiten der Länder zu ermöglichen.

   Die Steuerverwaltungen der Länder pflegen eine intensive Zusammenarbeit und nutzen damit Synergieeffekte. Im Rahmen des Vorhabens KONSENS wird gemeinsam durch die Länder einheitliche Software für das Besteuerungsverfahren entwickelt, gepflegt, anforderungsgetrieben modernisiert und in allen Ländern eingesetzt. Grundlage für das Vorhaben KONSENS sind das Verwaltungsabkommen KONSENS (gültig ab 1. Januar 2007) und das KONSENS-Gesetz (gültig ab 1. Januar 2019).

   Mit dem Vorhaben KONSENS ist es gelungen, einheitliche IT-Lösungen in allen Ländern einzusetzen. Dabei konnten die vor KONSENS bestehenden heterogenen IT-Strukturen größtenteils abgelöst und in allen Ländern einheitliche Software für das Besteuerungsverfahren realisiert werden.

   Die deutsche Steuerverwaltung ist dabei gut aufgestellt. Ein Vergleich mit anderen europäischen Ländern ist im Hinblick auf die unterschiedlichen Steuergesetze und der daraus resultierenden Komplexität nur schwer herstellbar.

2. **Wie sieht die strategische Implementation der digitalen Transformation in der Landesfinanzverwaltung aus, welche Meilensteine wurden für welche Termine definiert und ggf. wann bereits erreicht?**

   Über den neu geschaffenen IT-Strategieprozess erfolgt seit 2017 eine behördenübergreifende kontinuierliche strategische Ausrichtung und Modernisierung der IT mittels vereinbarter Zielperspektiven und konkreten jährlich vereinbarten Modernisierungsmaßnahmen. Dieser Strategieprozess wird seit seiner Einführung sukzessive in seinen Instrumenten und damit in seiner Wirksamkeit verfeinert. U.a. lag hier einer der Ursprünge für den neuen Standort Paderborn.

   Mit dem neu eingeführten und 2019 erstmals nach ISO 20.000 zertifizierten IT-Service Management können sowohl die Anforderungen der Digitalisierung als auch querschnittliche Anforderungen zeitnah und wirksam umgesetzt werden. Mit dem Service Desk wird die landesweite Erreichbarkeit der IT für die Anwenderinnen und Anwender in den Finanzämtern garantiert. Durch die neu geschaffenen Prozesse des Störungs- und Problem Managements erfolgt eine vollständige Störungserfassung und eine priorisierte und effiziente Störungsbeseitigung. Durch Abstimmung und Strukturierung der Informationswege konnte die Kommunikation mit Anwenderinnen und Anwendern und Dienstellenleitungen im Falle einer gravierenden Störung deutlich verbessert werden.

Die Einführung des Auftragsmanagements und -controllings schafft einen transparenten Überblick über die beauftragten IT-Leistungen und die Verteilung des Ressourceneinsatzes im RZF. Unterjährige Auftragsveränderungen werden dokumentiert und behördenübergreifend abgestimmt. Ziel ist eine höhere Termintreue bei der Bereitstellung der IT-Leistungen durch zunehmende Transparenz. Somit konnte Beispielsweise die fristgerechte Beschaffung und Bereitstellung der iPads in 2021 für die Anwärterinnen und Anwärter sowie Dozenten in Nordkirchen gewährleistet werden. Durch die erzielte Transparenz ist es möglich, alle Beschaffungsanfragen wesentlich zuverlässiger managen zu können.

3. **a) Über welche Kompetenzzentren im Sinne einer Stabstelle für Digitalisierung bzw. eines IT-Architekturmanagements verfügt die Landesfinanzverwaltung?**

Die Digitalisierung der Finanzverwaltung ist der Landesregierung ein wichtiges Anliegen. Daher ist im Oktober 2020 im Ministerium der Finanzen eine eigene Abteilung für die Informationstechnik eingerichtet worden. Sie ist in zwei Gruppen unterteilt.

In der Gruppe VI B werden derzeit die strategischen Managementaufgaben der steuerlichen Informationstechnik für den gesamten Geschäftsbereich des Ministeriums der Finanzen des Landes Nordrhein-Westfalen zentral gebündelt. Der Schwerpunkt der Aufgaben besteht darin, in einer service- und kundenorientierten Sichtweise die im Wesentlichen von den Dienststellen der Finanzverwaltung benötigten IT-Dienstleistungen strategisch sicherzustellen und weiterzuentwickeln. Sie umfasst folgende Themen:

- Strategisches Management der gesamten Wertschöpfungskette aller von der Finanzverwaltung Nordrhein-Westfalen benötigten steuerfachlichen IT-Services,
- Koordination des nordrhein-westfälischen Beitrags im Bund-Länder-Programm KONSENS (Koordinierte Neue Software-Entwicklung der Steuerverwaltung),
- Vertretung der Belange Nordrhein-Westfalens in der Steuergruppe Informationstechnik im Programm KONSENS,

- Förderung der digitalen Verwaltungstransformation im steuerlichen Bereich,
- Strategisches Portfolio-Management über alle durch das Rechenzentrum der Finanzverwaltung bereitgestellten IT-Services,
- Strategische Steuerung des Rechenzentrums der Finanzverwaltung in den allgemeinen Management-Practices nach ITIL V4,
- Gestaltung der Zusammenarbeit im Bereich der Informationstechnik mit den anderen Ressorts der Landesverwaltung Nordrhein-Westfalen.

In der Gruppe VI A werden derzeit die strategischen Managementaufgaben für die in der Verantwortung des Ministeriums der Finanzen des Landes Nordrhein-Westfalen liegenden ressortübergreifenden Verfahren der Informationstechnik zentral gebündelt.

Einerseits werden hier die Rollen der „Service Owner" für IT-Verfahren im Haushalts- und Personalwirtschafts-Bereich wahrgenommen und die fachliche Zusammenarbeit mit dem IT-Dienstleister IT.NRW gebündelt. Andererseits wird in der Gruppe die Umsetzung der eGovernment-Vorhaben im Geschäftsbereich entsprechend der eGovernment-Strategie des Landes Nordrhein-Westfalen verfolgt.

Damit obliegt der Gruppe die Verantwortung für einen großen Teil der digitalen Verwaltungstransformation sowohl für den Geschäftsbereich der Finanzverwaltung, aber auch für das gesamte Land Nordrhein-Westfalen.

In der Gruppe werden folgende Themen bearbeitet:

- Strategische Grundsatzentscheidungen zur Digitalisierung und Förderung der digitalen Verwaltungstransformation im nicht-steuerlichen Bereich der Finanzverwaltung Nordrhein-Westfalen,
- Strategische Steuerung der IT-Services im Bereich des Haushalts (insbesondere EPOS.NRW) und des Personals (my.NRW und „Zukunftsfähige Beihilfesachbearbeitung") für die Landesverwaltung Nordrhein-Westfalen,
- Strategisches Portfolio-Management über alle von IT.NRW bezogenen IT-Services,
- Steuerung und Überwachung der Serviceerbringung durch IT.NRW in den allgemeinen Management-Practices nach ITIL V4,
- Umsetzung von eGovernment-Vorhaben (insbesondere eAkte und eLaufmappe) in der Finanzverwaltung,
- Vertretung der Belange des Ministeriums der Finanzen in den ressortübergreifenden Gremien zur Umsetzung der eGovernment-Strategie des Landes Nordrhein-Westfalen,
- Gestaltung der Zusammenarbeit im Bereich der Informationstechnik mit den anderen Ressorts der Landesverwaltung Nordrhein-Westfalen.

b) und werden von der Landesfinanzverwaltung Daten erhoben bzw. ausgewertet, die die Bürgererwartungen in Bezug auf digitale Services einbeziehen?

Regelmäßig wird in Nordrhein-Westfalen eine Bürgerbefragung über die Serviceleistungen der Finanzämter und der Finanzverwaltung allgemein durchgeführt. Hierbei werden auch die digitalen Services einbezogen. Die letzte Bürgerbefragung, die in der Zeit vom 1. März 2019 bis zum 29. Februar 2020 stattfand, ergab beispielsweise:

65% der Bürgerinnen und Bürger erstellen ihre Steuererklärung mit ELSTER.

Davon bewerten rund zwei Drittel den Service als benutzerfreundlich oder sogar sehr benutzerfreundlich.

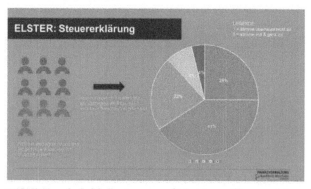

ELSTER-User, die den Service der vorausgefüllten Steuererklärung genutzt haben, empfinden eine erhebliche Erleichterung beim Ausfüllen der Erklärungsvordrucke.

Im Dezember 2020 wurde das Online-Terminbuchungssystem „Finanzamtstermine.NRW" freigeschaltet. Mit diesem Verfahren können Bürgerinnen und Bürger bequem online einen Termin mit der Service- und Informationsstelle („Bürgerbüro") in ihrem Finanzamt buchen. In den Finanzämtern können für diesen Bereich Besuche besser geplant und gesteuert werden. Zusätzlich besteht für die Finanzämter auch die Möglichkeit, Spontanbesuche über die Online-Terminbuchung abzuwickeln.

4. **Welche Arbeiten/Programme zur Umstellung von Teilbereichen der Steuerverwaltung von eher analogen auf komplett digitale Prozesse existieren bzw. wurden bereits abgeschlossen, und welche Zeiträume wurden dafür konkret angesetzt?**

   a. Neue IT-Leistungen zu allgemeine Verwaltungsaufgaben (inkl. Kollaboration)

   Im Mai 2021 wurde der manuelle Druck und Versand von Individualschreiben am Arbeitsplatz durch eine IT-gestützte Lösung abgelöst. Das Verfahren ZEDO (Zentraler Druck und Versand von Individualschreiben und Dokumenten im RZF NRW) bietet allen Beschäftigten der Finanzverwaltung die Möglichkeit, steuerliche sowie nichtsteuerliche Individualschreiben (einschl. Zustellungsurkunden und Einschreiben) zentral im RZF drucken und versenden zu lassen. Die ortsunabhängige und flexible Lösung bietet somit besonders für Beschäftigte in Telearbeit einen großen Mehrwert.

b. IT-Leistungen zur Unterstützung der Veranlagungsstellen

Die Einführung von GINSTER - dem bundeseinheitlichen, technisch
modernisierten KONSENS-Grundinformationsdienst - in Nordrhein-
Westfalen erfolgte in einem mehrjährigen Großprojekt, dass die Arbeit
der Beschäftigten in den Finanzämtern spürbar veränderte. Daher
beinhaltete die Einführung auch umfassende Schulungsmaßnahmen für
die rund 27.500 betroffenen Beschäftigten und wurde erfolgreich in
2020 abgeschlossen. Der Einsatz von GINSTER ist Voraussetzung u.a.
für darauf aufbauende bundesweit einheitliche KONSENS-
Festsetzungs- und Erhebungsverfahren.

Seit Mitte 2019 können für alle Finanzämter in Nordrhein-Westfalen die
Arbeitnehmerfälle zur Einkommensteuer vollmaschinell verarbeitet
werden. Dabei durchlaufen die elektronischen Steuererklärungen sowie
die gescannten Daten von Papier-Steuererklärungen einen komplexen
Prozess. Die Daten werden beginnend bei der Steuernummern- und
Grunddatenprüfung über die Prüfung durch das
Risikomanagementsystem bis hin zur Festsetzung und
Zahlungsaufforderung bzw. Erstattung vollmaschinell verarbeitet.

Erkennt das System einen Sachverhalt, der nicht vollmaschinell erledigt
werden kann – dies können z. B. Fehlerhinweise oder
Risikoprüfhinweise sein –, wird die automatische Verarbeitung
gestoppt. Der angehaltene Fall wird der zuständigen Bearbeitung im
Finanzamt zugeteilt und wie bisher bearbeitet.

Die Programmleistungen für den übrigen Einkommensteuerbereich sind
aktuell in 2 Finanzämtern in Pilotierung und werden noch in 2021
flächendeckend zur Verfügung stehen.

Mit der neuen KONSENS-Fachanwendung KDialog eAkte wird ein
weiterer Baustein für eine aktenlose Steuerfallbearbeitung zur
Verfügung gestellt: ePosteingänge sowie eigene Ausgangsdokumente
im Word- oder Excel-Format können zum konkreten Steuerfall abgelegt
werden. Alle Beschäftigten, die ebenfalls für diesen Steuerfall zuständig
sind, können diese Dokumente einsehen. KDialog eAkte ist mit den
weiteren KONSENS-Fachanwendungen verbunden und zeigt deren
Daten zusammen mit dem konkreten Steuerfall an.

Der flächendeckende Einsatz der eAkte in den Finanzämtern ist zeinah
geplant.

c. IT-Leistungen zur Unterstützung der Erhebungsstellen

Vor Einsatz der IT-Leistung musste bei der Übernahme eines
Steuerfalls aus einem anderen Bundesland das Steuer-Erhebungskonto

in NRW mit erheblichem Arbeitsaufwand durch die Beschäftigten der Finanzämter personell aufgebaut werden. Mit der IT-gestützten Automation werden nun eine Arbeitsentlastung der Beschäftigten und deutliche Qualitätssteigerung geschaffen.

Vorgänge der Erhebungsstellen zur Auszahlung von Guthaben an Steuerpflichtige können mittlerweile medienbruchfrei und durchgehend digital bearbeitet werden: Informationen über programmgesteuerte Auszahlungen können von den Beschäftigten in den EHST „online" aufgerufen werden; bei personellen Auszahlungen können aus der Arbeitsliste heraus die weiteren Arbeitsschritte digital im entsprechenden Dialogprogramm aufgerufen und erledigt werden.

Das VoSystem ist ein Dialogverfahren zur Bearbeitung von Beitreibungsfällen im Rahmen der Steuererhebung. Das VoSystem wurde in das einheitliche Benutzer-Framework überführt und entspricht nun dem einheitlichen „look and feel" von KONSENS. Anpassungen der einheitlichen Benutzeroberfläche können technisch zentral umgesetzt werden und müssen nicht mehr für das VoSystem nachgezogen werden. Für die Beschäftigten im Finanzamt entfällt bei einem Arbeitsplatzwechsel die Umstellung zwischen verschiedenen Benutzeroberflächen.

d. IT-Leistungen zur Unterstützung der Prüfungsdienste und der Steuerfahndung

Pingo führt die Softwareunterstützung für die Innendienste in der Betriebsprüfung, der Umsatzsteuersonderprüfung und der Lohnsteueraußenprüfung zukünftig unter einer gemeinsamen Anwendung zusammen. Es ersetzt das zuvor eingesetzte, aus der Zeit gefallen Altverfahren. Im Februar 2021 konnte mit dem Rollout in den Betriebsprüfungsinnendiensten der erste Meilenstein erreicht werden.

Prometheuss ist eine vom RZF für den Einsatz in NRW entwickelte Fallverwaltungssoftware für die Steuerfahndung und löst das nicht mehr zeitgemäße und mit einem erheblichen Ausfallrisiko behaftete Altverfahren ab. Mit der Einführung von Prometheuss wurde das Risiko eines Ausfalls eliminiert und die Beschäftigten in den Steuerfahndungsdienststellen mit einer modernen und zeitgemäßen Softwareunterstützung ausgestattet.

5. **Welche zu digitalisierenden Leistungen nach dem OZG wurden für den Bereich Steuern & Zoll unter Federführung Hessens und Thüringens konkret identifiziert, bis wann rechnet die Landesregierung jeweils mit deren Umsetzung, wie werden die Fortschritte bewertet und werden darüber hinaus eigene Bemühungen unternommen?**

Das Gesetz zur Verbesserung des Onlinezugangs zu Verwaltungsleistungen (OZG) verpflichtet Bund, Länder und Kommunen bis Ende 2022 ihre Verwaltungsleistungen digital anzubieten. Bezüglich der Einzelleistungen und des Standes der Umsetzung wird auf die OZG-Informationsplattform des Bundes unter https://informationsplattform.ozg-umsetzung.de verwiesen. Die Umsetzung der Leistungen im Themenfeld Steuern und Zoll, für die die Länder zuständig sind, erfolgt grundsätzlich im Rahmen des Vorhabens KONSENS und wird nach derzeitigem Stand termingerecht abgeschlossen.

6. **Welchen Anpassungsbedarf bei steuerrechtlichen Vorschriften sowie bei IT- und Arbeitsprozessen innerhalb der Landesfinanzverwaltung sieht die Landesregierung, damit eine möglichst umfassende, einheitliche und weitreichende Digitalisierung der Verwaltungsverfahren gelingen kann?**

Bürgerinnen und Bürger, Unternehmen und steuerberatende Berufe erwarten von einer modernen Finanzverwaltung schnelles, effizientes und bürgernah vermitteltes Verwaltungshandeln. Der Bedarf von elektronischen Serviceangeboten hat in der Vergangenheit zugenommen. Dieser Trend wird sich weiter fortsetzten, insbesondere auch vor dem Hintergrund der Erfahrungen aus der Corona-Pandemie. IT-Leistungen, die für Bürgerinnen und Bürger, Unternehmen und steuerberatende Berufe angeboten werden, unterliegen besonderen Anforderungen im Hinblick auf die Vorgaben des Steuergeheimnisses und des Datenschutzes. Mit der Ergänzung des § 87a Abs. 1 S. 3 der Abgabenordnung, die die Einwilligung in einen unverschlüsselten E-Mail-Verkehr ermöglicht, wurde zusätzlich zu dem bestehenden, sicheren und authentifizierten Kanal über ELSTER ein Angebot für einen einfachen und bequemen Kommunikationsweg geschaffen.

KONSENS als gemeinsames Vorgaben der Länder und des Bundes modernisiert, vereinheitlicht und entwickelt die langjährig bestehende Informationstechnik der Steuerverwaltungen der Länder fort. Die fünf Länder Baden-Württemberg, Bayern, Hessen, Niedersachsen und Nordrhein-Westfalen übernehmen federführend die Programmierung der Software, die anschließend in allen 16 Ländern eingesetzt werden. Das hier entwickelte Prinzip „Einer für Alle" war Vorbild bei der Umsetzung des Online-Zugangsgesetz (OZG).

Zur weiteren Verbesserung der Zukunftsfähigkeit haben Bund und Länder gemeinsam das Gesetz zur Modernisierung des Besteuerungsverfahrens verabschiedet.

7. **Welche Beiträge innerhalb der Steuerungsgruppen des KONSENS-Verbunds und darüber hinaus wurden von der Landesfinanzverwaltung geleistet und wie steht die Landesregierung zu einer verbindlichen Erhöhung ihrer Beiträge (über den Beschluss der Finanzministerkonferenz hinaus) zur KONSENS-Finanzplanung mit dem Ziel der Schaffung einer echten digitalen Steuerverwaltung?**

Hier wird auf Frage 4 verwiesen.

8. **Wie viele Steuererklärungen wurden in den letzten 5 Jahren jeweils auf digitalem Weg eingereicht und wie viele Steuerbescheide konnten bereits auf digitalem Weg bekanntgegeben werden (jew. absolut und prozentual)?**

Bei Gewinneinkünften bei der Einkommensteuer, bei der Körperschafts-, Umsatz- und Gewerbesteuer sowie bei den Steueranmeldungen sind die Steuerbürgerinnen und Steuerbürger sowie Unternehmen verpflichtet, die Steuererklärungen in elektronischer Form abzugeben. Bis auf wenige Härtefälle gehen alle Steuererklärungen via ELSTER beim Finanzamt ein.

9. **Mit welchen Mitteln beabsichtigt die Landesregierung die Inanspruchnahme der digitalen Bereitstellung von rechtsverbindlichen Einkommensteuerbescheiden (DIVA) bzw. die Nutzung der "Mein Elster"-Oberfläche in den nächsten 5 Jahren finanziell und organisatorisch zu fördern?**

Im Haushaltsplanentwurf für das Jahr 2022 stehen im Kapitel 12 100 Titel 812 30 für Investitionen im IT-Bereich ca. 66,02 Mio. Euro zur Verfügung. Unter den damit zu finanzierenden Maßnahmen sind folgende hervorzuheben:

- Ersatzbeschaffungen für die IT-Ausstattung der Oberfinanzdirektion und der Finanzämter der Landesverwaltung NRW (21,7 Mio. Euro)
- Ersatzbeschaffungen und der Ausbau der Infrastruktur im Rechenzentrum der Finanzverwaltung NRW (26,6 Mio. Euro)
  - Ausbau des IT-Service-Managements
  - Hard- und Software für das Projekt Virtualisierung und Konsolidierung der zentralen Server
  - Aufrüstung und Ersatzbeschaffung des Storage Area Network (SAN)
  - Ersatzbeschaffung für den Druck- und Kuvertierbereich
  - Sicherungs- und Archivspeichersysteme im Serverbereich des RZF
- Maßnahmen und Projekte zur Modernisierung und Stärkung der Finanzverwaltung, u.a. durch Ausbau der Digitalisierung und Verbesserung des Bürgerservices (6,6 Mio. €).
- Ersatz- und Ergänzungsbeschaffungen für die IT- und Internetfahndung (2,5 Mio. Euro)
- Ersatz- und Ergänzungsbeschaffungen für die Aus- und Fortbildungseinrichtungen (1,3 Mio. Euro)

- Investitionen zur Einführung der KONSENS Verfahren BIENE, GINSTER und GeCo im Land NRW, soweit nicht durch die o. g. Maßnahmen abgedeckt (2,3 Mio. Euro)

Daneben stehen für länderübergreifende Leistungen des Vorhabens KONSENS im Jahr 2022 ca. 34,5 Mio. Euro zur Verfügung.

10. Wie viele Arbeitsplätze sind in der Landesfinanzverwaltung (prozentual bzw. absolut) mobil bzw. als Telearbeitsplatz so ausgestaltet, dass die Beschäftigten jederzeit auch im Homeoffice arbeiten können

Für eine flexible und leistungsorientierte Nutzungsmöglichkeit der Arbeitsplatzumgebung wurde die IT-Ausstattung darauf ausgelegt, alle wesentlichen Funktionen des IT-Arbeitsplatzes in einem mobilen Endgerät zu vereinen. Zusätzlich ist unter anderem mit einer komfortablen und einheitlichen Anschlussmöglichkeit der Arbeitsplatzumgebung die Grundlage für flexible Bürokonzepte geschaffen.

Alle 30.000 Beschäftigten sind telearbeitsfähig ausgestattet und die zentrale IT-Infrastruktur wird fortlaufend bedarfsgerecht ausgebaut.

11. Wie viele IT-Fachkräfte wurden seit dem Jahr 2017 neu eingestellt, in welchen Gebieten der Landesfinanzverwaltung sieht die Landesregierung einen besonderen Bedarf für IT-Nachwuchskräfte und wie sollen diese gewonnen werden?

Im November 2019 hat das Landeskabinett die Einführung der IT-Laufbahn für die Bedürfnisse des öffentlichen Dienstes beschlossen. Im ersten Studienjahr konnten rund 100 Anwärterinnen und Anwärter eingestellt werden, die ihr duales Studium der „Verwaltungsinformatik – E-Government" an der Hochschule Rhein-Waal zusammen mit der Befähigung für die technische Laufbahn absolvieren.

Zudem werden im Rechenzentrum der Finanzverwaltung Ausbildungsplätze zum/zur Fachinformatiker/in Systemintegration angeboten und allen Absolventinnen und Absolventen der Hochschule für Finanzen steht die Fortbildung zur Programmierung offen.

12. Welchen Aus- und Fortbildungsbedarf sieht die Landesregierung aufgrund der digitalen Transformation für die Beschäftigten der Landesfinanzverwaltung und welche Change-Management Aktivitäten wurden aufgrund der fortschreitenden Digitalisierung innerhalb der Landesfinanzverwaltung gegenüber dem Personal erbracht?

Die digitale Transformation bringt in der Ausbildung der Nachwuchskräfte Veränderungen mit sich, die sich angefangen beim Lernprozess und der damit einhergehenden pädagogischen und didaktischen Begleitung, über die Lernerfolgskontrollen bis hin zu den Abschlussprüfungen erstrecken. Bezogen auf die duale Ausbildung in den Laufbahngruppen 1.2 und 2.1 der Finanzverwaltung müssen sich die Bildungseinrichtungen und die Praxis diesen Herausforderungen stellen. Zugleich gilt es, die rechtlichen Rahmenbedingungen in der Ausbildungs- und Prüfungsverordnung für die Steuerbeamtinnen und Steuerbeamten den veränderten Anforderungen anzupassen. Seit 2019 beschäftigt sich eine Bund-Länder-Arbeitsgruppe mit dem Thema.

Da die Fortbildung in der Finanzverwaltung bedarfsgerecht erfolgt, passt sie sich hinsichtlich der Inhalte und der Vermittlungsmethodik fortlaufend an geänderte Bedürfnisse an. Dis gilt gleichermaßen für die Folgen der Digitalisierung und betrifft die fachliche Fortbildung, die Schulung der Verfahrensprogramme der Finanzämter, aber auch die fachübergreifende Fortbildung.

13. **Inwieweit und für welche Verfahren ist innerhalb der Landesfinanzverwaltung der Einsatz von Natural Language Processing (NLP), Machine Learning bzw. Künstliche Intelligenz zur Betrugsbekämpfung (Fraud Prevention and Detection), von Chatbots bzw. Avatars, Künstlicher Intelligenz (z.B. Robotic Process Automation) im Bereich von unstrukturierten Daten und von Optischer Zeichen- und Texterkennung (Optical Character Recognition) geplant bzw. bereits umgesetzt?**

Kernaufgabe ist es durch die Sicherstellung der notwendigen IT-Unterstützung zur Einbringung des Steueraufkommens den Dienstbetrieb der Finanzämter dauerhaft aufrechtzuerhalten.

Die Modernisierung der bestehenden IT-Verfahren ist hierbei eine der wesentlichen Aufgaben, um diesen Auftrag zu erfüllen. Dabei sind die in der Frage genannten Entwicklungen auf eine Eignung und einen Einsatz zu untersuchen.

14. **Welche Qualitätssicherungsverfahren sind vorgesehen, um die Funktionsweise von algorithmischen Entscheidungsassistenzsystemen oder vollautomatisierten Entscheidungssystemen, z.B. entsprechend rechtlicher oder ethischer Anforderungen zu prüfen, und welche Kriterien sollen einer derartigen Prüfung zugrunde liegen?**

Die Steuerverwaltung hat keine Systeme im Einsatz oder in Planung, die eine solche Prüfung erforderlich machen würden. Nach § 88 Abs. 5 der Abgabenordnung (AO) können die Finanzbehörden zur Beurteilung der Notwendigkeit weiterer Ermittlungen und Prüfungen für eine gleichmäßige und gesetzliche Festsetzung von Steuern und Steuervergütungen sowie Anrechnung von Steuerabzugsbeträgen und Vorauszahlungen automationsgestützte Systeme einsetzen (Risikomanagementsysteme).

Das Risikomanagementsystem entscheidet nur dann abschließend, wenn es bei der Steuerfestsetzung die Angaben aus der Steuererklärung der steuerpflichtigen Person übernimmt oder sich bei der Prüfung von maschinell vorliegendem Kontrollmaterial ergibt, dass keine steuerliche Auswirkung vorliegt.

15. **Inwieweit werden IT-Lösungen bei ihrem Einsatz innerhalb der Landesfinanzverwaltung auf ihre Barrierefreiheit sowie auf eine Bürgerorientierung und -freundlichkeit hin überprüft?**

Die Finanzverwaltung legt großen Wert auf die barrierefreie Nutzbarkeit ihres Angebots für alle Bürgerinnen und Bürger. Mein ELSTER bietet den uneingeschränkten Zugang zu allen elektronischen Diensten und Inhalten. Im Jahr 2018 wurde Mein ELSTER mit dem Barrierefreie-Informationstechnik-Verordnung (BITV)-Test überprüft und erreichte 95,75 von 100 Punkten. Damit wurde das Webangebot von Mein ELSTER als „sehr gut zugänglich" bewertet.

A.3 Antworten der Landesregierung von Schleswig-Holstein

Schleswig-Holstein
Der echte Norden

Schleswig-Holstein
Finanzministerium

Finanzministerium | Postfach 71 27 | 24171 Kiel **Ministerin**

FDP-Fraktion im Schleswig-
Holsteinischen Landtag
Landeshaus
Frau Annabell Krämer, MdL
Düsternbrooker Weg 70
24105 Kiel

12. Januar 2021

Sehr geehrte Frau Krämer,

zunächst übersende ich Ihnen die besten Wünsche für ein gesundes neues Jahr 2021.
Bezugnehmend auf Ihr Anschreiben vom 30.11.2020 beantworte ich Ihnen Ihre Fragen
wie folgt:

1. Wie bewertet die Landesregierung den föderalen Aufbau der deutschen Steuerverwaltung in Hinblick auf die Fortschritte bei der Digitalisierung und im europäischen Vergleich?

In der Steuerverwaltung der Bundesrepublik Deutschland wurde gerade im Bereich der IT
möglichen Hemmnissen infolge föderaler Strukturen durch das Vorhaben KONSENS wirksam begegnet. Seit 2007 wirken die Steuerbehörden im Rahmen des Verwaltungsabkommens KONSENS ("Koordinierte neue Softwareentwicklung der Steuerverwaltung") bei der
Bereitstellung von IT-Systemen für die Steuerverwaltung erfolgreich zusammen.

Mittlerweile wurde das Verwaltungsabkommen in weiten Teilen durch das KONSENS-Gesetz abgelöst. Die IT-Prozesse werden durch den Bund und die Gruppe der fünf größten
Länder (Steuerungsgruppenländer BW, BY, HE, NI und NW) gesteuert. Alle Länder sind
verpflichtet, die einheitlich entwickelten Software-Produkte innerhalb von festgelegten Zeit-

Dienstgebäude Düsternbrooker Weg 64, 24105 Kiel | Telefon 0431 988 - 3900 |
Telefax 0431 988 - 4176 | E-Mail: Monika.Heinold@fimi.landsh.de |
De-Mail: poststelle@fimi.landsh.de-mail.de |
beBPo-ID: DE.Justiz.f09cc3ed-ae1b-4ed9-8921-33d81b7c3a82.9ec3 |
www.schleswig-holstein.de | Buslinie 41, 42, 43, 51 |
E-Mail-Adressen: Kein Zugang für verschlüsselte Dokumente.

Jahre
Volksabstimmungen
Gemeinsam über Grenzen

räumen einzusetzen. Mit dieser umfassenden IT-Governance für die Steuerverwaltung haben die Finanzminister von Bund und Ländern einen Weg beschritten, der die Umsetzung
der Digitalisierung – auch im Vergleich zu anderen Verwaltungen – sehr gut voranbringt.

**2. Wie sieht die strategische Implementation der digitalen Transformation in der
Landesfinanzverwaltung aus, welche Meilensteine wurden für welche Termine definiert und ggf. wann bereits erreicht?**

Die strategischen Planungen des IT-Einsatzes in den Steuerverwaltungen der Länder werden in der sog. „Steuerungsgruppe IT" und „Steuerungsgruppe O" im Vorhaben KON-
SENS getroffen. Ihr gehören Vertreter des Bundes und der fünf größten Länder an (s. Antwort zu Frage 1). Hier werden auch die jährlichen Priorisierungen der Programmiervorha-
ben sowie die Budgetplanungen verantwortet. Strategisches Ziel der Steuerungsgruppe ist
nach wie vor die Modernisierung bzw. Ablösung der steuerlichen Kernverfahren durch
neue Produkte und eine neue Gesamtarchitektur sowie der Ausbau des E-Governments in
ELSTER.

Im Vorhaben KONSENS existiert hierzu eine sog. „verbindliche Einsatzplanung" für die
einzelnen Produkte. Aus dieser ergeben sich Bereitstellungszeitpunkte, Fristen für den
Einsatz von Produkten, tatsächliche Einsatzzeitpunkte in den einzelnen Ländern (Planung
und Vollzug) sowie ggfs. auch temporäre Einsatzhemmnisse. Diese Planungen werden
monatlich fortgeschrieben.

So wurden im Jahr 2019 (Bericht 2020 noch ausstehend) weitere 25 Produkte des KON-
SENS-Verbundes von allen 16 Länder vollständig übernommen, so dass sich die Zahl der
von allen Ländern einheitlich (dezentral) eingesetzten Produkte auf 214 erhöht hat. Darüber hinaus beträgt die Zahl der für alle Länder zentral betriebenen Produkte 83 nach
Übernahme von fünf weiteren Produkten in 2019.

**3. Über welche Kompetenzzentren im Sinne einer Stabsstelle für Digitalisierung
bzw. eines IT-Architekturmanagements verfügt die Landesfinanzverwaltung und
werden von der Landesfinanzverwaltung Daten erhoben bzw. ausgewertet, die die
Bürgererwartungen in Bezug auf digitale Services einbeziehen?**

Die Kompetenz für den IT-Einsatz in der Steuerverwaltung des Landes Schleswig-Holstein
ist im Wesentlichen im Amt für Informationstechnik (FM-AIT) gebündelt. Hierüber erfolgt
die Beteiligung in den länderübergreifenden Gremien zum IT-Einsatz in den Steuerverwaltungen der Länder (siehe Frage 1 und 2) in Abstimmung mit den Fachreferaten sowie in
den landeseigenen Gremien gemeinsam mit dem FM.

- 3 -

Architekturmanagement bzw. die Beteiligung an diesem erfolgt über die genannten Gremien bzw. im Rahmen der Zusammenarbeit und Koordination mit dem Landesdienstleister.

Erhebung und Auswertung von Daten zu Bürgererwartungen erfolgen aufgrund der Vereinbarungen auf den KONSENS-Verbund über die dort genannten Gremien. Zuletzt erfolgte hierüber in den Jahren 2019/2020 eine Bürgerumfrage im Rahmen der Jahressteuererklärungen. In den Prozess fließen hierbei ebenso die Erkenntnisse aus den anderen länderübergreifenden Gremien (z. B. IT-Planungsrat) oder anderen Projekten (OZG-Gesetz) mit ein.

4. Welche Arbeiten/Programme zur Umstellung von Teilbereichen der Steuerverwaltung von eher analogen auf komplett digitale Prozesse existieren bzw. wurden bereits abgeschlossen, und welche Zeiträume wurden dafür konkret angesetzt?

siehe Antwort zu Frage 2

5. Welche zu digitalisierenden Leistungen nach dem OZG wurden für den Bereich Steuern & Zoll unter Federführung Hessens und Thüringens konkret identifiziert, bis wann rechnet die Landesregierung jeweils mit deren Umsetzung, wie werden die Fortschritte bewertet und werden darüber hinaus eigene Bemühungen unternommen?

Den 585 OZG-Leistungsbündeln bzw. Vorhaben entsprechen derzeit 6978 LeiKa-Leistungen (LeiKa = Leistungskatalog). Dem Themenfeld Steuern und Zoll sind 30 Leistungsbündel bzw. Vorhaben zugeordnet, was 272 LeiKa-Leistungen entspricht (Stand 16.12.2020, abgerufen 01.01.2021).

Die Leistungsbündel bzw. Vorhaben weisen unterschiedliche Reifegrade und Priorisierungen auf. Von den 30 Leistungsbündeln sind bereits 20 in Umsetzungsprojekten verankert. Von diesen 20 Umsetzungsprojekten sind elf der Bündel bereits im Reifegrad 2, entsprechen daher einem Formularassistenten für eine Beantragung, als Vorstufe des Reifegrad 3, bei welchem OZG-Konformität vorliegt. Diesen Reifegrad weisen bereits 4 der 30 Leistungsbündel auf. Fünf weitere Leistungsbündel befinden sich in Reifegrad 1.

- 4 -

Die vier in Reifegrad 3 befindlichen Leistungsbündel entsprechen 52 Einzelleistungen, der im täglichen Kontakt zum Bürger und Unternehmen mit am häufigsten auftretenden Lebenslagen der

- Einkommensteuer
- Umsatzsteuer
- Kapitalertragssteuer und
- Kirchensteuer.

Die Umsetzung der Vorhaben erfolgt – bis auf die Landes- und Kommunalthemen – im Vorhaben KONSENS und befindet sich im Zeitplan. Darüberhinausgehende eigene Bemühungen würden im Rahmen der OZG-Gremien bzw. Umsetzungen im Lande im Rahmen der jeweiligen Priorisierung der Ressourcen mit betrachtet.

6. Welchen Anpassungsbedarf bei steuerrechtlichen Vorschriften sowie bei IT- und Arbeitsprozessen innerhalb der Landesfinanzverwaltung sieht die Landesregierung, damit eine möglichst umfassende, einheitliche und weitreichende Digitalisierung der Verwaltungsverfahren gelingen kann?

Die steuerrechtlichen Vorschriften sind Bundesrecht, welches die Länder nur ausführen. Änderungen können daher nur bundeseinheitlich erfolgen und nicht singulär durch einzelne Länder. Die IT-Umsetzungsaufwände sind im Rahmen der Gesetzgebung mit zu bedenken und aufzuführen. Zudem erfolgt hierzu eine Beteiligung der jeweiligen KONSENS-Gremien.

Die Vorgaben zur Entwicklung und IT-Einsatz sind ebenso bereits bundeseinheitlich – siehe Frage 1. Die Entwicklung der Software erfolgt hierbei prozessorientiert, so dass eine Anpassung von IT- und/oder Arbeitsprozessen bereits im Rahmen der IT-Entwicklung bzw. diesem nachfolgend umgesetzt wird.

7. Welche Beiträge innerhalb der Steuerungsgruppen des KONSENS-Verbunds und darüber hinaus wurden von der Landesfinanzverwaltung geleistet und wie steht die Landesregierung zu einer verbindlichen Erhöhung ihrer Beiträge (über den Beschluss der Finanzministerkonferenz hinaus) zur KONSENS Finanzplanung mit dem Ziel der Schaffung einer echten digitalen Steuerverwaltung?

Die Beteiligung von SH erfolgt grundsätzlich im Rahmen der KONSENS-Gremien. Die Steuerungsgruppen stellen hierbei nur die fünf großen Länder BY, BW, HE, NI und NW.

- 5 -

Eine Beteiligung hieran ist den weiteren Ländern nicht möglich, da nicht vorgesehen. Neben der Gremienarbeit in den Arbeitsgruppen erfolgt eine Beteiligung (vorhabengemäß) in der Finanzierung gemäß Königsteiner Schlüssel.

Die Entwicklung der gemeinsamen IT-Verfahren im Projekt KONSENS erfolgt durch den Bund sowie die fünf Steuerungsgruppenländer. Die Reglungen zur Zusammenarbeit in KONSENS ermöglichen, dass das jeweils auftragnehmende Steuerungsgruppenland auch andere Länder als Programmierstandorte an der Auftragserledigung beteiligen kann.

Auf dieser Grundlage erbringt das FM-AIT als Programmierstandort SH seit 2005[1] für BY mit 20 Mitarbeiter*innen Programmierarbeiten für den Verbund u.a. für das Verfahren **Elektronische Steuererklärung ELSTER**. Damit stellt SH mittlerweile den größten Anteil (rd. 25 %) des internen Personaleinsatzes aus den Nicht-Steuerungsgruppenländern im Projekt KONSENS (Stand Juli 2020).

8. Wie viele Steuererklärungen wurden in den letzten 5 Jahren jeweils auf digitalem Weg eingereicht und wie viele Steuerbescheide konnten bereits auf digitalem Weg bekanntgegeben werden (jew. absolut und prozentual)?

Aufgrund der je nach Steuerpflichtigen und Steuerart unterschiedlich bestehenden Verpflichtung zur elektronischen Abgabe unterteilen sich diese:

- Für Steuerbürger*innen/Unternehmen mit Gewinneinkünften besteht eine grundsätzliche Pflicht zur elektronischen Erklärungsabgabe; damit für die Steuerarten bzw. ELSTER-Datenarten
    - o ESt (Einkommensteuer)
    - o FEin (Feststellung von Einkünften),
    - o KSt (Körperschaftsteuer)
    - o USt (Umsatzsteuer)
    - o GewSt (Gewerbesteuer)
    - o EÜR (Einnahme-Überschuss-Rechnung)
    - o UStVA (lfd. VZ) – Umsatzsteuervoranmeldung (laufender Veranlagungszeitraum)
    - o LStA (lfd VZ) – Lohnsteuervoranmeldung (laufender Veranlagungszeitraum)

- Für Arbeitnehmer*innen (z. B. Rentner*innen, bei Einkünften aus Vermietung und Verpachtung) besteht keine grundsätzliche Verpflichtung zur elektronischen Abgabe, so dass sich die Papiereingänge hierauf konzentrieren.

---

[1] SH ist im Jahr 2005 dem ursprünglich von BY mit den Neuen Ländern gegründeten Kooperationsvertrag über die Zusammenarbeit auf dem Gebiet der Automationsunterstützung im Besteuerungsverfahren beigetreten.

- 6 -

Für die vergangenen Jahre sind hinsichtlich der **digital eingegangenen Erklärungen** die nachstehenden Fallzahlen auf Grundlage der **erledigten Fälle** der im jeweiligen Jahr bearbeiteten beiden Veranlagungszeiträume ermittelt worden:

Elektronisch eingegangene Erklärungen

	ESt	Feststellungen	KSt	USt	GewSt-Mess-bescheid	EÜR	UStVA (lfd. VZ)	LStA (lfd. VZ)
31.12.2018	618.598	52.801	34.567	181.775	116.075	165.518	138.317	58.125
31.12.2019	668.882	51.320	38.582	172.569	119.776	181.735	138.836	62.976
31.12.2020	755.683	57.152	41.484	183.431	130.463	205.909	139.368	63.669

In Papier eingegangene Erklärungen

	ESt	Feststellungen	KSt	USt	GewSt-Mess-bescheid	EÜR	UStVA (lfd. VZ)	LStA (lfd. VZ)
31.12.2018	281.177	1.922	1.763	12.968	3.237	3.545	1.817	749
31.12.2019	266.598	1.498	1.077	12.212	2.253	4.818	1.660	836
31.12.2020	247.255	1.281	879	13.657	2.309	11.566	1.631	836

Anteil elektronisch eingegangener Erklärungen

	ESt	Feststellungen	KSt	USt	GewSt-Mess-bescheid	EÜR	UStVA (lfd. VZ)	LStA (lfd. VZ)
31.12.2018	68,8%	96,5%	95,1%	93,3%	97,3%	97,9%	98,7%	98,7%
31.12.2019	71,5%	97,2%	97,3%	93,4%	98,2%	97,4%	98,8%	98,7%
31.12.2020	75,3%	97,8%	97,9%	93,1%	98,3%	94,7%	98,8%	98,7%

Eine Gegenüberstellung zu den insgesamt eingereichten Erklärungen über einen Zeitraum von fünf Jahren ist nicht möglich, da die zu vergleichende Datenbasis aufgrund der Verfahrensumstellung nicht durchgängig kongruent zu den ausgewerteten ELSTER-Daten ist.

Digitaler Steuerbescheid - Digitaler Verwaltungsakt (DIVA)
Das Verfahren des digital rechtsverbindlich bekanntgegebenen Verwaltungsakts (DIVA) wurde erstmalig im Jahr 2020 für den Veranlagungszeitraum 2019 eingesetzt. Der Einsatz von DIVA erfolgt in Stufen: im Jahr 2020 wurde die Stufe 1 pilotiert (bundesweit). Die Fallzahlen sind demnach noch nicht aussagekräftig, zumal die Stufe 1 als Pilotierungsphase lediglich bestimmte Fallkonstellationen umfasst (maschinell gefertigte erstmalige Einkommensteuerbescheide zur unbeschränkten Steuerpflicht für Veranlagungszeiträume ab

- 7 -

2019; bei Empfangsvollmacht wurde in der Stufe 1 technisch lediglich die Einmal-Emp-
fangsvollmacht berücksichtigt).

Im Jahr 2020 wurden in SH knapp 12.200 Einkommensteuerbescheide für eine digitale
rechtsverbindliche Bekanntgabe versandt.

Aufgrund des Pilotierungscharakters des Verfahrens DIVA inkl. des damit einhergehenden
eingeschränkten Kreises zu berücksichtigender Fälle im Jahr 2020 (s.o.) wird auf einen
Abgleich mit den insgesamt versandten Steuerbescheiden und auf die Berechnung einer
diesbezüglichen Quote verzichtet, welche keine nennenswerte Aussagekraft hätte.

**9. Mit welchen Mitteln beabsichtigt die Landesregierung, die Inanspruchnahme der
digitalen Bereitstellung von rechtsverbindlichen Einkommensteuerbescheiden
(DIVA) bzw. die Nutzung der "Mein Elster"-Oberfläche in den nächsten 5 Jahren finanziell und organisatorisch zu fördern?**

Die Landesregierung beteiligt sich gemäß den Vereinbarungen im Vorhaben KONSENS
an der zugrundeliegenden Finanzierung und damit auch an der Weiterentwicklung von
ELSTER und DIVA. Der weitere Rollout bzw. die Nutzung von DIVA erfolgt im Rahmen
des technisch Möglichen und unter Berücksichtigung der Belange und Wünsche der Bürger*innen und Unternehmen.

Exemplarisch wurde zudem die Unterstützung bei der Registrierung zur Ermöglichung der
Online-Erklärung über ELSTER an einem Finanzamt pilotiert. Weitere Finanzämter sind in
der Planung und Vorbereitung hierzu.

**10. Wie viele Arbeitsplätze sind in der Landesfinanzverwaltung (prozentual bzw. ab-
solut) mobil bzw. als Telearbeitsplatz so ausgestaltet, dass die Beschäftigten jederzeit auch im Homeoffice arbeiten können?**

In der Finanzverwaltung Schleswig-Holstein bestehen für ca. 4.200 Menschen eingerich-
tete Arbeitsplätze. Nicht inkludiert sind Schulungs- und Testgeräte oder Ähnliches. Derzeit
stehen hierfür knapp 2.500 mobile Endgeräte (Notebooks) als Arbeitsplatzgeräte zur Verfügung, mit denen sowohl in den Dienststellen der Finanzämter als auch vom Wohnraum-
arbeitsplatz und mobil von unterwegs gearbeitet werden kann. Prozentual entspricht dies
einem Anteil von ca. 59,52 % der Gesamtarbeitsplätze.

- 8 -

11. Wie viele IT-Fachkräfte wurden seitdem Jahr 2017 neu eingestellt, in welchen Gebieten der Landesfinanzverwaltung sieht die Landesregierung einen besonderen Bedarf für IT-Nachwuchskräfte und wie sollen diese gewonnen werden?

Bis zum 31.12.2020 sind 55 Personen für den Bereich der IT-fachlichen Betreuung (im Wesentlichen Einsatz und Test) von Verfahren im FM-AIT eingestellt worden. Dabei handelt es sich nicht zwingend um Personen, welche eine IT-fachliche Qualifikation haben. Im Wesentlichen handelt es sich hierbei um Nachbesetzungen von bereits erfolgten oder in nächster Zeit erfolgenden altersbedingten Abgängen oder um bislang unbesetzte Stellen. Zu einem kleineren Anteil handelt es sich um zusätzlich besetzte Stellen aufgrund von veränderten oder zusätzlichen Aufgaben.

Der Bedarf der IT-fachlichen Betreuung als auch Programmierung von Verwaltungsanwendungen wird auch in den nächsten Jahren hoch bleiben, wenn nicht gar zunehmen. Die Gewinnung der Mitarbeiter*innen erfolgt wie bereits in den letzten Jahren durch verschiedene Instrumente. Zum einen werden Mitarbeiter*innen über Ausschreibungen am freien Markt als auch aus der landesinternen Verwaltung gewonnen. Wie bisher ist je nach Einsatzbedarf und Vorkenntnissen arbeitsplatzbezogen zu klären, ob und in welchen Umfang Aus- und Fortbildung (verwaltungsintern als auch -extern) zu erfolgen hat. Möglich sind hierbei auch landesinterne und externe Kooperationen zur gemeinsamen Aus- und Fortbildung von Fachkräften.

12. Welchen Aus- und Fortbildungsbedarf sieht die Landesregierung aufgrund der digitalen Transformation für die Beschäftigten der Landesfinanzverwaltung und welche Change-Management-Aktivitäten wurden aufgrund der fortschreitenden Digitalisierung innerhalb der Landesfinanzverwaltung gegenüber dem Personal erbracht?

Neue KONSENS-Produkte werden vor Einführung auch daraufhin untersucht, in welchem Umfang Schulungen und ggfs. organisatorische Vorbereitungen (einschl. Change-Management-Prozessen) notwendig sind.

Ggfs. ergeben sich auch grundsätzliche Erfordernisse einer Organisationsänderung aus der Summe der Veränderungen durch die schrittweise Einführung von digitalen Prozessen. Ein Beispiel hierfür ist die in den letzten Jahren erfolgreich umgesetzte Reorganisation der Veranlagungsbereiche in den Finanzämtern. Bei dieser sehr großen Maßnahme – betroffen waren rd. 1.500 Mitarbeiterinnen und Mitarbeiter – wurden umfangreiche Aktivitäten im Change-Management – auch mit externer Unterstützung – entwickelt und umgesetzt.

- 9 -

Auch neue technische Lösungen zur Unterstützung der Außendienste werden natürlich durch Schulungen, aber auch durch den Einsatz von technisch versierten Fachprüferinnen und -prüfern, die als ständige Ansprechpartner zur Verfügung stehen, unterstützt.

13. Inwieweit und für welche Verfahren ist innerhalb der Landesfinanzverwaltung der Einsatz von Natural Language Processing (NLP), Machine Learning bzw. Künstliche Intelligenz zur Betrugsbekämpfung (Fraud Prevention and Detection), von Chatbots bzw. Avatars, Künstlicher Intelligenz (z.B. Robotic Process Automation) im Bereich von unstrukturierten Daten und von Optischer Zeichen- und Texterkennung (Optical Character Recognition) geplant bzw. bereits umgesetzt?

Im Rahmen der Weiterentwicklung des Scanverfahrens wird neben den bisher scanbar zu erfassenden strukturierten Daten auch in den nächsten Jahren der Ausbau hinsichtlich unstrukturierter Daten/Texte erfolgen, ebenso wie im Bereich der Übermittlung dieser seitens Steuerpflichtiger oder Berater*innen.

Ab 2021 wird im Finanzamt für Zentrale Prüfungsdienste eine Kriminalanalysesoftware eingesetzt, mit der die Steuerfahnder*innen mit Unterstützung von KI-Methoden Daten zur Aufdeckung und Verfolgung von Umsatzsteuerbetrug analysieren können.

Im KONSENS-Verbund wird ein Chatbot zur Beantwortung von Anfragen zu steuerrechtlichen Themen ca. 2024 für Teilbereiche zum Einsatz kommen. Ggf. ist eine landeseigene Lösung bei Zurverfügungstellung der notwendigen Ressourcen auch schon früher möglich.

14. Welche Qualitätssicherungsverfahren sind vorgesehen, um die Funktionsweise von algorithmischen Entscheidungsassistenzsystemen oder vollautomatisierten Entscheidungssystemen (z.B. entsprechend rechtlicher oder ethischer Anforderungen) zu prüfen, und welche Kriterien sollen einer derartigen Prüfung zugrunde liegen?

Die eingesetzten Lösungen werden im Rahmen ihrer Programmierung bzw. ihres Einsatzes hinsichtlich ihrer Funktionsfähigkeit unter Beachtung der Anforderungen überprüft. Hierzu bestehen im Rahmen des KONSENS-Verbundes entsprechende Gremien bzw. Rahmenvorgaben zur Umsetzung, welche die aktuellen rechtlichen Vorgaben berücksichtigen.

- 10 -

**15. Inwieweit werden IT-Lösungen bei ihrem Einsatz innerhalb der Landesfinanzver-
waltung auf ihre Barrierefreiheit sowie auf eine Bürgerorientierung und -freundlich-
keit hin überprüft?**

Die eingesetzten Lösungen werden im Rahmen ihrer Programmierung bzw. ihres Einsatzes auf die Barrierefreiheit bzw. Bürgerorientierung hin überprüft. Hierzu bestehen im Rahmen des KONSENS-Verbundes entsprechende Gremien bzw. Rahmenvorgaben zur Umsetzung, welche die aktuellen rechtlichen Vorgaben berücksichtigen.

Mit freundlichen Grüßen

Monika Heinold

B   Rohdaten der DESI-Analyse

Land	5a1/5a2/5a3/5a4	a-DESI 2020	BIP[1]	RDE[2]	Fläche
Belgien (BE)	52,9/70,1/87,8/93	76	$47.541	-251	1141
Bulgarien (BG)	60,9/34,1/79,4/92,6	66,8	$9.026	590	300
Dänemark (DK)	91,2/68,9/98,6/100	89,7	$65.147	219	671
Deutschland (DE)	49,3/41,1/89,8/92,1	68,1	$47.628	-629	1519
Estland (EE)	93,1/89,6/97,9/100	95,2	$20.742	790	100
EU (EU)	67,3/59,4/89,8/87,6	76	$37.104	0	890
Finnland (FI)	94,4/81,9/95,8/92,1	91,1	$49.241	452	438
Frankreich (FR)	76,2/39,8/92,6/92,6	75,3	$44.317	-205	1095
Griechenland (EL)	39,1/24,5/84,3/63,1	52,8	$24.024	-244	1134
Irland (IE)	76,4/57,1/88/99	80,1	$79.703	-696	1586
Italien (IT)	32,3/48,3/92,3/94,5	66,9	$35.614	-289	1179
Kroatien (HR)	65,3/33,1/72,9/65,3	59,2	$16.455	219	671
Lettland (LV)	83,1/85,6/96,4/90,2	88,8	$16.698	703	187
Litauen (LT)	80,9/88,3/96,1/93,2	89,6	$18.427	698	192
Luxemburg (LU)	57,8/66,5/89,6/99	78,2	$111.062	-1531	2421
Malta (MT)	56,8/100/100/93,8	87,7	$28.943	534	356
Niederlande (NL)	85,9/77,5/89,6/84,5	84,4	$55.690	21	869
Österreich (AT)	70/81,4/97,4/93,1	85,5	$50.655	156	734
Polen (PL)	54,2/58/86,8/75,4	68,6	$17.387	344	546
Portugal (PT)	69,8/81,9/98,6/87,5	84,5	$24.590	509	381
Rumänien (RO)	82,2/10,4/70,3/53,3	54,1	$12.131	333	557
Schweden (SE)	89,3/75,6/91,8/92,4	87,3	$57.975	154	736
Slowakei (SK)	52,2/37,6/85/84,1	64,7	$21.039	147	743

Land	5a1/5a2/5a3/5a4	a-DESI 2020	BIP[1]	RDE[2]	Fläche
Slowenien (SI)	58,6/64/91,3/76,7	72,7	$27.152	149	741
Spanien (ES)	81,9/80,3/95,8/93,2	87,8	$33.350	483	407
Tschechische Republik (CZ)	50,8/52,5/82,1/79,8	66,3	$23.834	87	803
Ungarn (HU)	55,2/41,8/86,8/85,3	67,3	$17.466	319	571
Vereinigtes Königreich (UK)	88,5/20,9/92,6/97,2	74,8	$43.688	-211	1101
Zypern (CY)	50,9/60/78,9/91,1	70,2	$32.093	-66	956

[1] BIP pro Kopf für das Jahr 2019
[2] Relative Digitalisierungs-Effizienz

Tabelle B.1: Rohdaten der DESI-Analyse

C Codebuch

Das Codebuch unterteilt sich in die folgenden 15 Kategorien:

1. Bewertung föderaler Aufbau und europäischer Vergleich

2. Strategische Implementierung / Meilensteine

3. Stabstellen für Digitalisierung, Einbeziehung Bürgererwartung

4. Umstellung analog zu digital & Digitalisierungsfortschritt

5. Leistungen nach dem OZG & Umsetzung

6. Anpassungsbedarf für Steuerrecht, IT-/Arbeitsprozesse

7. Beiträge KONSENS & Erhöhung

8. Digitale Steuererklärungen und Steuerbescheide

9. Förderung digitale Nutzung und ELSTER

10. Arbeitsplätze mit Homeoffice-Möglichkeit

11. Einstellung IT-Kräfte, Gebiete mit Bedarf, Rekrutierungswege

12. Aus- und Fortbildungsbedarf & Change Management

13. Einsatz moderner digitaler Verfahren

14. Qualitätssicherungsverfahren und Kriterien

15. Barrierefreiheit, Bürgerorientierung /-freundlichkeit der IT

Jede Kategorie steht für die Kodierung der Antworten der Grundfragen (siehe Tabelle 3.1, S. 53). Das Codebuch enthält für jede Kodierung (Code) die Codebeschreibung, ein Anwendungsbeispiel sowie Angaben zur Codiereinheit und zur Erzeugung des Codes.

Für Subcodes bzw. Sub-sub-codes wurde auf eine Codebeschreibung sowie ein Anwendungsbeispiel aus Gründen der Übersichtlichkeit und Begrenzung des Umfangs verzichtet.

1 Bewertung föderaler Aufbau und europäischer Vergleich

Dieser Code wird vergeben, wenn Bewertungen zum föderalen Aufbau der deutschen Steuerverwaltungen in Hinblick auf die Fortschritte bei der Digitalisierung und im europäischen Vergleich genannt, erläutert oder in Beziehung gesetzt werden. Eingeschlossen im Code sind zudem eigene Positionen und Bewertungen der befragten Stelle zu den vorgenannten Punkten.

Anwendungsbeispiel: „Der Föderalismus in Deutschland ist ein geschichtlich gewachsenes und die Vielfältigkeit der Länder aufnehmendes wesentliches Strukturelement unseres Staates. [...] Die deutsche Steuerverwaltung ist dabei gut aufgestellt. Ein Vergleich mit anderen europäischen Ländern ist im Hinblick auf die unterschiedlichen Steuergesetze und der daraus resultierenden Komplexität nur schwer herstellbar." (Nordrhein-Westfalen (NW), Frage 1)

Code	(1)	(2)	(3)
1 Bewertung föderaler Aufbau und europäischer Vergleich	G	d	0
1.1 Bewertung föderaler Aufbau	S	d	0
1.1.1 negative Bewertungen	S	i	0
1.1.1.1 Medienbrüche zwischen Bundesländern	S	i	1
1.1.2 positive Bewertungen	S	i	0
1.1.2.1 Abbau von Hemmnissen	S	i	1
1.1.2.2 Höhere Effizienz	S	i	1
1.1.2.3 Synergieeffekte	S	i	2
1.1.2.4 Vermeidung von Doppelarbeiten und Insellösungen	S	i	3
1.1.2.5 Einvernehmliches Vorgehen	S	i	1
1.1.2.6 Förderlich für die Digitalisierung	S	i	2
1.1.2.7 Wirtschaftlichkeit	S	i	3
1.1.2.8 Berücksichtigung der Vielfältigkeit & Besonderheiten der Länder	S	i	6
1.1.2.9 Schaffung von Einheitlichkeit	S	i	9

Code	(1)	(2)	(3)
1.1.2.10 Intensive Zusammenarbeit	S	i	3
1.2 Europäischer Vergleich	S	d	0
1.2.1 Föderaler Aufbau als nicht störend empfunden	S	i	1

(1) Codiereinheit (G - Gesamte Antwort; S - Sinneinheit (Wort/Textsegment))

(2) Erzeugung (d - deduktiv; i - induktiv)

(3) Anzahl der Zuordnungen

Tabelle C.1: Codierungen zur Grundfrage 1

2 Strategische Implementierung / Meilensteine

Dieser Code wird vergeben, wenn Aussagen zur strategischen Implementierung der digitalen Transformation in der Landesfinanzverwaltung bzw. zu den Meilensteinen und Terminen genannt, erläutert oder in Beziehung gesetzt werden. Eingeschlossen im Code sind zudem eigene Positionen und Bewertungen der befragten Stelle zu den vorgenannten Punkten.

Anwendungsbeispiel: „Über den neu geschaffenen IT-Strategieprozess erfolgt seit 2017 eine behördenübergreifende kontinuierliche strategische Ausrichtung und Modernisierung der IT mittels vereinbarter Zielperspektiven und konkreten jährlich vereinbarten Modernisierungsmaßnahmen. Dieser Strategieprozess wird seit seiner Einführung sukzessive in seinen Instrumenten und damit in seiner Wirksamkeit verfeinert. U.a. lag hier einer der Ursprünge für den neuen Standort Paderborn." (Nordrhein-Westfalen (NW), Frage 2); „Wesentliche Meilensteine auf dem Weg einer stetig fortschreitenden Digitalisierung der Steuerverwaltung sind das Verwaltungsabkommen zum Vorhaben KONSENS (2005) und das KONSENS-Gesetz, das in einem gemeinsamen Gesetzgebungsverfahren mit dem Onlinezugangsgesetz (OZG) entstand und zum 01.01.2019 in Kraft trat." (Niedersachsen (NI), Frage 2)

Code	(1)	(2)	(3)
2 Strategische Implementierung / Meilensteine	G	d	11
2.1 Plattform für den Austausch mit Externen	S	i	1

Code	(1)	(2)	(3)
2.2 Zentrales Rechenzentrum	S	i	1
2.3 Digitale Steuererklärung und Digitaler Verwaltungsakt (DIVA)	S	i	4
2.4 IT-Sicherheitszentrum	S	i	1
2.5 DE-Mail	S	i	1
2.6 Elektronischer Rechtsverkehr	S	i	1
2.7 BZSt-Online-Portal	S	i	3
2.8 Digitales Unternehmenskonto Mein UP	S	i	5
2.9 Onlinezugangsgesetz (OZG)	S	i	3
2.10 ELSTER	S	i	8
2.11 Dataport-Verbund	S	i	1
2.12 KONSENS	S	i	12
2.13 Service Desk	S	i	1
2.14 Auftragsmanagement und Auftragscontrolling	S	i	1
2.15 IT-Service-Management	S	i	1
2.16 IT-Strategieprozess	S	i	1

(1) Codiereinheit (G - Gesamte Antwort; S - Sinneinheit (Wort/Textsegment))

(2) Erzeugung (d - deduktiv; i - induktiv)

(3) Anzahl der Zuordnungen

Tabelle C.2: Codierungen zur Grundfrage 2

3 Stabstellen für Digitalisierung, Einbeziehung Bürgererwartung

Dieser Code wird vergeben, wenn Aussagen zu Kompetenzzentren im Sinne einer Stabstelle für Digitalisierung von der Landesfinanzverwaltung bzw. eines IT-Architekturmanagements sowie zur Einbeziehung von Bürgererwartungen in Bezug auf digitale Services genannt, erläutert oder in Beziehung gesetzt werden. Eingeschlossen im Code sind zudem eigene Positionen und Bewertungen der befragten Stelle zu den vorgenannten Punkten.

Anwendungsbeispiel: „Wie in der Antwort zu Frage 1 ausgeführt, ist die Digitalisierung der Steuerverwaltung kein singuläres Vorhaben der Steuerverwaltung in Thüringen, sondern der Steuerverwaltungen der Länder insgesamt. Kompetenzzentren im Sinne der Anfrage können deshalb nur auf der Ebene von KONSENS gebildet werden. Auf Grundlage des KONSENS-Gesetzes wurde im Vorhaben KONSENS eine Gesamtleitung eingerichtet. Die Gesamtleitung ist die Stabstelle und für die operative Steuerung in KONSENS verantwortlich." (Thüringen (TH), Frage 3)

Code	(1)	(2)	(3)
3 Stabstellen f. Digitalisierung, Einbeziehung Bürgererwartung	G	d	11
3.1 Einrichtung von Stabstellen	S	d	0
3.1.1 Zusätzliche landeseigene Stabstelle	S	i	2
3.1.2 Stabstelle nur über KONSENS	S	i	9
3.2 Einbeziehung von Bürgererwartungen	S	d	0
3.2.1 Erhebung über ELSTER	S	i	10
3.2.2 Erhebung über KONSENS	S	i	1
3.2.3 Erhebung aus länderübergreifenden Gremien	S	i	1
3.2.4 Keine Erhebung auf Landesebene	S	i	1
3.2.5 Erhebung auf Landesebene	S	i	2

(1) Codiereinheit (G - Gesamte Antwort; S - Sinneinheit (Wort/Textsegment))

(2) Erzeugung (d - deduktiv; i - induktiv)

(3) Anzahl der Zuordnungen

Tabelle C.3: Codierungen zur Grundfrage 3

4 Umstellung analog zu digital & Digitalisierungsfortschritt

Dieser Code wird vergeben, wenn Arbeiten bzw. Programme zur Umstellung von Teilbereichen der Steuerverwaltung von eher analogen auf komplett digitale Prozesse sowie Aussagen zu deren Abschluss und Zeiträumen genannt, erläutert oder in Beziehung gesetzt werden. Eingeschlossen im Code sind zudem eigene Positionen und Bewertungen der befragten Stelle zu den vorgenannten Punkten.

Anwendungsbeispiel: „Die Ablösung der rein analogen Verarbeitung steuerlicher Prozesse begann bereits Ende der 1960er-Jahre und wurde bis zum Beginn des Vorhabens KONSENS in den 2000er-Jahren insbesondere in den Kernbereichen Steuerfestsetzung und Steuererhebung bundesweit vorangebracht. Die Digitalisierung in der Steuerverwaltung wurde in den letzten Jahren kontinuierlich ausgebaut und weiterentwickelt." (Thüringen (TH), Frage 4)

Code	(1)	(2)	(3)
4 Umstellung analog zu digital & Digitalisierungsfortschritt	G	d	10
4.1 Arbeiten/Programme	S	d	0
4.1.1 Programmierverbünde (allgemein)	S	i	0
4.1.1.1 KONSENS (allgemein)	S	i	6
4.1.1.2 IABV allgemein)	S	i	1
4.1.2 Grundsteuer	S	i	1
4.1.3 ELSTER	S	i	6
4.1.4 GINSTER 2019	S	i	3
4.1.5 SESAM & SteuBel 2017-2018	S	i	5
4.1.6 KMV 2016	S	i	2
4.1.7 GDA	S	i	2
4.1.8 RMS	S	i	2
4.1.9 ZEDO (NRW)	S	i	1

Code	(1)	(2)	(3)
4.1.10 e-Posteingang	S	i	1
4.1.11 KDIALOG	S	i	1
4.1.12 Prometheuss (SteuFa)	S	i	1
4.1.13 Pingo (Außenprüfungsstellen)	S	i	1
4.1.14 Vo-System	S	i	1
4.1.15 e-Akte	S	i	1
4.2 Digitalisierungsfortschritt	S	d	0
4.2.1 kaum noch analoge Prozesse	S	i	1
4.2.2 weitgehend medienbruchfrei digitalisiert	S	i	4
4.2.3 dauerhafter kontinuierlicher Prozess	S	i	2

(1) Codiereinheit (G - Gesamte Antwort; S - Sinneinheit (Wort/Textsegment))

(2) Erzeugung (d - deduktiv; i - induktiv)

(3) Anzahl der Zuordnungen

Tabelle C.4: Codierungen zur Grundfrage 4

5 Leistungen nach dem OZG & Umsetzung

Dieser Code wird vergeben, wenn Leistungen nach dem Onlinezugangsgesetz (OZG) sowie Aussagen zu deren Umsetzung, Fortschritt und eigenen Bemühungen genannt, erläutert oder in Beziehung gesetzt werden. Eingeschlossen im Code sind zudem eigene Positionen und Bewertungen der befragten Stelle zu den vorgenannten Punkten.

Anwendungsbeispiel: „Das Themenfeld Steuern und Zoll umfasst insgesamt 33 OZG-Leistungen, davon liegen 21 im föderalen Bereich. In der Lebenslage 'Steuererklärung' sind die Leistungen für die Einkommensteuer und Kirchensteuer bereits OZG-konform über ELSTER umgesetzt und werden ständig weiterentwickelt. Die Umsetzung der Erbschaft- und Schenkungsteuererklärung über ELSTER steht noch aus." (Bremen (HB), Frage 5)

Code	(1)	(2)	(3)
5 Leistungen nach dem OZG und Umsetzung	G	d	10
5.1 Identifizierte Leistungen	S	d	0
5.1.1 Nennung von OZG-Leistungen	S	i	6
5.1.2 Verweis auf OZG-Informationsplattform	S	i	6
5.2 Umsetzung	S	d	0
5.2.1 befindet sich im Zeitplan	S	i	1
5.2.2 Identifizierte Leistungen nahezu vollständig realisiert	S	i	1
5.2.3 wird termingerecht abgeschlossen / realistisch	S	i	6
5.3 Eigene Bemühungen des Landes	S	d	0
5.3.1 ja	S	i	3
5.3.2 sind obsolet	S	i	2
5.4 Fortschritte	S	i	0
5.4.1 vorbildlich	S	i	1
5.4.2 gut	S	i	2

(1) Codiereinheit (G - Gesamte Antwort; S - Sinneinheit (Wort/Textsegment))

(2) Erzeugung (d - deduktiv; i - induktiv)

(3) Anzahl der Zuordnungen

Tabelle C.5: Codierungen zur Grundfrage 5

6 Anpassungsbedarf für Steuerrecht, IT-/Arbeitsprozesse

Dieser Code wird vergeben, wenn Aussagen zu einem Anpassungsbedarf bei steuerrechtlichen Vorschriften sowie bei IT- und Arbeitsprozessen innerhalb der Landesfinanzverwaltung genannt, erläutert oder in Beziehung gesetzt werden. Eingeschlossen im Code sind zudem eigene Positionen und Bewertungen der befragten Stelle zu den vorgenannten Punkten.

Anwendungsbeispiel: „Der Anpassungsbedarf bei steuerrechtlichen Vorschriften sowie bei IT- und Arbeitsprozessen ist groß und verlangt nach einer Vernetzung der Entscheidungsträgerinnen und Entscheidungsträger zu den genannten Bereichen sowie nach einer austarierten Abstimmung hinsichtlich der unterschiedlichen Anforderungen und Interessen." (Hamburg (HH), Frage 6)

Code	(1)	(2)	(3)
6 Anpassungsbedarf Steuerrecht, IT-/Arbeitsprozesse	G	d	10
6.1 Anpassungsbedarf steuerrechtlicher Vorschriften	S	d	0
6.1.1 Zukünftige Vorschriften	S	i	0
6.1.1.1 Berücksichtigung IT-Umsetzungsaufwand	S	i	1
6.1.1.2 Digital-TÜV	S	i	1
6.1.1.3 IT-gerechte Ausgestaltung	S	i	3
6.1.2 Bisherige Vorschriften	S	i	0
6.1.2.1 Großer Anpassungsbedarf	S	i	1
6.1.2.2 Kein Anpassungsbedarf	S	i	8
6.2 IT- und Arbeitsprozesse	S	d	0
6.2.1 Erhöhung Personalkapazitäten KONSENS	S	i	1
6.2.2 Ausrichtung am optimalen Geschäftsprozess	S	i	1
6.2.3 Laufende Abstimmung	S	i	4
6.2.4 Ausbau elektronischer Kommunikation	S	i	1
6.2.5 Elektronische Serviceangebote	S	i	1

(1) Codiereinheit (G - Gesamte Antwort; S - Sinneinheit (Wort/Textsegment))

(2) Erzeugung (d - deduktiv; i - induktiv)

(3) Anzahl der Zuordnungen

Tabelle C.6: Codierungen zur Grundfrage 6

7 Beiträge KONSENS & Erhöhung

Dieser Code wird vergeben, wenn Aussagen zu den Beiträgen innerhalb der Steuerungsgruppen des KONSENS-Verbunds und darüber hinaus von der Landesfinanzverwaltung bzw. zu einer verbindlichen Erhöhung ihrer Beiträge (über den Beschluss der Finanzministerkonferenz hinaus) zur KONSENS-Finanzplanung mit dem Ziel der Schaffung einer echten digitalen Steuerverwaltung genannt, erläutert oder in Beziehung gesetzt werden. Eingeschlossen im Code sind zudem eigene Positionen und Bewertungen der befragten Stelle zu den vorgenannten Punkten.

Anwendungsbeispiele: „Die Freie und Hansestadt Hamburg (FHH) leistet wichtige Beiträge innerhalb der Steuerungsgruppen des KONSENS-Verbundes. Im Auftraggeber-Gremium wirkt die FHH im Rahmen des Bund-Länder-Gremiums der Referatsleiterinnen und Referatsleiter Automation und Organisation kontinuierlich mit." (Hamburg (HH), Frage 7); „Eine weitere Budgeterhöhung würde nicht automatisch zu einer höheren Anzahl umgesetzter Anforderungen führen, weil die Gewinnung geeigneten Personals auch aufgrund der beamtenrechtlichen Besoldung und tarifvertraglicher Vereinbarungen Beschränkungen unterliegt." (Hessen (HE), Frage 7)

Code	(1)	(2)	(3)
7 Beiträge KONSENS und Erhöhung	G	d	10
7.1 Arten von Beiträgen	S	d	0
7.1.1 Aktive Mitarbeit	S	i	5
7.1.2 Finanzielle Beteiligung	S	i	8
7.2 Verbindliche Erhöhung der Beiträge	S	d	0
7.2.1 Nur entsprechend aktuellem FMK-Beschluss	S	i	10
7.2.2 Nein	S	i	4
7.3 Schaffung einer echten digitalen Steuerverwaltung	S	d	0
7.3.1 Mehr IT-Fachpersonal beschleunigt nicht Programmierungsarbeit	S	i	1
7.3.2 Rekrutierung von geeignetem Personal	S	i	2

Code	(1)	(2)	(3)
7.3.3 Nicht durch Erhöhung der Finanzen erreichbar	S	i	3
7.3.4 Alternative Lösungsmöglichkeiten identifizieren	S	i	1
7.4 Abrechnung der Beiträge	S	i	0
7.4.1 nicht vorgesehen	S	i	1

(1) Codiereinheit (G - Gesamte Antwort; S - Sinneinheit (Wort/Textsegment))

(2) Erzeugung (d - deduktiv; i - induktiv)

(3) Anzahl der Zuordnungen

Tabelle C.7: Codierungen zur Grundfrage 7

8 Digitale Steuererklärungen und Steuerbescheide

Dieser Code wird vergeben, wenn Aussagen zur Anzahl der Steuererklärungen bzw. zu Steuerbescheiden in den letzten 5 Jahren, die auf digitalen Weg eingereicht bzw. bekannt gegeben wurden, genannt, erläutert oder in Beziehung gesetzt werden. Eingeschlossen im Code sind zudem eigene Positionen und Bewertungen der befragten Stelle zu den vorgenannten Punkten.

Anwendungsbeispiel: „Der Anteil der elektronisch abgegebenen Einkommensteuererklärungen in Hessen ist in den letzten Jahren kontinuierlich gestiegen. Bei Fällen mit Gewinneinkünften bei der Einkommensteuer, bei der Körperschaft-, Umsatz- und Gewerbesteuer sowie bei den Steueranmeldungen besteht eine gesetzliche Verpflichtung, die Steuererklärungen in elektronischer Form abzugeben. Bis auf wenige Härtefälle gehen hier alle Steuererklärungen elektronisch beim Finanzamt ein. Erstmalig ab dem Kalenderjahr 2020 können sich alle hessischen Bürgerinnen und Bürger ihren Einkommensteuer-Erstbescheid für den Veranlagungszeitraum 2019 elektronisch bekannt geben lassen." (Hessen (HE), Frage 8)

Code	(1)	(2)	(3)
8 Digitale Steuererklärungen und Steuerbescheide	G	d	11
8.1 Anzahl der digitalen Steuererklärungen	Q	d	0
8.2 Anzahl der digitalen Steuerbescheide	Q	d	0

(1) Codiereinheit (G - Gesamte Antwort; Q - Qualitative Erfassung)

(2) Erzeugung (d - deduktiv; i - induktiv)

(3) Anzahl der Zuordnungen

Tabelle C.8: Codierungen zur Grundfrage 8

9 Förderung digitale Nutzung und ELSTER

Dieser Code wird vergeben, wenn Aussagen zu den beabsichtigten Mitteln der Landesregierung zur finanziellen und organisatorischen Förderung der Inanspruchnahme der digitalen Bereitstellung von rechtsverbindlichen Einkommensteuerbescheiden (DIVA) bzw. zur Nutzung der „Mein Elster"-Oberfläche in den nächsten 5 Jahren genannt, erläutert oder in Beziehung gesetzt werden. Eingeschlossen im Code sind zudem eigene Positionen und Bewertungen der befragten Stelle zu den vorgenannten Punkten.

Anwendungsbeispiel: „Die Nutzung der Schlüsselanwendung ELSTER und der damit zusammenhängenden Anwendungen wird seit der Verfahrenseinführung in 1999 kontinuierlich beworben." (Rheinland-Pfalz (RP), Frage 9)

Code	(1)	(2)	(3)
9 Förderung digitale Nutzung und ELSTER	G	d	10
9.1 Werbung über KONSENS	S	i	0
9.1.1 Einsatz von Werbemitteln	S	i	3
9.1.2 Informationsblätter	S	i	2
9.1.3 Werbung in Printmedien	S	i	3
9.1.4 Plakatkampagnen	S	i	3
9.1.5 Werbung im Personennahverkehr und Bahnverkehr	S	i	3

Code	(1)	(2)	(3)
9.1.6 Werbung auf digitalen Kanälen bzw. über digitale Formate	S	i	2
9.2 Keine Förderung	S	i	3
9.3 Eigene Initiativen	S	i	0
9.3.1 Vor-Ort-Registrierungen	S	i	1
9.3.2 Werbung auf Homepage	S	i	1
9.3.3 Bürgeranschreiben	S	i	1
9.3.4 Werbeartikel	S	i	1
9.3.5 Informationsveranstaltungen	S	i	2
9.3.6 Werbung durch Finanzämter	S	i	2
9.3.7 Werbung auf Messen / Veranstaltungen	S	i	2
9.3.8 Plakate / Flyer	S	i	2
9.3.9 Investitionen in eigene IT-Infrastruktur	S	i	1
9.3.10 Servicehotline ELSTER	S	i	2

(1) Codiereinheit (G - Gesamte Antwort; S - Sinneinheit (Wort/Textsegment))

(2) Erzeugung (d - deduktiv; i - induktiv)

(3) Anzahl der Zuordnungen

Tabelle C.9: Codierungen zur Grundfrage 9

10 Arbeitsplätze mit Homeoffice-Möglichkeit

Dieser Code wird vergeben, wenn Aussagen zur Anzahl der Arbeitsplätze in der Landesfinanzverwaltung (prozentual bzw. absolut), welche mobil bzw. als Telearbeitsplatz so ausgestaltet sind, dass Beschäftigte jederzeit auch im Homeoffice arbeiten können, genannt, erläutert oder in Beziehung gesetzt werden. Eingeschlossen im Code sind zudem eigene Positionen und Bewertungen der befragten Stelle zu den vorgenannten Punkten.

Anwendungsbeispiel: „Von den annähernd 4.000 Arbeitsplätzen in der Steuerverwaltung sind derzeit knapp 90 Prozent technisch so ausgestattet, dass eine Beschäftigung im Homeoffice möglich wäre." (Hamburg (HH), Frage 10)

Code	(1)	(2)	(3)
10 Arbeitsplätze mit Homeoffice-Möglichkeit	G	d	11
10.1 Anzahl der Arbeitsplätze	Q	d	0

(1) Codiereinheit (G - Gesamte Antwort; Q - Quantitative Erfassung)
(2) Erzeugung (d - deduktiv; i - induktiv)
(3) Anzahl der Zuordnungen

Tabelle C.10: Codierungen zur Grundfrage 10

11 Einstellung IT-Kräfte, Gebiete mit Bedarf, Rekrutierungswege

Dieser Code wird vergeben, wenn Aussagen zur Anzahl von eingestellten IT-Fachkräften seit dem Jahr 2017, zu Gebieten der Landesfinanzverwaltung mit besonderem Bedarf für IT-Nachwuchskräfte und zu den Wegen der Gewinnung (Rekrutierung) genannt, erläutert oder in Beziehung gesetzt werden. Eingeschlossen im Code sind zudem eigene Positionen und Bewertungen der befragten Stelle zu den vorgenannten Punkten.

Anwendungsbeispiel: „Das IT-Referat der Steuerverwaltung hat im genannten Zeitraum einen Personalaufwuchs von 76 auf heute 104 erfahren. Somit fand eine Steigerung um rund 40 Prozent statt." (Hamburg (HH), Frage 11)

Code	(1)	(2)	(3)
11 Einstellung IT-Kräfte, Gebiete mit Bedarf, Rekrutierungswege	G	d	11
11.1 Anzahl der Einstellungen	Q	d	0
11.2 Gebiete mit besonderem Bedarf für IT-Nachwuchs	S	d	0
11.2.1 Steueraufsicht	S	i	1

Code	(1)	(2)	(3)
11.2.2 IT-Referat des Ministeriums	S	i	1
11.2.3 IT-Projektmanagement	S	i	1
11.2.4 IT-Sicherheit	S	i	1
11.2.5 Netzwerk- und IT-Architektur	S	i	1
11.2.6 Programmierung	S	i	2
11.2.7 IT-Fahnder	S	i	2
11.2.8 Beweissicherung und Aufbereitung in Steuerstrafverfahren	S	i	2
11.2.9 Datenauswertung	S	i	1
11.2.10 IT-Support (Betreuung Hard- und Software) inkl. Betrieb	S	i	4
11.2.11 Rechenzentrum der Finanzverwaltung	S	i	3
11.3 Wege der Rekrutierung	S	d	0
11.3.1 Trainee-Programme	S	i	1
11.3.2 Anerkennung von externen Hochschulabschlüssen	S	i	2
11.3.3 Rückgriff auf vorhandene IT-affine Steuerbeamte	S	i	5
11.3.4 Externe und interne Stellenausschreibungen (Direkteinstellung)	S	i	8
11.3.5 Ausbildung Fachinformatiker	S	i	3
11.3.6 IT-Laufbahn / Duales Studium	S	i	9
11.4 Unterstützende Maßnahmen zur Rekrutierung	S	i	0
11.4.1 Stipendien	S	i	1
11.4.2 Konzept mit attraktiver Außendarstellung	S	i	1
11.4.3 IT-Fachkräftegewinnungszuschlag	S	i	1
11.4.4 Vereinbarkeit Familie, Beruf und Pflege	S	i	1
11.4.5 Arbeitsplatzsicherheit / Verbeamtung	S	i	3

Code	(1)	(2)	(3)
11.4.6 Aufgabengerechte Vergütung	S	i	1
11.4.7 Gewährung von Zulagen	S	i	2

(1) Codiereinheit (G - Gesamte Antwort; Q - Quantitative Erfassung;
S - Sinneinheit (Wort/Textsegment)); (2) Erzeugung (d - deduktiv; i - induktiv)
(3) Anzahl der Zuordnungen

Tabelle C.11: Codierungen zur Grundfrage 11

12 Aus- und Fortbildungsbedarf & Change Management

Dieser Code wird vergeben, wenn Aussagen zu einem Aus- und Fortbildungsbedarf aufgrund der digitalen Transformation für die Beschäftigten der Landesfinanzverwaltung bzw. zu erbrachten Change-Management-Aktivitäten aufgrund der fortschreitenden Digitalisierung innerhalb der Landesfinanzverwaltung gegenüber dem Personal genannt, erläutert oder in Beziehung gesetzt werden. Eingeschlossen im Code sind zudem eigene Positionen und Bewertungen der befragten Stelle zu den vorgenannten Punkten.

Anwendungsbeispiel: „Im Rahmen der Einführung im Geschäftsbereich des Finanzministeriums (Rollout-Beginn in 2021) wird ein entsprechender Change-Management-Prozess durchlaufen. Dieser umfasst die ausführliche Kommunikation und Einbindung der Beschäftigten auf Grundlage einer Betroffenheitsanalyse." (Baden-Württemberg (BW), Frage 12)

Code	(1)	(2)	(3)
12 Aus- und Fortbildungsbedarf und Change-Management	G	d	11
12.1 Aus- und Fortbildungsbedarf	S	d	0
12.1.1 Ausbildungsbedarf	S	d	0
12.1.1.1 Zentrale Schulungsplattform	S	i	1
12.1.1.2 Dozentenschulungen	S	i	1
12.1.1.3 Lernplattform ILIAS	S	i	2

Code	(1)	(2)	(3)
12.1.1.4 Videoeinsatz im Unterricht	S	i	1
12.1.1.5 Umfassende EDV-Anwenderschulungen	S	i	3
12.1.1.6 Technische Modernisierung Lehrsäle	S	i	1
12.1.1.7 Umfassende Bereitstellung von Hard- und Software	S	i	1
12.1.1.8 Digitale Lehre / Nutzung virtueller Räume	S	i	2
12.1.1.9 Umgang mit sich stetig verändernder digitaler Technik	S	i	2
12.1.1.10 Vermittlung digitaler Kompetenzen	S	i	3
12.1.1.11 Veränderungen bei den Abschlussprüfungen	S	i	1
12.1.1.12 Veränderungen bei den Lernerfolgskontrollen	S	i	1
12.1.1.13 Veränderungen beim Lernprozess	S	i	1
12.1.1.14 Veränderungen bei der pädagogischen und didaktischen Begleitung	S	i	1
12.1.2 Fortbildungsbedarf	S	d	0
12.1.2.1 Schulungen durch Bundesfinanzakademie	S	i	1
12.1.2.2 E-Learning-Seminare	S	i	2
12.1.2.3 Regelmäßige Besprechungen / Tagungen	S	i	2
12.1.2.4 Informationen im Intranet	S	i	2
12.1.2.5 Schulung „Führen in der Digitalisierung"	S	i	4
12.1.2.6 Administratorenschulungen	S	i	1
12.1.2.7 Schulungen zur Nutzung neuer Medien	S	i	2
12.1.2.8 Förderung von digitalen Kompetenzen	S	i	1
12.1.2.9 Überprüfung der Inhalte des Fortbildungsprogramms	S	i	1
12.1.2.10 Moderne Fortbildungsplattform	S	i	1
12.1.2.11 Blended Learning / e-Learning	S	i	2

Code	(1)	(2)	(3)
12.1.2.12 Bewusstsein f. eigenständiges, flexibles u. lebenslanges Lernen	S	i	1
12.1.2.13 Moderne Lernkultur	S	i	1
12.1.2.14 Regelmäßige Software-Verfahrensschulungen	S	i	6
12.1.2.15 Digitale Veränderungen vor Ort begleiten	S	i	1
12.1.2.16 Fortlaufende Anpassung der Inhalte und Vermittlungsmethodik	S	i	1
12.2 Change-Management-Aktivitäten	S	d	0
12.2.1 Externe Unterstützung	S	i	1
12.2.2 Studiengang "Diplom-Verwaltungsinformatiker"	S	i	3
12.2.3 Bundesweites Projekt "Qualifica Digitales"	S	i	2
12.2.4 Betroffenenanalyse mit Change-Management-Prozess	S	i	1
12.2.5 Kompetenzteam Veränderungsmanagement und Orga-Etwicklung	S	i	1
12.2.6 Einsatz von Webseminar-Software	S	i	1
12.2.7 IT-Schulungen für Führungskräfte	S	i	1
12.2.8 Seminar „Führen in Veränderungsprozessen" für SGL-Qualifizierung	S	i	2
12.2.9 Projekt zur Arbeitszufriedenheit (digitale Arbeitsumgebung)	S	i	1
12.2.10 EDV-Ansprechpartner	S	i	1

(1) Codiereinheit (G - Gesamte Antwort; S - Sinneinheit (Wort/Textsegment))

(2) Erzeugung (d - deduktiv; i - induktiv)

(3) Anzahl der Zuordnungen

Tabelle C.12: Codierungen zur Grundfrage 12

13 Einsatz moderner digitaler Verfahren

Dieser Code wird vergeben, wenn Aussagen zum Einsatzstand oder Einsatz von Verfahren innerhalb der Landesfinanzverwaltung von Natural Language Processing (NLP), Machine Learning bzw. Künstliche Intelligenz zur Betrugsbekämpfung (Fraud Prevention and Detection), von Chatbots bzw. Avatars, Künstlicher Intelligenz (z.B. Robotic Process Automation) im Bereich von unstrukturierten Daten und von Optischer Zeichen- und Texterkennung (Optical Character Recognition) genannt, erläutert oder in Beziehung gesetzt werden. Eingeschlossen im Code sind zudem eigene Positionen und Bewertungen der befragten Stelle zu den vorgenannten Punkten.

Anwendungsbeispiel: „Die Nutzung des KONSENS-Chatbot StV für weitere Steuerarten ist in einer nächsten Stufe angedacht. Im Sicherheitszentrum IT in der Finanzverwaltung Baden-Württemberg (SITiF) wird aktuell ein Security Information and Event Management (SIEM)-System in Betrieb genommen. Das System stellt als Funktion das sog. Machine Learning Toolkit zur Verfügung. Mit Hilfe von Machine Learning sind Anomalieerkennungen bei Auswertung von Netzwerkverkehr und Serverprotokolldaten wie bspw. Ausreißererkennung und Vorhersage von Numerischen Werten (bspw. mit Linearer Regression) auf Basis strukturierter Daten geplant." (Baden-Württemberg (BW), Frage 13)

Code	(1)	(2)	(3)
13 Einsatz moderner digitaler Verfahren	G	d	11
13.1 Einsatzstand	S	d	0
13.1.1 IT-Labor	S	i	1
13.1.2 Einsatz wird geprüft	S	i	1
13.1.3 Proof-of-Concepts	S	i	2
13.1.4 Innovation-Labs	S	i	2
13.1.5 Untersuchung Eignung und Einsatz	S	i	3
13.2 Verfahren	S	d	0
13.2.1 Monetary Unit Sampling (MUS)	S	i	1
13.2.2 Avatar als Informationsassistent	S	i	1

Code	(1)	(2)	(3)
13.2.3 Risikomanagementsysteme (RMS)	S	i	4
13.2.4 Machine Learning	S	i	1
13.2.5 OCR	S	i	9
13.2.6 Chatbots	S	i	7
13.2.7 Künstliche Intelligenz (KI) inkl. RPA	S	i	13

(1) Codiereinheit (G - Gesamte Antwort; S - Sinneinheit (Wort/Textsegment))

(2) Erzeugung (d - deduktiv; i - induktiv)

(3) Anzahl der Zuordnungen

Tabelle C.13: Codierungen zur Grundfrage 13

14 Qualitätssicherungsverfahren und Kriterien

Dieser Code wird vergeben, wenn Aussagen zu Qualitätssicherungsverfahren zur Prüfung der Funktionsweise von algorithmischen Entscheidungsassistenzsystemen oder vollautomatischen Entscheidungssystemen, z.B. entsprechend rechtlicher und ethischer Anforderungen, bzw. zu den einer derartigen Prüfung zugrunde liegenden Kriterien genannt, erläutert oder in Beziehung gesetzt werden. Eingeschlossen im Code sind zudem eigene Positionen und Bewertungen der befragten Stelle zu den vorgenannten Punkten.

Anwendungsbeispiel: „Die Risikomanagementsysteme müssen gewisse Anforderungen erfüllen. Nach § 88 Absatz 5 Satz 3 AO muss mindestens gewährleistet sein, dass Fälle anhand einer Zufallsauswahl zur umfassenden Prüfung ausgesteuert werden, prüfungswürdige Sachverhalte durch Amtsträger geprüft werden, Amtsträger-Fälle für eine umfassendere Prüfung ausgewählt werden können und die Risikomanagementsysteme regelmäßig auf ihre Zielerfüllung überprüft werden. Um die Risikoanalyse für die Steuerfälle zu verbessern und an veränderte Gegebenheiten (beispielsweise Gesetzesänderungen) anzupassen, erfolgt eine kontinuierliche Evaluierung und Anpassung der Risikoregeln der angewendeten Risikofilter und ausgegebenen Bearbeitungshinweise auf Bund-Länder-Ebene im Rahmen von Bund-Länder-Arbeitsgruppen. Es wird sichergestellt, dass die aktuelle Rechtslage auch im Rahmen des angewendeten Risikomanagements Beachtung findet. Ethische Anforderungen werden durch die Risikomanagementsysteme nicht geprüft." (Rheinland-Pfalz (RP), Frage 14)

Code	(1)	(2)	(3)
14 Qualitätssicherungsverfahren und Kriterien	G	d	10
14.1 nicht erforderlich / kein Einsatz	S	i	6
14.2 Zufallsauswahl	S	i	2
14.3 Turnusprüfung	S	i	1
14.4 Auswertung Statistiken und Kennzahlen	S	i	1
14.5 Prüfung der Zielerfüllung	S	i	3
14.6 Eingriffsmöglichkeit durch Amtsträger	S	i	2
14.7 Auswertungen und Evaluierungen in Bund-Länder-AG	S	i	2
14.8 Überprüfung bei Gesetzesänderungen	S	i	2
14.9 Prüfung der Funktionsfähigkeit	S	i	1

(1) Codiereinheit (G - Gesamte Antwort; S - Sinneinheit (Wort/Textsegment))

(2) Erzeugung (d - deduktiv; i - induktiv)

(3) Anzahl der Zuordnungen

Tabelle C.14: Codierungen zur Grundfrage 14

15 Barrierefreiheit, Bürgerorientierung /-freundlichkeit der IT

Dieser Code wird vergeben, wenn Aussagen zu Überprüfungen von IT-Lösungen bei ihrem Einsatz innerhalb der Landesfinanzverwaltung hinsichtlich einer Barrierefreiheit sowie Bürgerorientierung und -freundlichkeit genannt, erläutert oder in Beziehung gesetzt werden. Eingeschlossen im Code sind zudem eigene Positionen und Bewertungen der befragten Stelle zu diesen Punkten.

Anwendungsbeispiel: „IT-Lösungen werden für die Steuerverwaltung im Rahmen des Vorhabens KONSENS realisiert. Die Barrierefreiheit der entwickelten und in allen Ländern einzusetzenden Software wird im Rahmen des

festgelegten Freigabe- und Abnahmeverfahrens überprüft. Um die Bürgerfreundlichkeit des Online-Portals 'Mein ELSTER' beurteilen und verbessern zu können, wurden sog. User-Experience-Tests (UX-Tests) mit externer Unterstützung
durchgeführt. Dabei wurden mehrere Testpersonen unter Berücksichtigung einer ausgewogenen Verteilung von Alter, Geschlecht, Beruf und Testgerät mit
Portal-Prototypen konfrontiert und dazu interviewt. Die Antworten der Testpersonen fließen in die Gestaltung des Online-Portals 'Mein ELSTER' ein. Die
Überprüfung der IT-Lösungen erfolgt in der bayerischen Steuerverwaltung durch
das Bayerische Landesamt für Steuern." (Bayern (BY), Frage 15)

Code	(1)	(2)	(3)
15 Barrierefreiheit, Bürgerorientierung / -freundlichkeit der IT	G	d	10
15.1 bürgerfreundlicher Einkommensteuerbescheid (BürStE)	S	i	2
15.2 User-Experience-Tests	S	i	1
15.3 Externe Prüfstellen bei neuen IT-Verfahren	S	i	1
15.4 Nutzer-Interviews	S	i	1
15.5 Inhalte in „leichter Sprache"	S	i	4
15.6 Barrierefreier Zugang Homepage	S	i	2
15.7 Barrierefreie Übersetzung	S	i	2
15.8 Lenkungskreis "Bürgernahe Sprache"	S	i	4
15.9 Software für Blinde	S	i	2
15.10 Format PDF/A	S	i	1
15.11 ISO-9241	S	i	2
15.12 Sonderarbeitsplatz-Pilotierung	S	i	1
15.13 Jährliche Zertifizierung TÜV	S	i	4
15.14 BITV-Test	S	i	7

(1) Codiereinheit (G - Gesamte Antwort; S - Sinneinheit (Wort/Textsegment))

(2) Erzeugung (d - deduktiv; i - induktiv); (3) Anzahl der Zuordnungen

Tabelle C.15: Codierungen zur Grundfrage 15

D   Publikationen

Beitrag	**Germany - Tail Light Position in Digitisation: An Analysis of a Decentralised Tax Administration Based on the Digital European Society Index**
Autor(en)	Daniel Simon Schaebs
Erscheinungsjahr	2020
Publikationsmedium	Management - ISSN 1854-4231
Index / Ranking	DOAJ, EconPapers / VHB JQ3: -
Quellenhinweis	Management (18544223), Winter 2020, Vol. 15 No. 4, S. 309-323
Abstract	This paper describes the historical reasons for a decentralised tax administration in Germany and compares different structures. With special consideration of a five-step model for the digitisation in Europe and the oecd listed challenges, an in-depth analysis of the Digital Economy and Society Index (desi) reveals Germany's weakening position in the European context. The desi of 2019 was adapted to cover the essential determinants of the tax administration. This adapted desi (a-desi) value was linked to the gross domestic product (gdp) per capita 2019 in order to include the performance of the countries. For this in-depth analysis, the new key indicator Relative Digitisation Efficiency (rde) was developed and revealed that Germany is at the bottom of the league in digitisation, although the gdp per capita offers the country many opportunities. The decentralised tax administration could be linked to a negative impact on the progress of digitisation because of structural disadvantages.
DOI	https://doi.org/10.26493/1854-4231.15.309-323
Link	https://www.hippocampus.si/ISSN/1854-4231/15.309-323.pdf
Copyright	University of Primorska, Faculty of Management, Koper, Slovenia, Creative Commons CC BY-SA 4.0. - Open Source
Publikationsanteil	100% (1/1)

Beitrag	**Agenda für die Steuerverwaltung in Deutschland - Digitales FA 2030**
Autor(en)	Daniel Simon Schaebs, Katja Hessel, Wilfried Bernhardt
Erscheinungsjahr	2021
Publikationsmedium	DER BETRIEB - ISSN 0005-9935
Index / Ranking	- / VHB JQ3: D
Quellenhinweis	DER BETRIEB - Heft 9 vom 01.03.2021 - 74. Jahrgang - DB1356330 - S. 412-422
Abstract	Die Steuerverwaltung hat ihre Vorreiterrolle bei der Digitalisierung von Verwaltungsleistungen verloren. Die digitale Transformation erfordert mehr als die reine Entwicklung von einheitlicher Steuersoftware im KONSENS-Verbund. Horizontale Kooperationen halten dem Tempo der Privatwirtschaft und ausländischer Verwaltungen nicht Stand. Unter Beibehaltung der dezentralen, föderalen Struktur der deutschen Steuerverwaltung kann eine Bündelung der Digitalkompetenzen auf Bundesebene grundgesetzkonform erreicht werden. Hierzu werden die rechtlichen Rahmenbedingungen ausführlich dargestellt. Bis zum Jahr 2030 sollten die Finanzämter auf weitgehend digitale Prozesse umgestellt sein. Über Anwendungsbeispiele für digitale Technologien in den einzelnen Bereichen des Finanzamts werden die zukünftigen Herausforderungen für die Steuerverwaltung konkret aufgezeigt. Um spürbare Mehrwerte für die Steuerpflichtigen zu schaffen, sollte zukünftig eine übergreifende, intelligente Smartphone-App sämtliche e-Government-Leistungen der Bundes- und Landessteuerverwaltungen vereinen.
DOI	-
Link	https://pdf.fachmedien.de/ihv/pdf/DB_2021_09_IHV.pdf
Copyright	Redaktion „DER BETRIEB" - Fachmedien Otto Schmidt KG, Gustav-Heinemann-Ufer 58, 50968 Köln (Freigabe für Nachnutzung im Rahmen dieser Dissertation wurde erteilt)
Publikationsanteil	33,33% (1/3)

Beitrag	**Perspektiven für den künftigen Umfang und die Nutzung von digitalen Daten im Besteuerungsverfahren**
Autor(en)	Benjamin Peuthert, Christoph Schmidt, Robert Müller, Daniel Simon Schaebs
Erscheinungsjahr	2021
Publikationsmedium	beck.digitax - ISSN 2698-895X
Index / Ranking	- / VHB JQ3: -
Quellenhinweis	beck.digitax - Teil 1 in Heft 4/2021 - S. 236-242, Teil 2 in Heft 5/2021 - S. 309-321

Abstract

Die Steuerverwaltungen der Länder sind gefordert, auf die gegenwärtig bestehenden und künftig zu erwartenden Veränderungen und Entwicklungen vorausschauend zu reagieren. Besonders trifft dies zu auf knapper werdende Personalressourcen, die Transformation hin zu einer digital(er)en Umwelt und die Notwendigkeit der Reduktion von Bürokratie sowie Kosten, die den Steuerpflichtigen und der Verwaltung im Besteuerungsverfahren entstehen. Es gilt nicht weniger, als alle Abläufe der Besteuerungsverfahren auf den Prüfstand zu stellen, um bereits gegebene Möglichkeiten der Datenbereitstellung, Datenaufbereitung und Datenanalyse ausgewogen und unter Datenschutzgesichtspunkten nutzbar zu machen und auf zukünftige vorzubereiten. Zunächst werden im Beitrag die verschiedenen Datenschnittstellen zur Übermittlung von Besteuerungsgrundlagen näher betrachtet und die Rahmenbedingungen der E-Bilanz, der Einnahmenüberschussrechnung (EÜR) und der Digitalen Lohnschnittstelle (DLS) unter besonderer Berücksichtigung des Übertragungsformats Extensible Markup Language (XML) analysiert. Im Weiteren werden die Datenaufbereitung und -analyse mit der Software „IDEA" der Finanzverwaltung, die Bedingungen und Implikationen des Standard Audit File - Tax (SAF-T) sowie die konkreten Potenziale der Blockchain-Technologie betrachtet. Den Kern der Arbeit stellt ein Modell für die deutsche Steuerverwaltung dar, mit dessen Hilfe Daten im Besteuerungsverfahren optimal bereitgestellt werden können und die Datenbasis maschinell auswertbar wird. Dabei werden ausführlich die internen und externen Datenquellen sowie die Datenbereitstellung und -verarbeitung auf verschiedenen Stufen des Besteuerungsverfahrens dargestellt. Rechtliche Anforderungen, zum Beispiel nach der Datenschutz-Grundver-

Abstract	ordnung bzw. den Datenschutzgesetzen, werden berücksichtigt. Der Beitrag schließt mit einer Reflektion der Arbeitsprozesse und Personalbedarfsplanungen und stellt mehrere Thesen als Denkanstöße auf, die die Weiterentwicklung des Umfangs und der Nutzung von digitalen Daten im Besteuerungsverfahren fokussieren.
DOI	-
Link	https://beck-online.beck.de/Dokument?vpath=bibdata% 2Fzeits%2Fdigitax%2F2021%2Fcont%2Fdigitax.2021.236. 1.htm&pos=10
Copyright	Redaktion „beck.digitax" - Wilhelmstraße 9, 80801 München (Freigabe für Nachnutzung im Rahmen dieser Dissertation wurde erteilt)
Publikationsanteil	25% (1/4)

Beitrag	**Forschung an den Steuerdaten von Bund und Ländern - Gründung eines Instituts für empirische Steuerforschung (IfeS)**
Autoren	Benjamin Peuthert, Daniel Simon Schaebs
Erscheinungsjahr	2021
Publikationsmedium	DER BETRIEB - ISSN 0005-9935
Index / Ranking	- / VHB JQ3: D
Quellenhinweis	DER BETRIEB - Heft 45 vom 08.11.2021 - 74. Jahrgang - DB1387706 - S. 2650-2654
Abstract	Bereits bevor die vom Wissenschaftlichen Beirat empfohlenen Rechtsgrundlagen geschaffen wurden, verkündete das BMF, dass es den Vorschlägen nach einem Forschungsdatenzentrum für Steuern auf Bundesebene nachkommen wolle und hat damit die Diskussion über die optimale Variante zur empirischen Forschung und Evaluierung von Daten aus den Besteuerungsverfahren von Bund und Länder eröffnet. Grundsätzlich ist der Vorstoß zu begrüßen. Die Umsetzung aller angedachten Forschungsvorhaben bedarf aber besonderer Datenschutzkonzepte, die regeln, welche Daten zur Umsetzung herangezogen werden können und wie die verwendeten Daten vor unbefugtem Zugriff zu schützen sind.
DOI	-
Link	https://pdf.fachmedien.de/ihv/pdf/DB_2021_45_IHV.pdf
Copyright	Redaktion „DER BETRIEB" - Fachmedien Otto Schmidt KG, Gustav-Heinemann-Ufer 58, 50968 Köln (Freigabe für Nachnutzung im Rahmen dieser Dissertation wurde erteilt)
Publikationsanteil	50% (1/2)

Beitrag	**The Digital Transformation of Public Authorities: Creating an Agile Structure and Streamlining Government Presence Using the Example of Tax Offices**
Autoren	Daniel Simon Schaebs
Erscheinungsjahr	2021
Publikationsmedium	Managing Global Transitions - ISSN 1581-6311 (print), ISSN 1854-6935 (online)
Index / Ranking	DOAJ, EconPapers / VHB JQ3: -
Quellenhinweis	Managing Global Transitions, Vol. 19 No. 4, S. 327-342
Abstract	In the face of unforeseen events and the ongoing digital transformation, public authorities need to find agile concepts to meet the challenges ahead. The requirements for agile action are defined and explained for a tax office and its adjustments. Modern information and communication technolo- gies, decentralised work and leadership and contemporary e-government concepts can lead to organisational advantages and higher efficiency by breaking down strong hierarchical structures and creating an agile envi- ronment. An analysis model for examining the supply efficiency of tax of- fices, taking into account the area of responsibility and the inhabitants to be served, is presented. A median-oriented value was defined as a 'realistically achievable minimum' for supply and a '(minimum) relation curve' illustrates the target. The advantages of the digital transformation can be used by digital and agile tax offices because they create opportunities to streamline the presence of the authorities and use potentials to increase the effectiveness of service provision.
DOI	https://doi.org/10.26493/1854-6935.19.327-342
Link	https://www.hippocampus.si/ISSN/1854-6935/19.327-342.pdf
Copyright	University of Primorska, Faculty of Management, Koper, Slovenia, Creative Commons CC BY-NC-ND - Open Source
Publikationsanteil	100% (1/1)

Beitrag	**Paradigmenwechsel in der Aus- und Fortbildung von Steuerbeamten - Zeitgemäße Anforderungen, konsekutive Modularisierung und Konzepte zur Vermittlung von Digital- und Zukunftskompetenzen**
Autoren	Benjamin Peuthert, Daniel Simon Schaebs
Erscheinungsjahr	2021 / 2022
Publikationsmedium	beck.digitax - ISSN 2698-895X
Index / Ranking	- / VHB JQ3: -
Quellenhinweis	beck.digitax: Teil 1 in Heft 6/2021 - S. 415-421, Teil 2 in Heft 1/2022 - S. 48-59

Abstract

Die Ausbildung von Steuerbeamten ist durch die Vermittlung umfassender Kenntnisse des Steuerrechts gekennzeichnet. Ein zunehmend komplexes, sich schnell veränderndes Steuerrecht erfordert auch das Erlernen einer starken Anwendungsmethodik. Dabei wird die Komplexität durch internationale, grenzüberschreitende Sachverhalte und digitale Geschäftsmodelle ständig erhöht. Steuerbeamte müssen sich tagtäglich gegen Steuerberater und Rechtsanwälte beweisen, die teilweise über weitaus größere Ressourcen und Fähigkeiten verfügen. Die Digitalisierung stellt sie zusätzlich vor neue Herausforderungen. In Deutschland ist die Steuerverwaltung dezentral organisiert, so dass die Ausbildung grundsätzlich auch in der Verantwortung der Bundesländer liegt. Um jedoch eine einheitliche Rechtsanwendung in jedem Finanzamt zu gewährleisten, hat das Bundesland das Recht, die Ausbildung der Finanzbeamten zu bestimmen. Einige Bundesländer kooperieren bei der Ausbildung der Finanzbeamten. Die Unterschiede wurden im Rahmen dieser Arbeit analysiert.

Die Ausbildungsvorschriften wurden bisher kaum reformiert, und das Wesen der Ausbildung ist fast unverändert geblieben. Durch eine eingehende Analyse konnte gezeigt werden, dass die Gesetzesänderungen nicht zu einer weitreichenden Flexibilisierung der Ausbildung geführt haben und dass die überholten Grundzüge der Ausbildung des Berufsbeamtentums auch heute noch fortbestehen. Die Covid-Krise hat die mangelnde Flexibilität der Ausbildungsstruktur offenbart und eine Verlagerung vom Präsenz- zum Online-Unterricht erzwungen. Die Ausbildungseinrichtungen und das Lehrpersonal waren auf die-

Abstract	se Lehrmethoden nicht vorbereitet, da es keine strategische Umsetzung digitaler Ausbildungsmethoden und auch keine gesetzliche Grundlage gab. Im Rahmen dieser Arbeit wurde ein Konzept für eine Modularisierung der Ausbildung vorgestellt, das eine marktorientierte Qualifizierung von Steuerbeamten unterstützt und gestrecktes Lernen mit Schwerpunkten ermöglicht. Das Modell fördert das vernetzte Denken mit Hilfe einer strukturierten Lernkurve. Die typische Klassenstruktur wird aufgebrochen. Die Ausbildungsinhalte werden durch digitale Kompetenzen im Sinne von weiteren Soft Skills ergänzt. Wissenschaftliches Arbeiten wird durch die entsprechende Methodik trainiert. Die Ausbildung wird in 3 Stufen organisiert, um einen Quereinstieg für Fachkräfte von außerhalb der Verwaltung zu ermöglichen und spätere Fluktuationen zu begrenzen. Im Rahmen dieser Arbeit konnte auch aufgezeigt werden, inwieweit sich das Berufsbild der Finanzbeamten durch die Digitalisierung in der Praxis verändert und welche Voraussetzungen sich daraus für die Aus- und Fortbildung der Finanzbeamten ergeben. Dabei wurden Vergleiche zwischen der speziellen Steuerbeamtenausbildung und der Ausbildung innerhalb der allgemeinen öffentlichen Verwaltung angestellt. Die Ergebnisse der deutschen Analyse sind auch auf die Aus- und Fortbildung von Steuerbeamten in anderen Ländern übertragbar, unabhängig von der Komplexität des Steuerrechts und dem bestehenden Berufsbeamtentum.
DOI	-
Link	https://beck-online.beck.de/Dokument?vpath=bibdata%2Fzeits%2Fdigitax%2F2021%2Fcont%2Fdigitax.2021.236.1.htm&pos=10
Copyright	
Publikationsanteil	50% (1/2)

Beitrag	**Contemporary e-Government for Smart Tax Authorities**
Autoren	Daniel Simon Schaebs
Erscheinungsjahr	2022
Publikationsmedium	Electronic Government, an International Journal: ISSN 1740-7508 (online), ISSN 1740-7494 (print)
Index / Ranking	Scopus CiteScore 2.2, Scimago H-Index 34 / VHB JQ3: -
Quellenhinweis	EG 2022. Vol. 18 No. 4, S. 453-467
Abstract	This paper examines the term e-government and attempts to trace its development. Taking into account the challenges of the Tallinn Declaration, the Speyer definition of *Lucke and Reinermann* as well as the state-citizen-relationship described by Martini, the determinants of contemporary e-government and implementation of ICT in the tax office are presented in detail. An in-depth analysis of the state-of-the-art e-government services according to their suitability leads to the model of a smart tax authority. For this analysis, final application examples were shown for each individual departmental area. A further analysis about the bipolar requirements of citizen- and state-value was developed and revealed that most of the e-government services meet these requirements. By implementing the suggested ICT and services effectiveness and efficiency of the enforcement of tax laws can be increased, also mastering the bipolar challenges regarding citizen- and state-value.
DOI	10.1504/EG.2022.10039687
Link	https://www.inderscience.com/info/ingeneral/forthcoming.php?jcode=eg
Copyright	Inderscience Enterprises Ltd., trading as Inderscience Publishers, of Rue de Pré-Bois 14, Meyrin - 1216, Geneva, Switzerland („Inderscience")
Publikationsanteil	100% (1/1)

Beitrag	**Die Steuerverwaltung benötigt eine auf sie speziell ausgerichtete wissenschaftlich fundierte Forschung - Plädoyer für eine ausgeprägte Steuerverwaltungswissenschaft**
Autoren	Benjamin Peuthert, Daniel Simon Schaebs
Erscheinungsjahr	2022
Publikationsmedium	DER BETRIEB - ISSN 0005-9935
Index / Ranking	- / VHB JQ3: D
Quellenhinweis	DER BETRIEB - Heft 16 vom 19.04.2022 - 75. Jahrgang - DB1401648 - S. 969-975
Abstract	Eine Vielzahl von wissenschaftlichen und praxisbezogenen Fachartikeln betonen den demographischen Wandel und die Digitalisierung als besondere Herausforderungen, die Anpassungsprozesse im Verhältnis zwischen Staat und Bürger quasi erzwingen. Zudem müssen sich Behördenstrukturen, auch jede der Finanzverwaltungen von Bund und Ländern, im Umgang mit unvorhergesehenen Ereignissen beweisen. Es wird aufgezeigt, warum es einer wissenschaftlich fundierten Forschung speziell für die Steuerverwaltung bedarf, dabei wird u.a. Bezug auf die Digitalisierungsstrategien der Bundesländer genommen.
DOI	-
Link	https://research.owlit.de/lx-document/DB1401648
Copyright	Redaktion „DER BETRIEB" - Fachmedien Otto Schmidt KG, Gustav-Heinemann-Ufer 58, 50968 Köln (Freigabe für Nachnutzung im Rahmen dieser Dissertation wurde erteilt)
Publikationsanteil	50% (1/2)